《云南少数民族古籍珍本集成》编纂委员会

云南少数民族古籍珍本集成

云南省少数民族古籍整理出版规划办公室◎编

第五十八卷 纳西族

云南出版集团公司
雲南人民出版社

云南省百项少数民族文化精品工程项目
民族文字出版专项资金资助项目

前言

云南是一个多民族的边疆省份，全省25个少数民族在长期的历史发展进程中创造了丰富多彩的民族历史文化，留下了卷帙浩繁的民族文字文献古籍和口传古籍，这些少数民族古籍是各民族先民创造的重要文明成果，是中华文明一脉相承的历史见证，也是人类文明的瑰宝。据统计，云南少数民族文字文献古籍蕴藏量达10万余册（卷），口传古籍4万余种，大多数至今仍散藏于民间，损毁日益严重。

云南少数民族古籍以种类繁多、历史悠久、载体多样而独具特色，是云南不可再生的珍贵文化遗产，也是亟待抢救保护和开发利用的重要文化资源。2003年，纳西东巴古籍文献入选《世界记忆遗产名录》，云南少数民族古籍的人类文化遗产价值得到联合国教科文组织世界遗产委员会的肯定。

为抢救保护这宗珍贵的世界文化遗产，我们计划用5年左右时间编纂出版《云南少数民族古籍珍本集成》100卷，结集出版一批云南少数民族古籍中的孤本、善本和珍本，并用彩色影印的方式真实再现古籍原貌，以丰富和繁荣民族文化事业。

云南省少数民族古籍整理出版规划办公室

《云南少数民族古籍珍本集成》编纂委员会

2012年9月16日

目录

超度东巴什罗·向亡灵献灯

东巴教超度什罗仪式经书。流传于云南省迪庆藏族自治州香格里拉县三坝纳西族乡一带。不分卷，1册，26页，佚名撰，墨虎抄。记述本家请众东巴举行点灯仪礼，用白山羊、白犏牛、白牦牛、白母牛、白马、白绵羊的奶油献灯。所有孝男孝女及三百六十位什罗弟子，也用白色家畜的奶油献灯，保佑子孙后代昌盛。近抄本，本色构皮纸，线订册叶装，墨书。页面高9.8厘米，广30.3厘米。保存完好。今由云南省迪庆藏族自治州香格里拉县三坝纳西族乡东坝村墨虎东巴收藏。

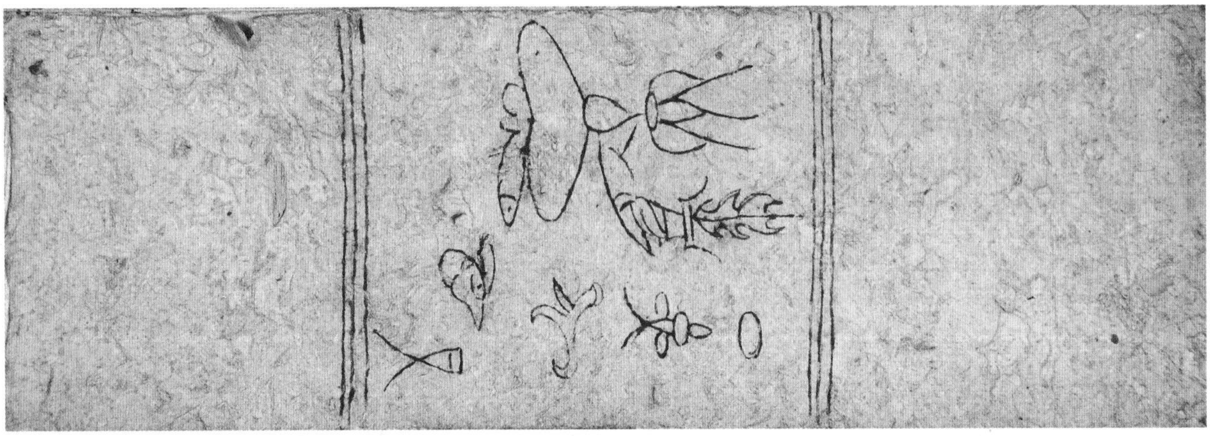

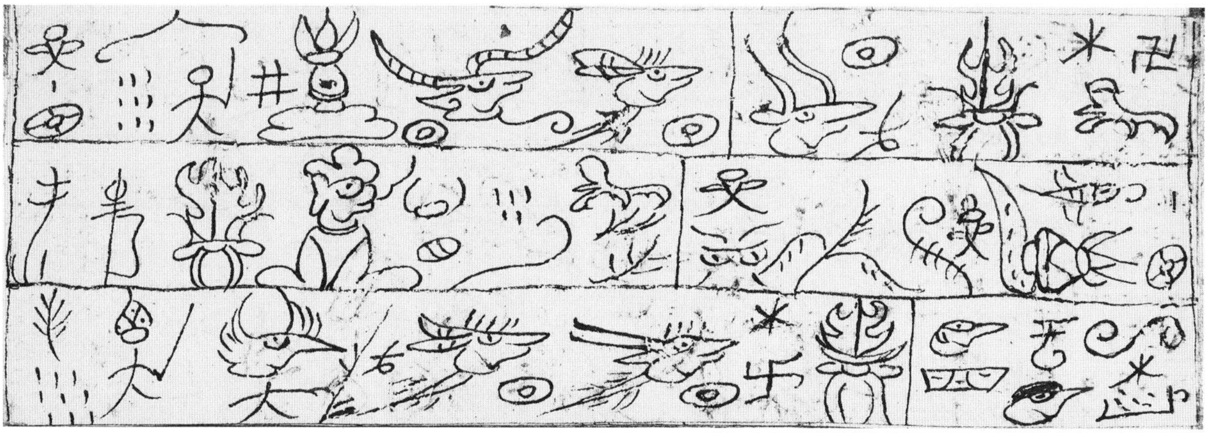

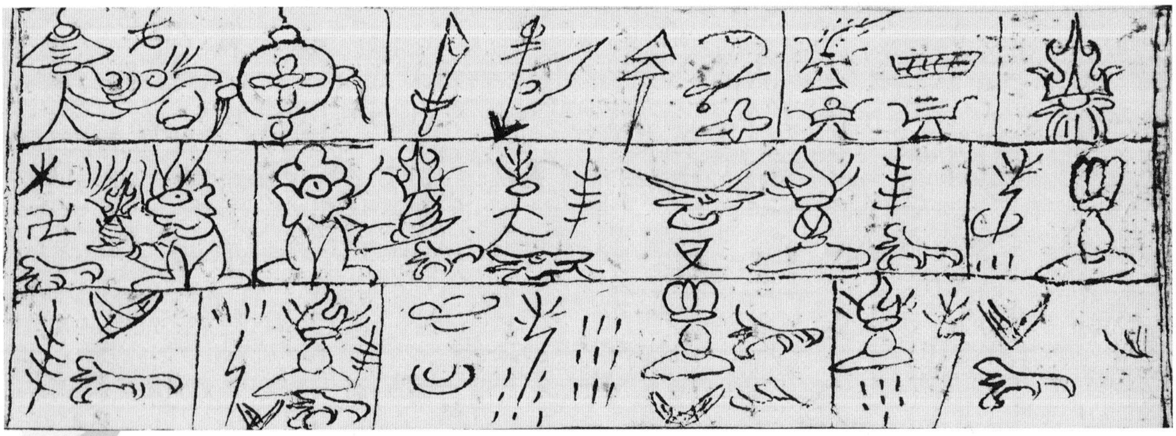

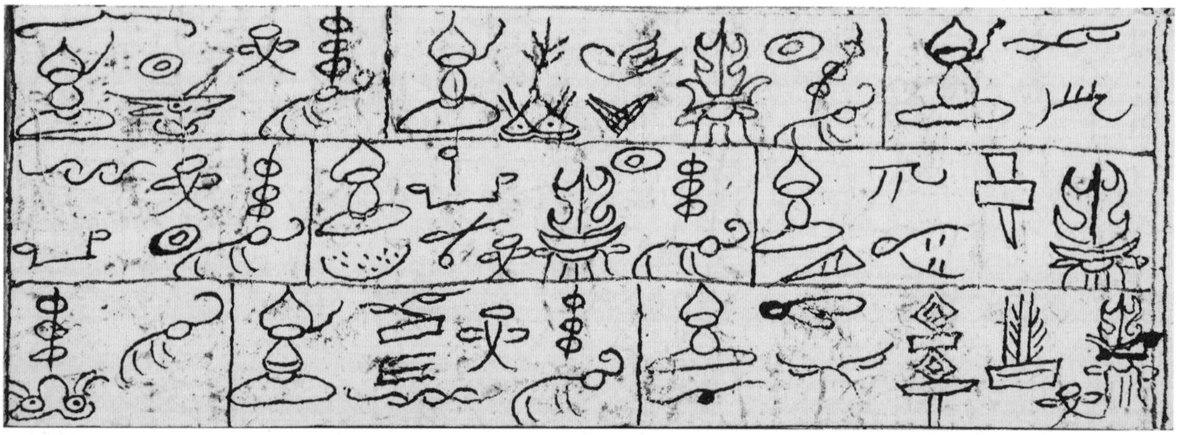

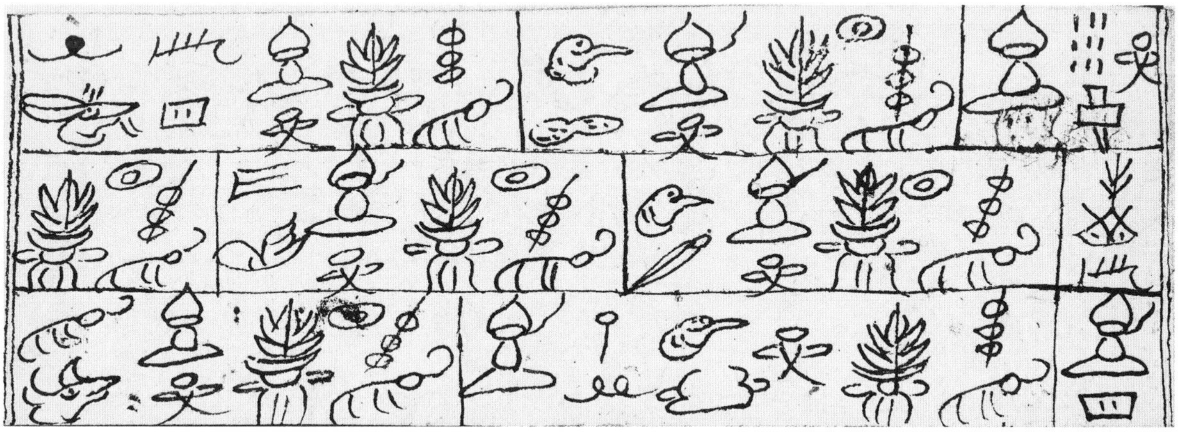

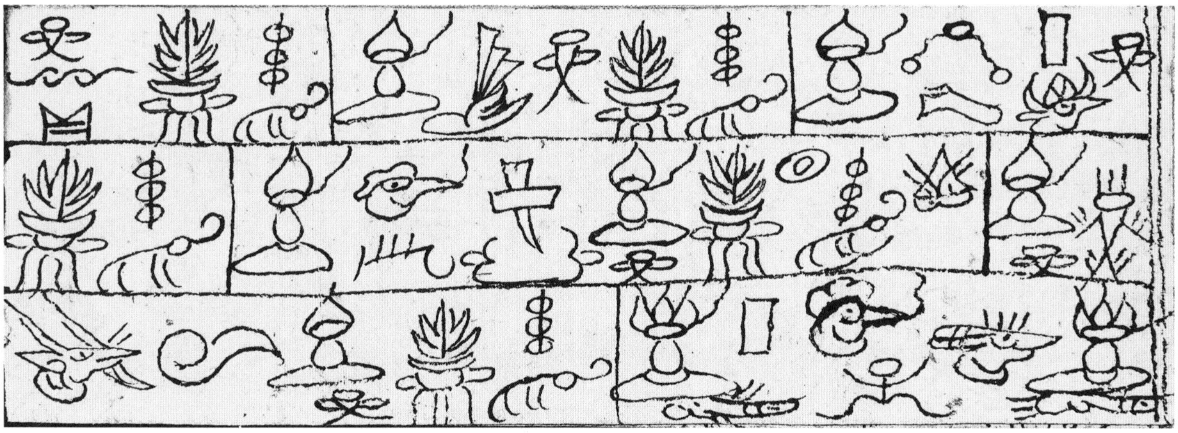

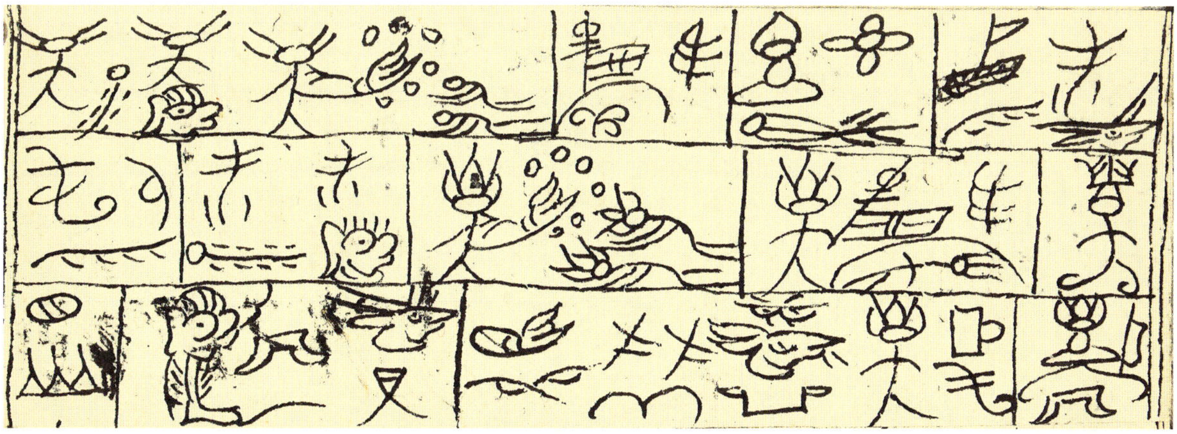

超度东巴祭司仪式规程

东巴教超度什罗仪式经书。流传于云南省迪庆藏族自治州香格里拉县三坝纳西族乡一带。不分卷，1册，47页，佚名撰，墨虎抄。记述超度东巴祭司仪式的程序、需诵读的经书的次序、仪式场地的设置、所需用的法器及物质等，是超度什罗仪式的总纲。近抄本，本色构皮纸，线订册叶装，墨书。页面高9.8厘米，广28.3厘米。保存完好。今由云南省迪庆藏族自治州香格里拉县三坝纳西族乡东坝村墨虎东巴收藏。

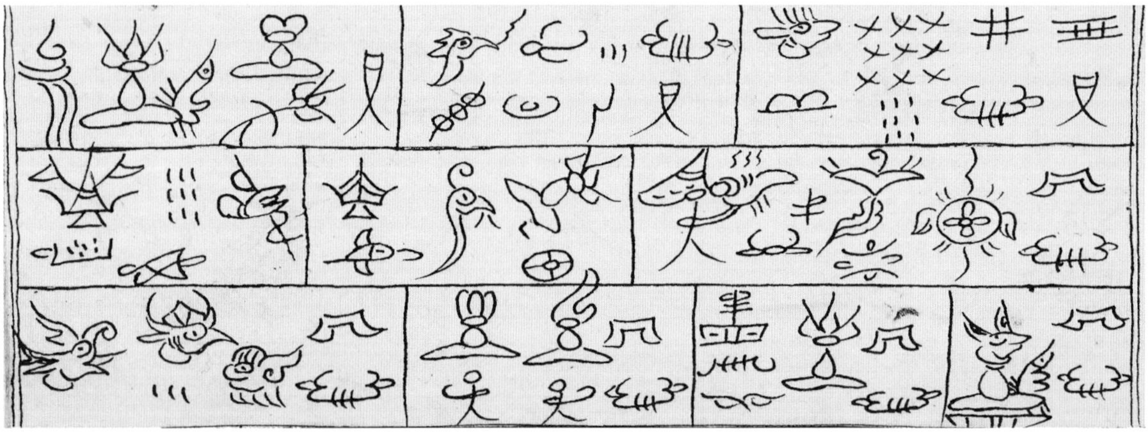

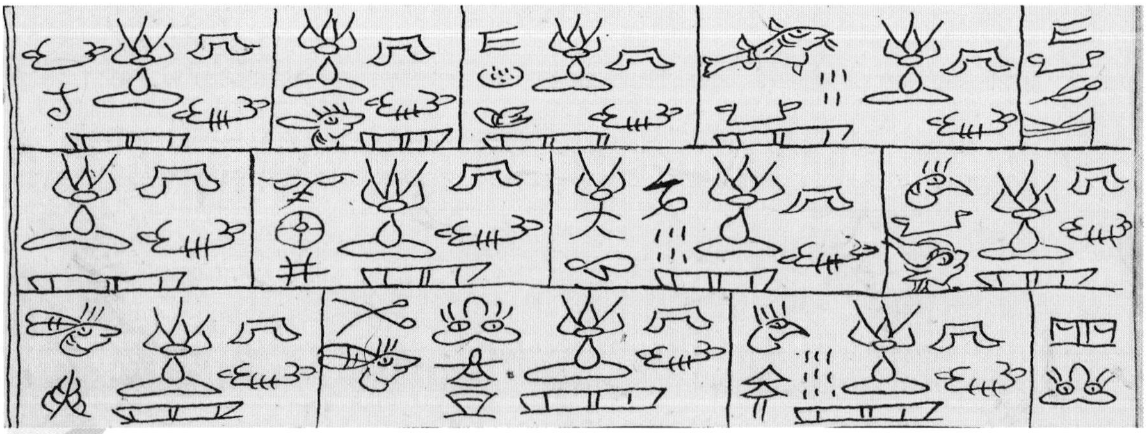

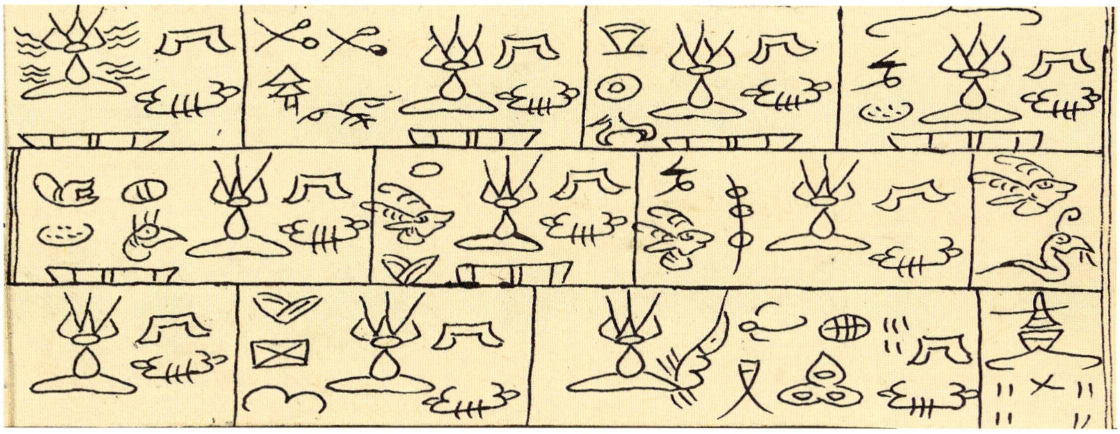

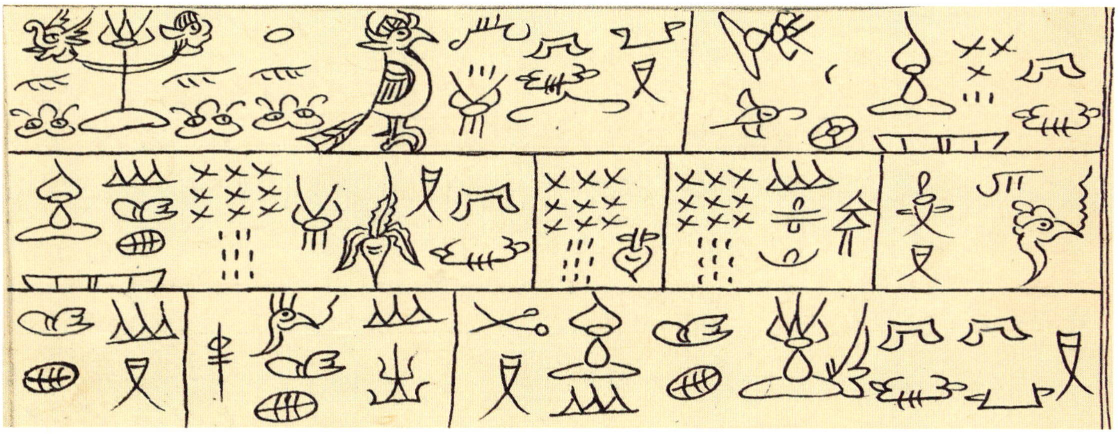

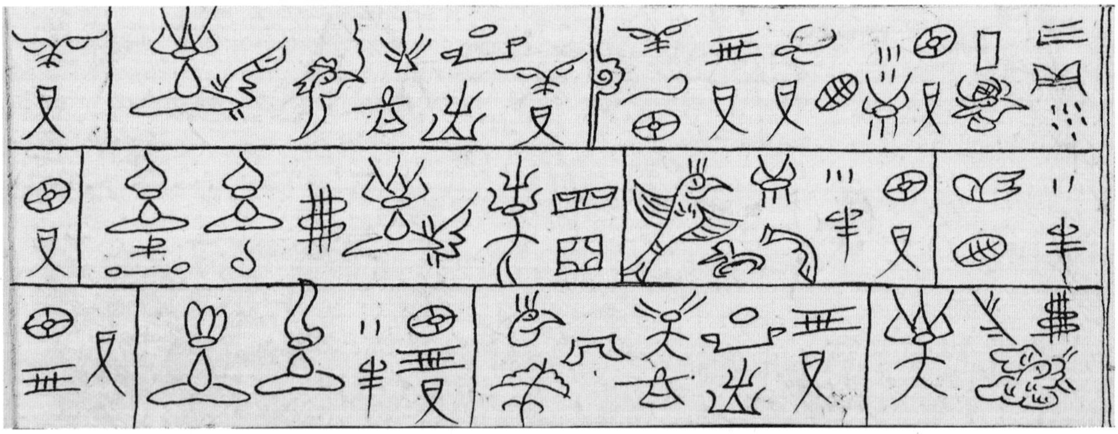

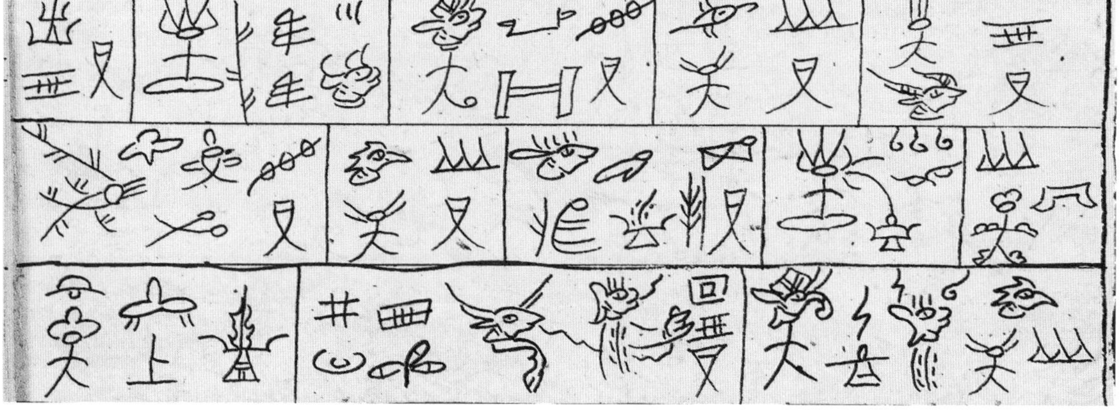

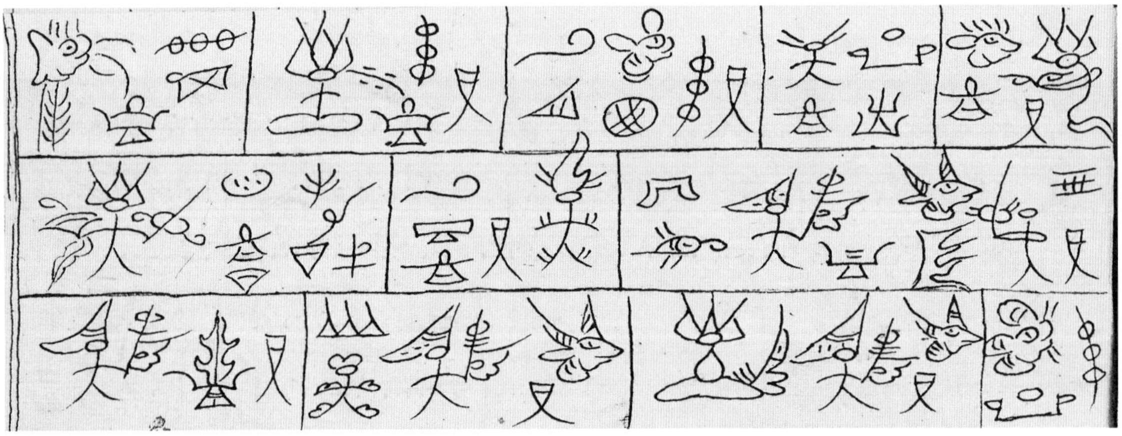

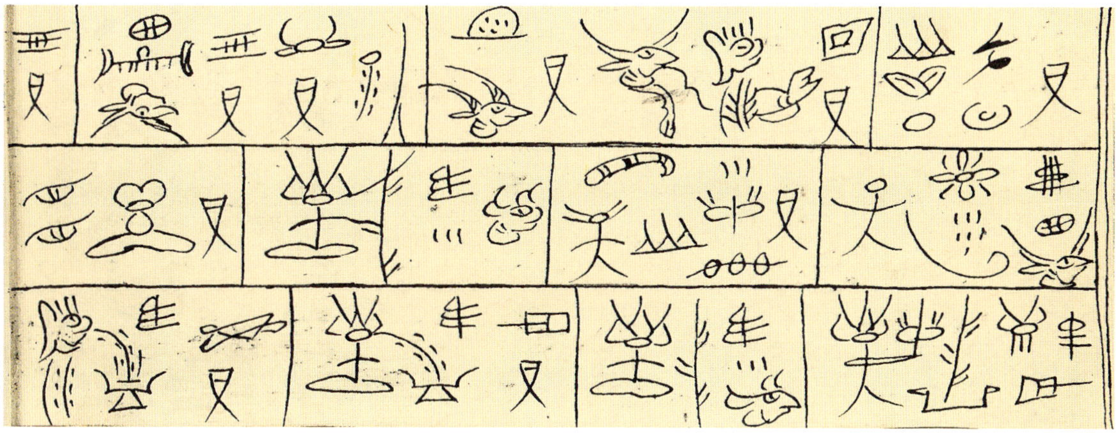

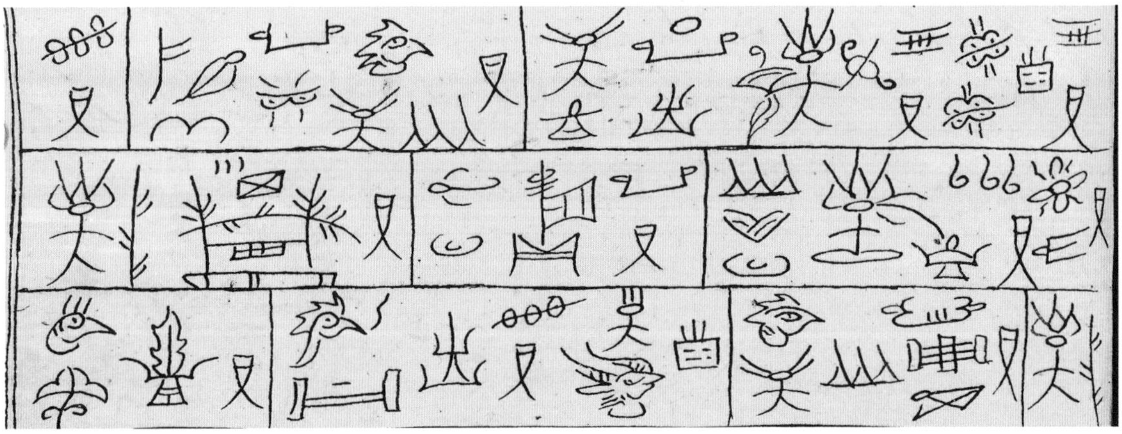

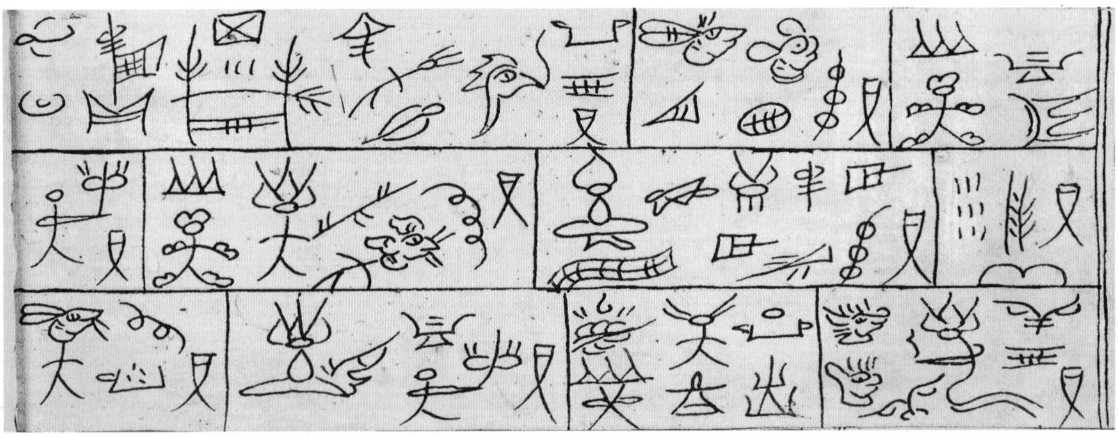

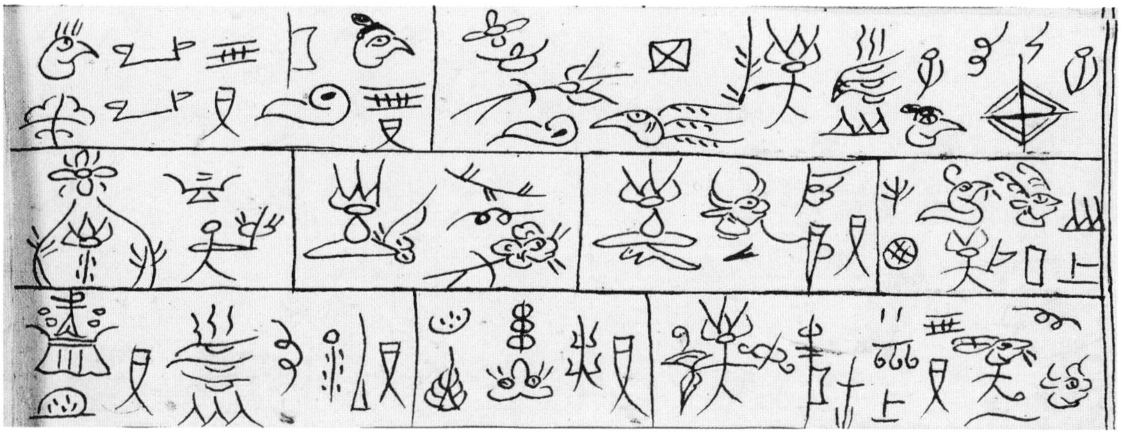

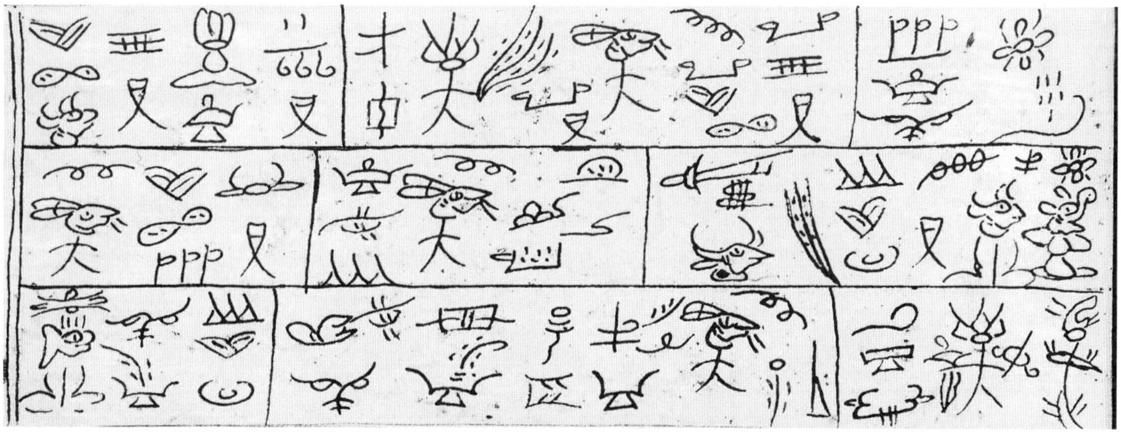

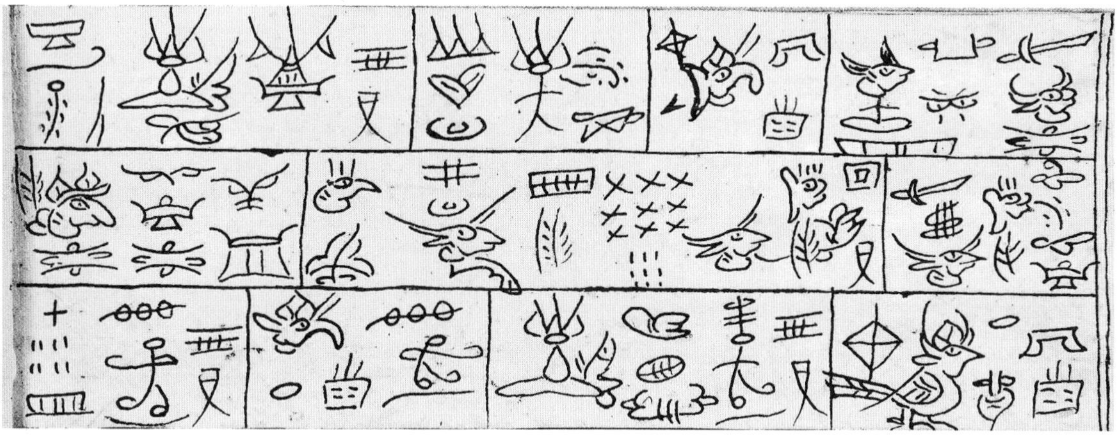

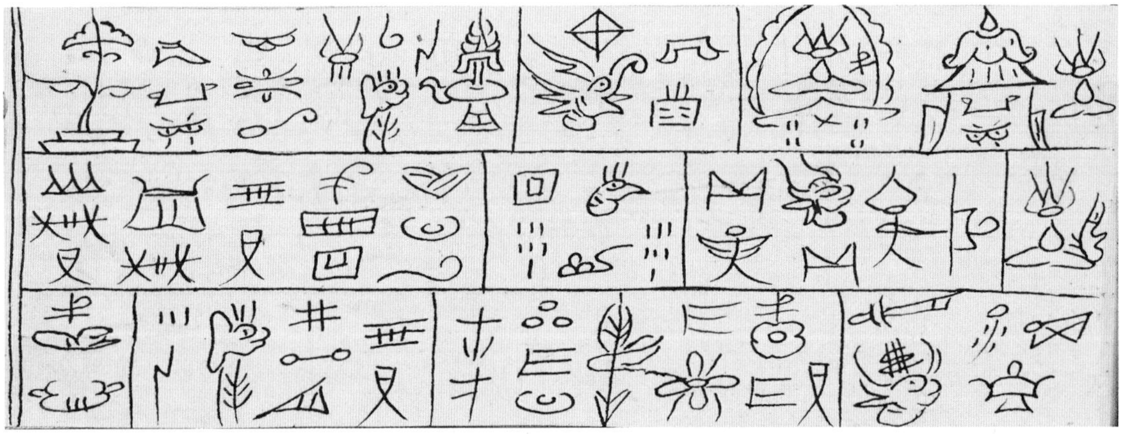

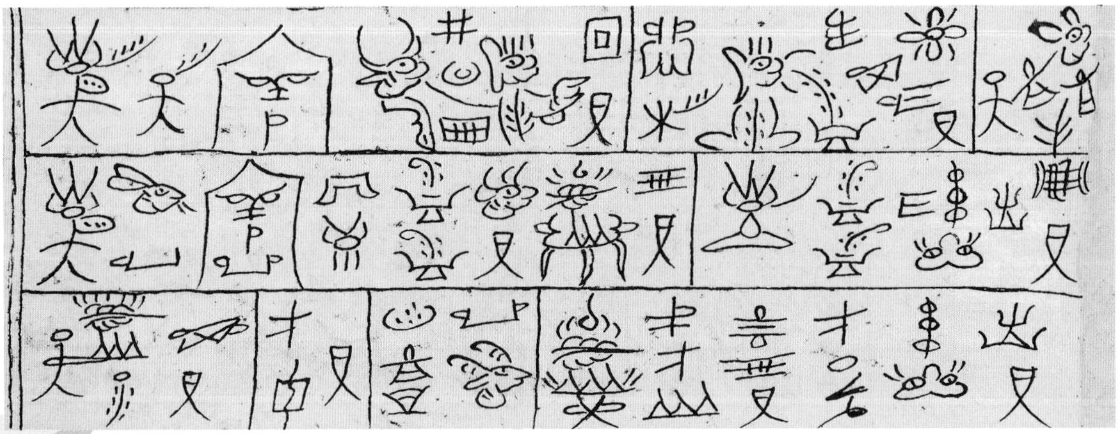

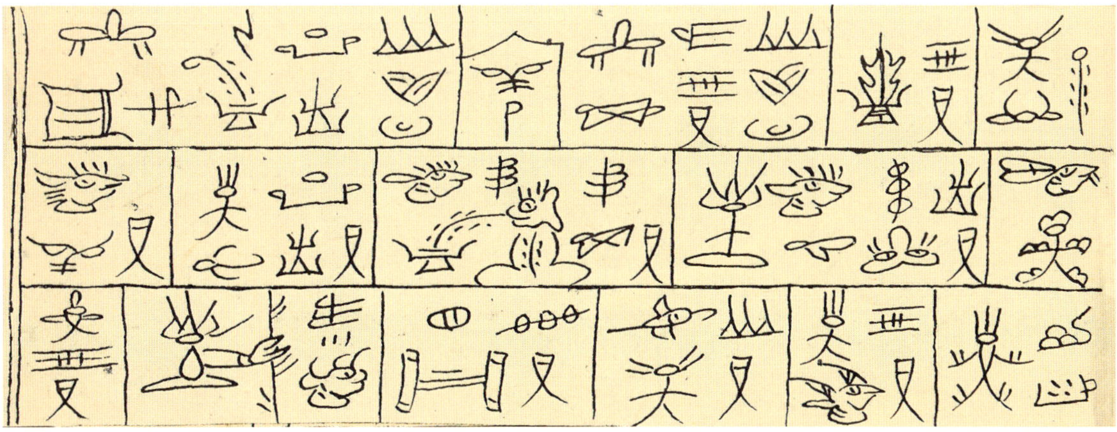

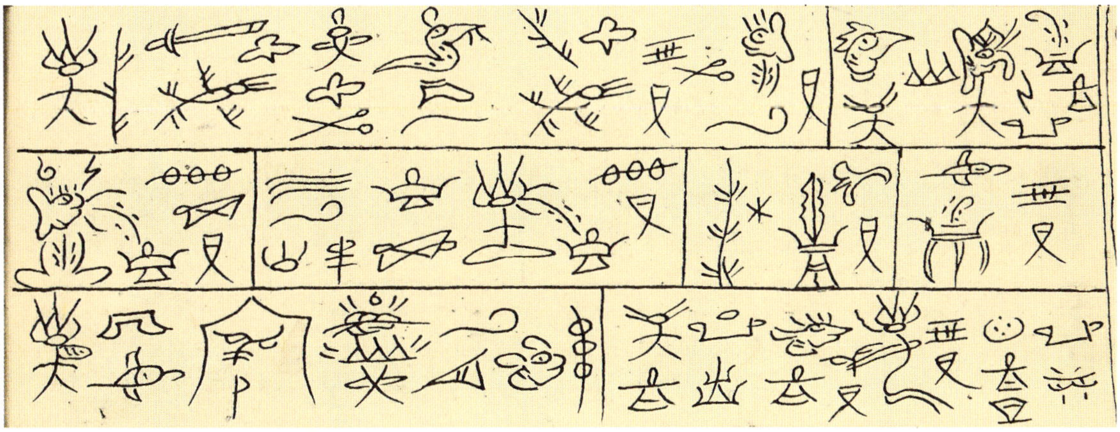

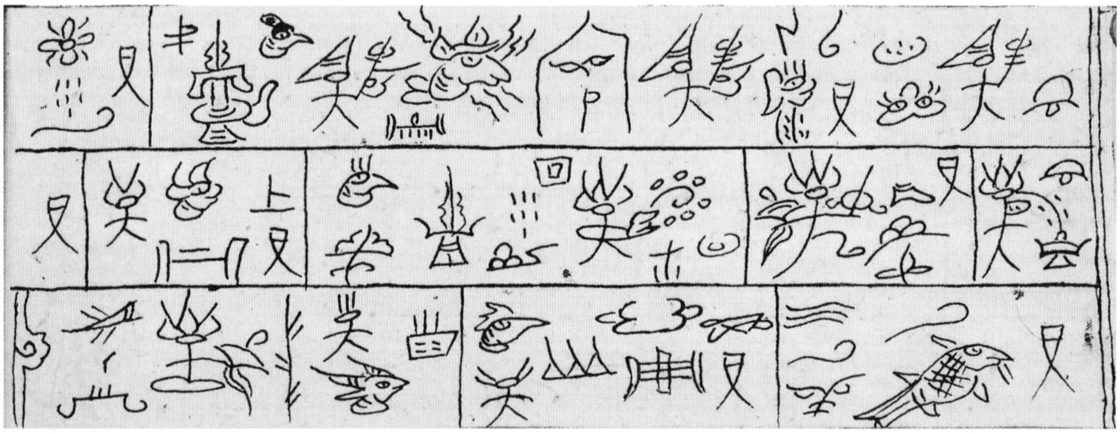

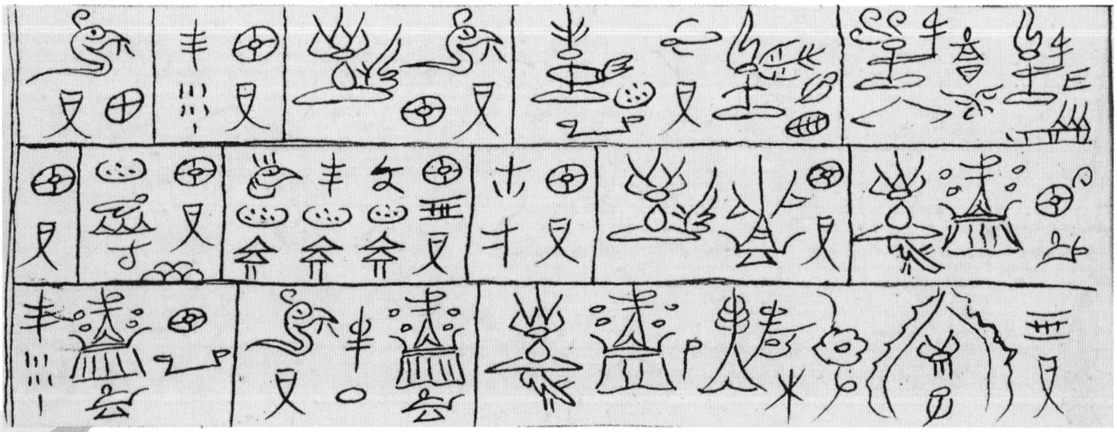

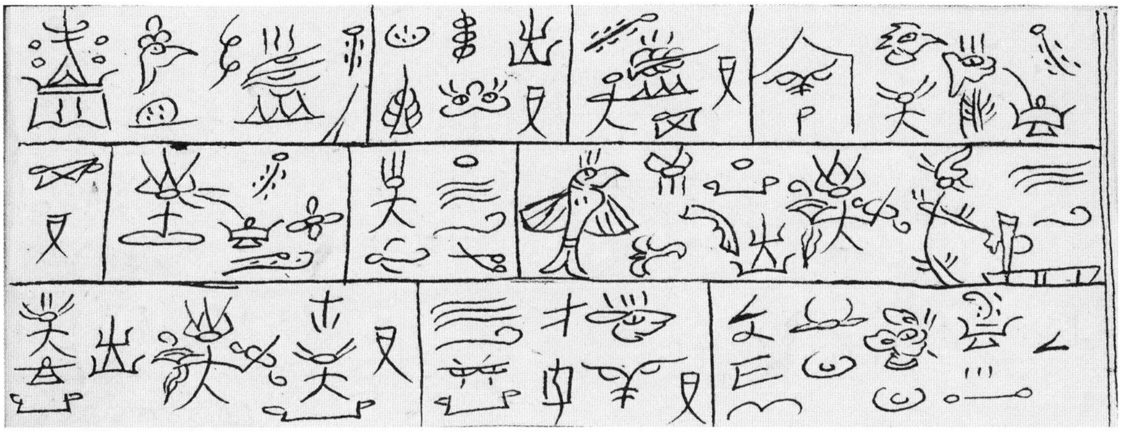

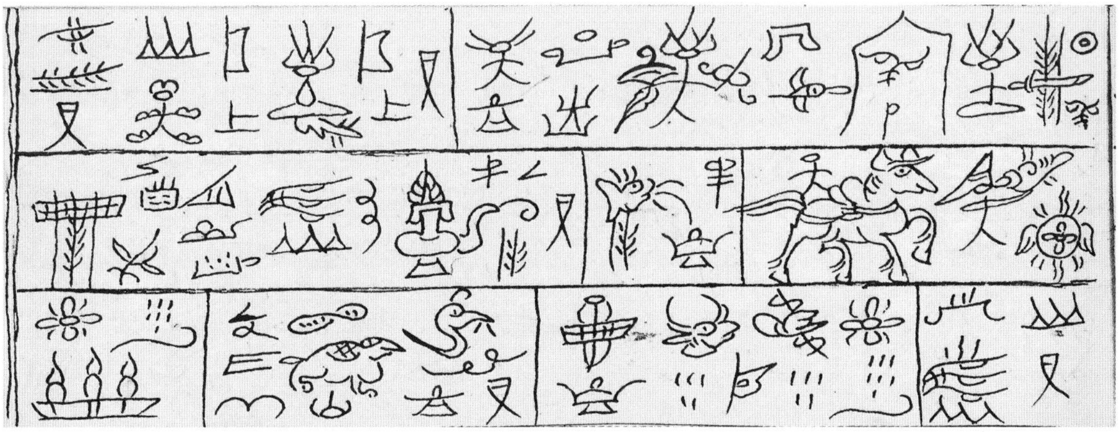

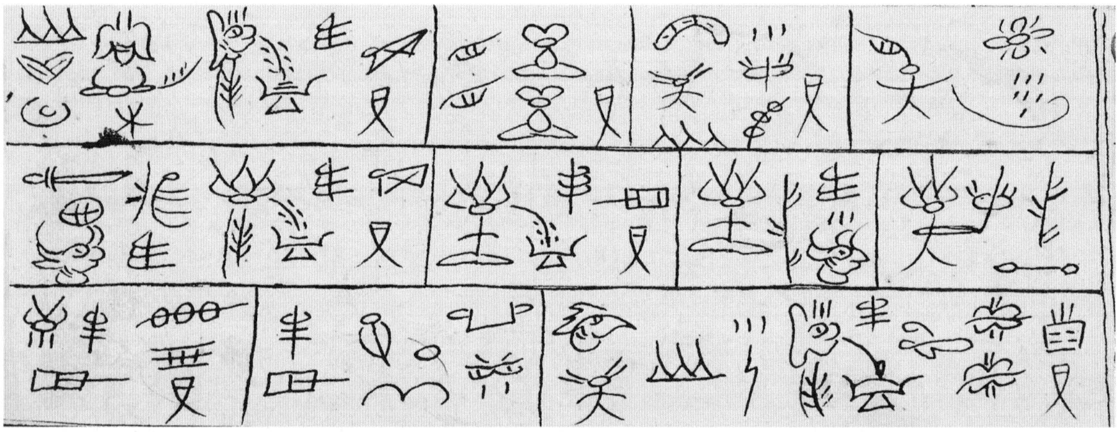

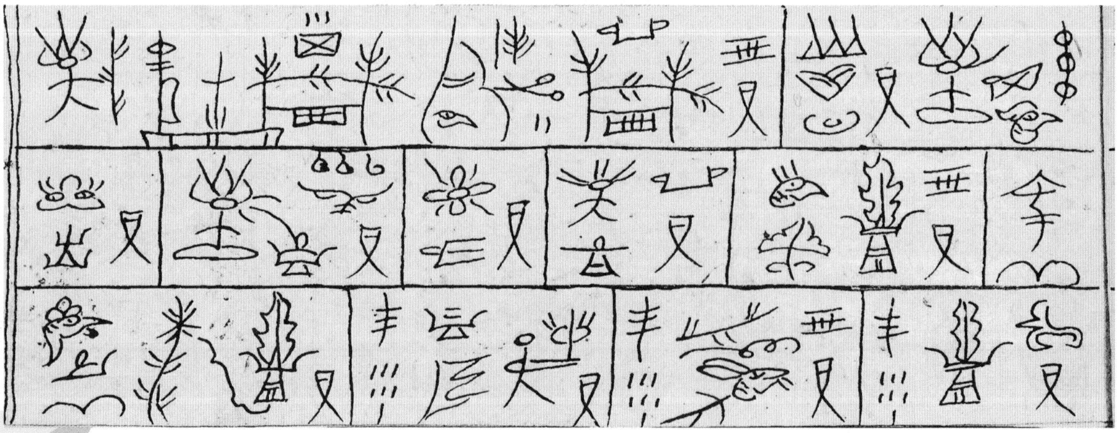

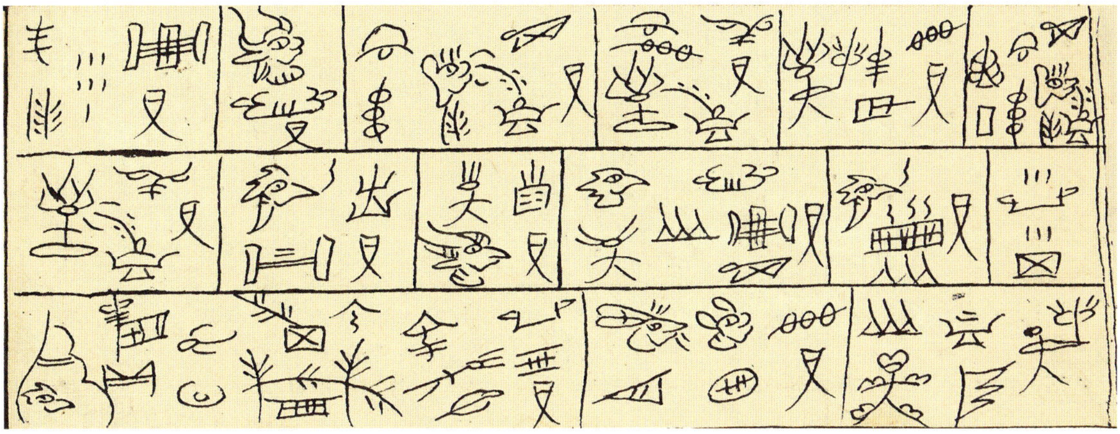

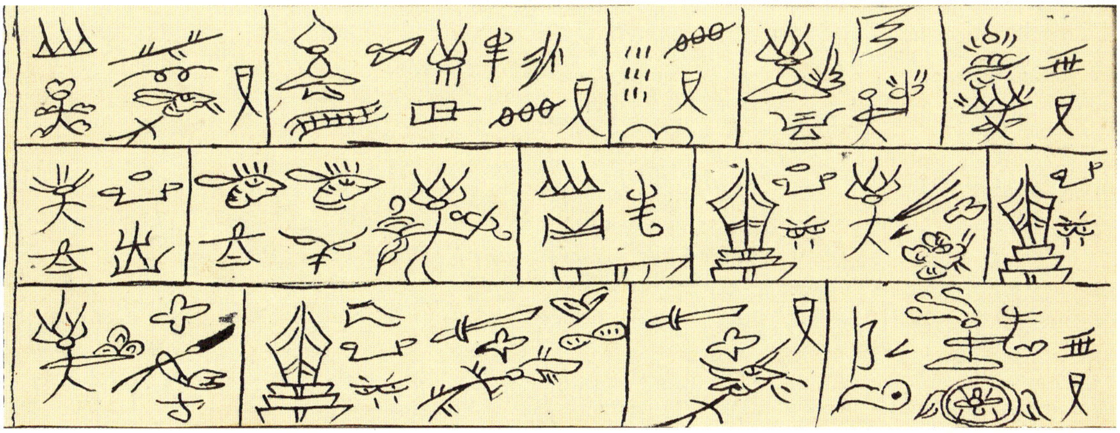

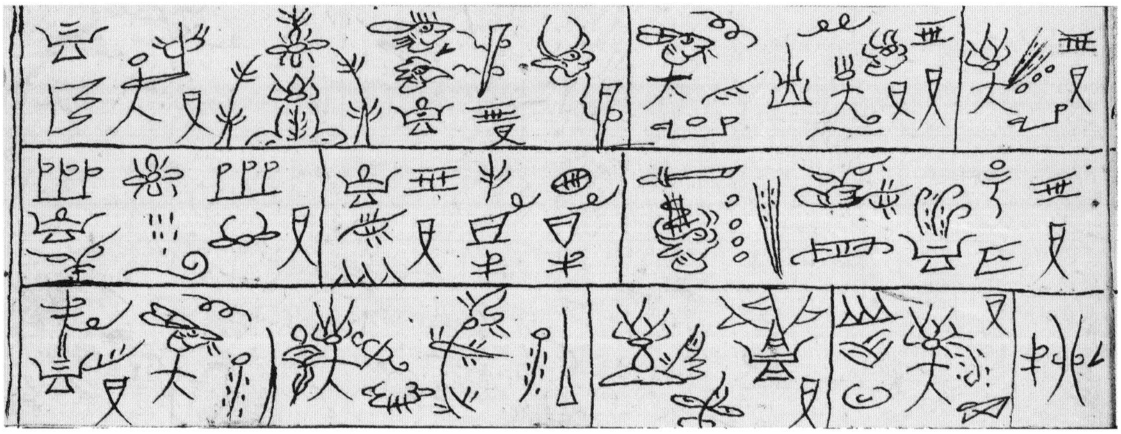

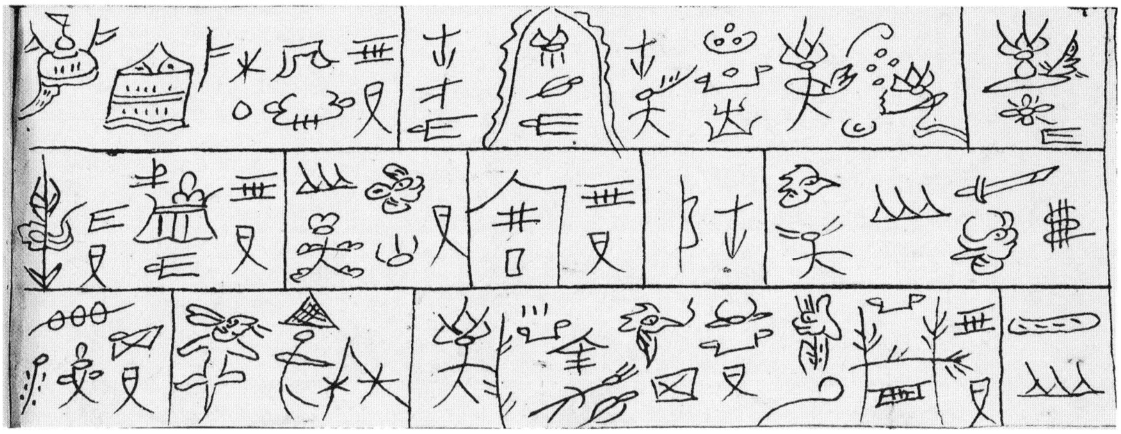

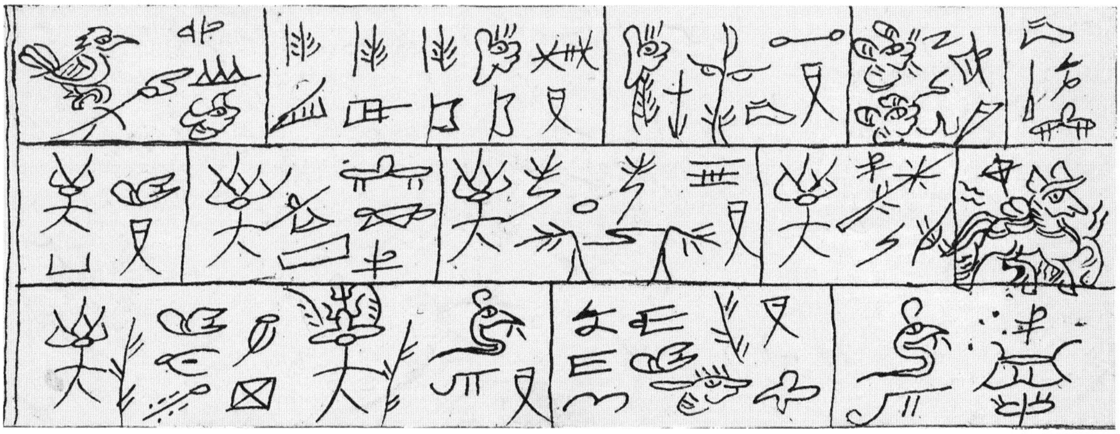

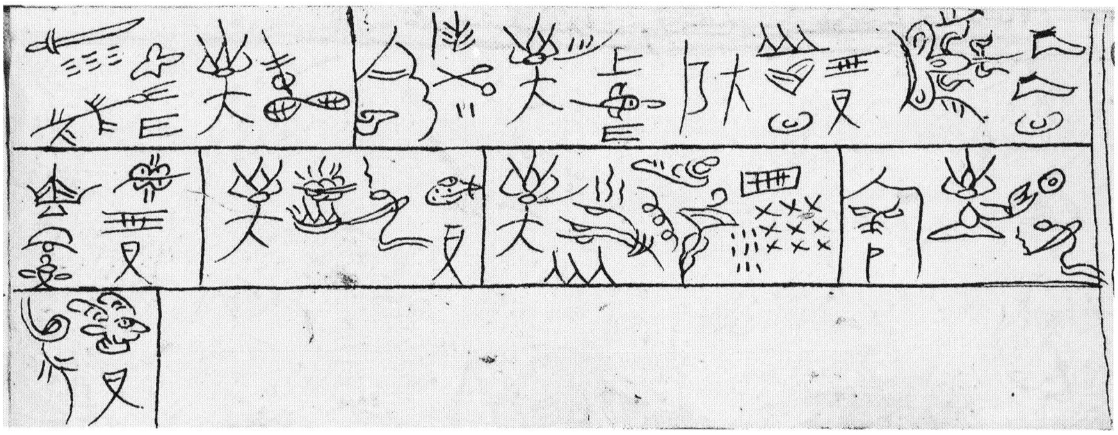

超度东巴祭司·
什罗祖师身世传略

东巴教超度什罗仪式经书。流传于云南省迪庆藏族自治州香格里拉县三坝纳西族乡一带。不分卷，1册，30页，佚名撰，墨虎抄。记述什罗祖师的来历，妥构景补与莎饶朗注金姆为一家，孕育九个月又十三天，生下东巴什罗。东巴什罗被众神救到天上，长大后学习掌握了经书和法术，下凡驱灭妖魔，把三百六十个鬼压入地下，成为大东巴。近抄本，本色构皮纸，线订册叶装，墨书。页面高9.6厘米，广28.3厘米。保存完好。今由云南省迪庆藏族自治州香格里拉县三坝纳西族乡东坝村墨虎东巴收藏。

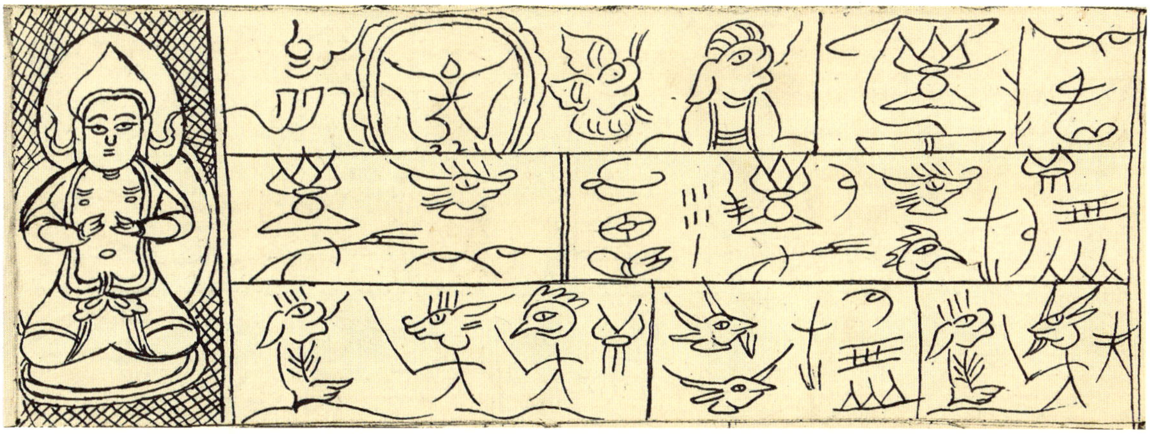

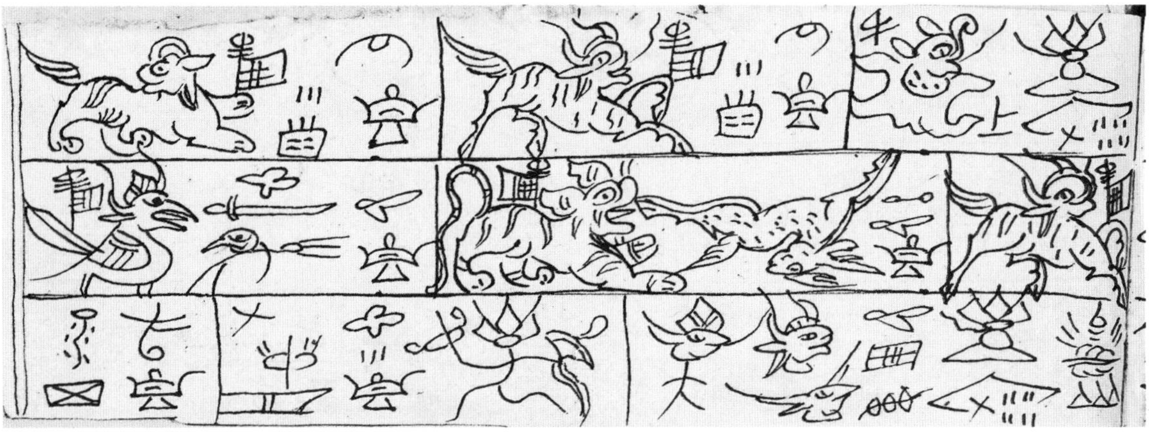

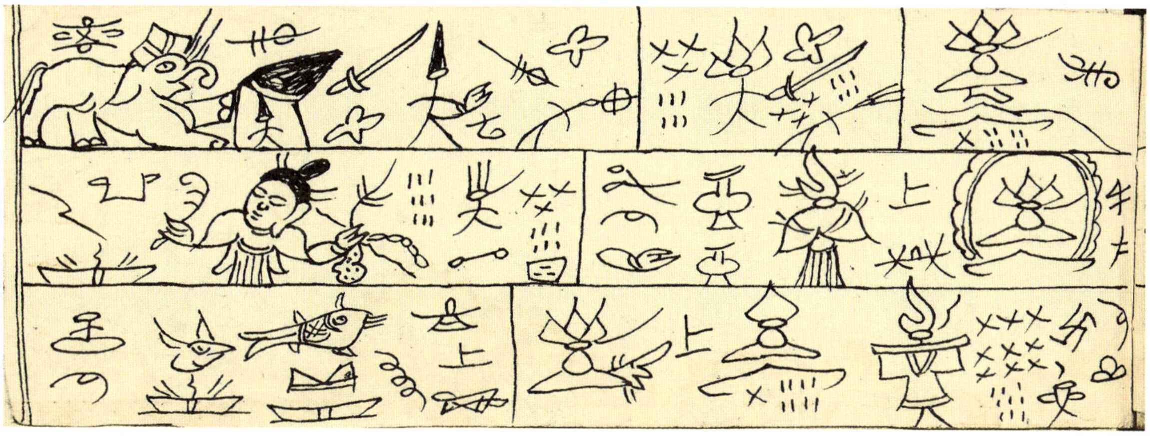

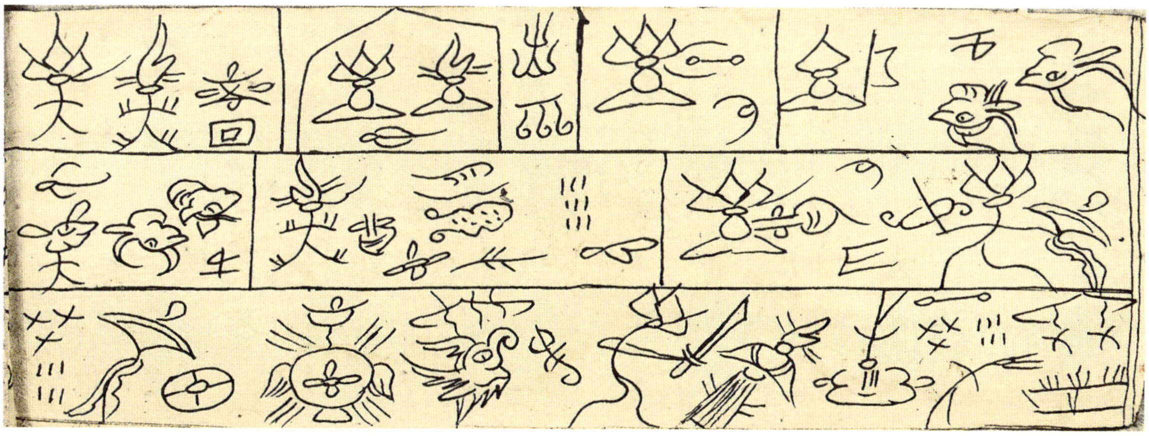

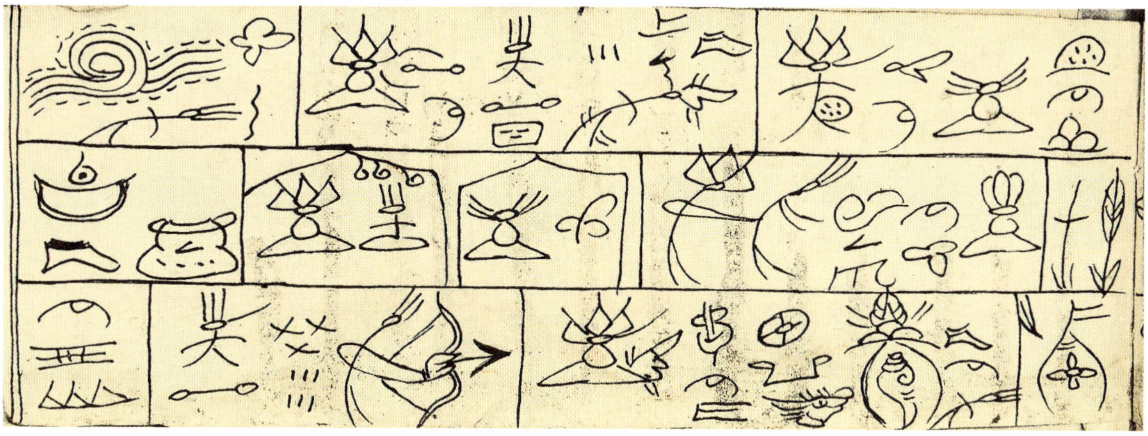

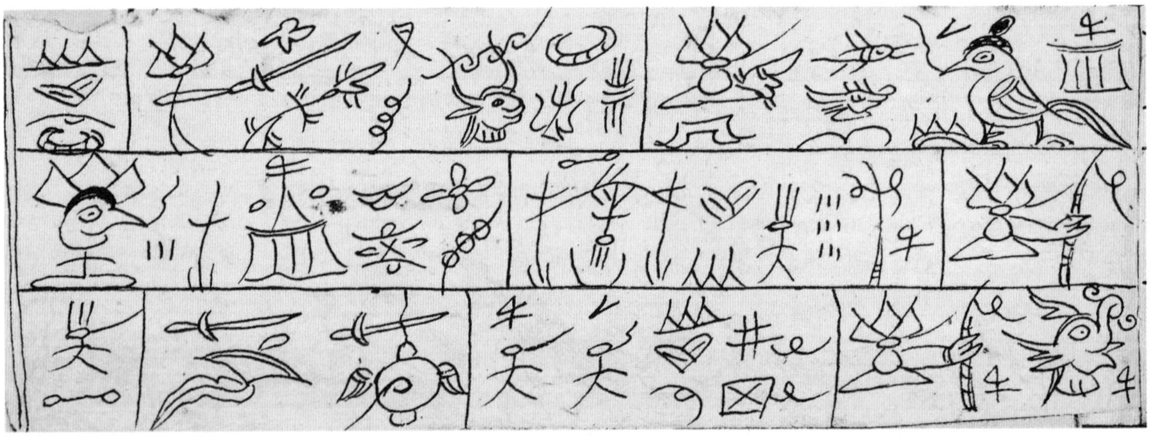

超度东巴祭司·解除地域鬼的纠缠

东巴教超度什罗仪式经书。流传于云南省迪庆藏族自治州香格里拉县三坝纳西族乡一带。不分卷，1册，26页，佚名撰，墨虎抄。记述人死后，灵魂会被地域鬼摄去，关在叫“占古”的铁柜里，淹在地域的黑毒海里。故而要请五方东巴做超度仪式，解救死者的灵魂，不再被鬼所控制。并请东巴作仪，口念咒语，镇压守卫的鬼，关闭鬼域之门，死者方能身安魂宁。近抄本，本色构皮纸，线订册叶装，墨书，封面部分字符施以色彩，意在赋予经书灵性。页面高10.5厘米，广26.7厘米。保存完好。今由云南省迪庆藏族自治州香格里拉县三坝纳西族乡东坝村墨虎东巴收藏。

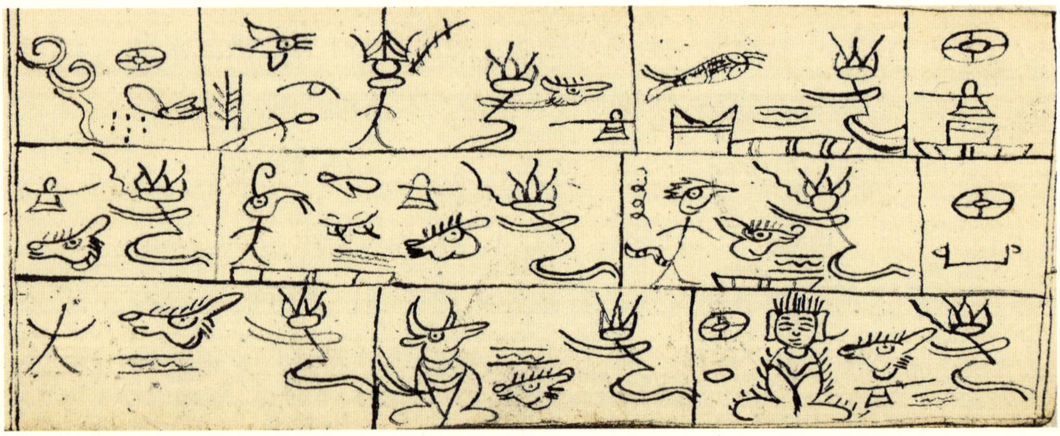

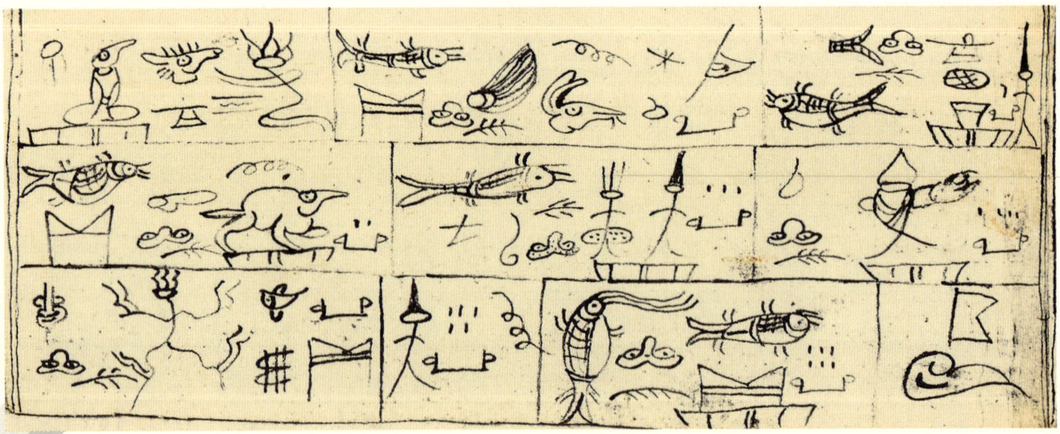

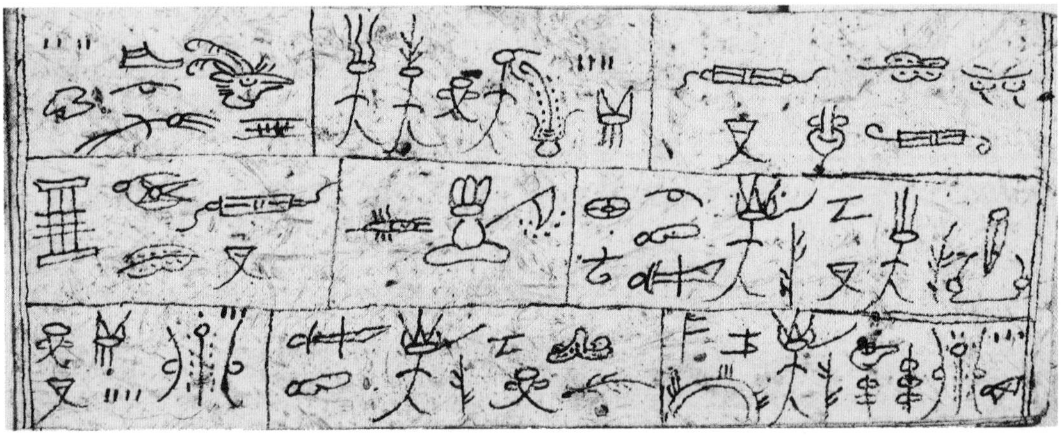

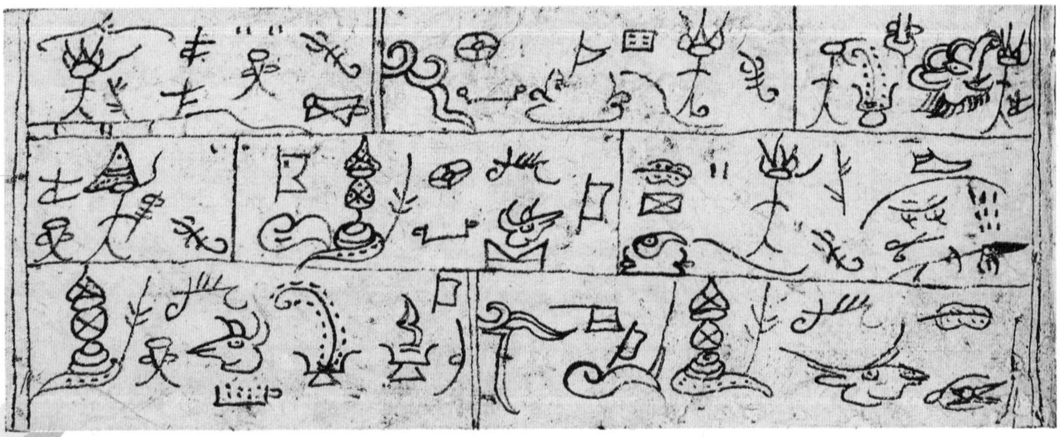

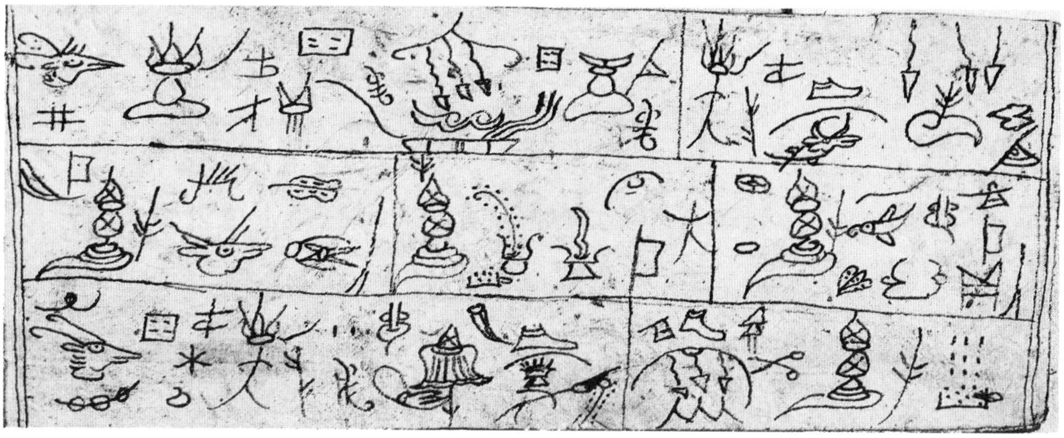

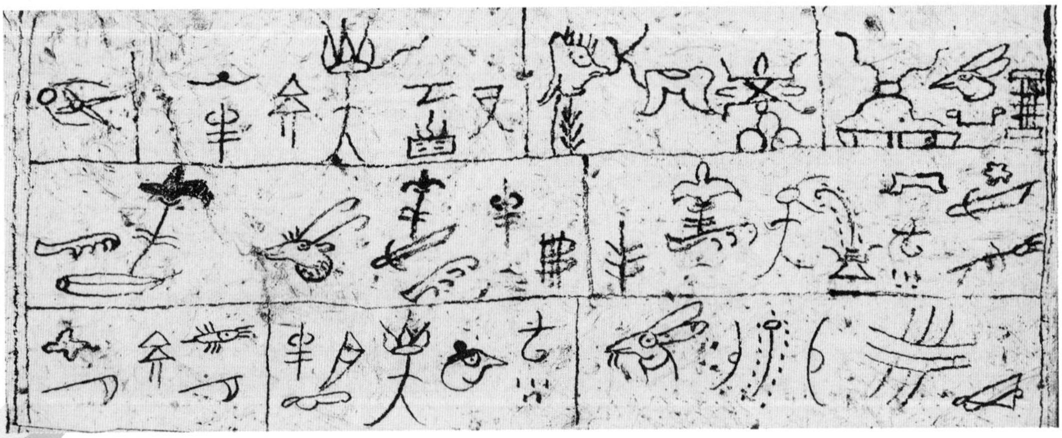

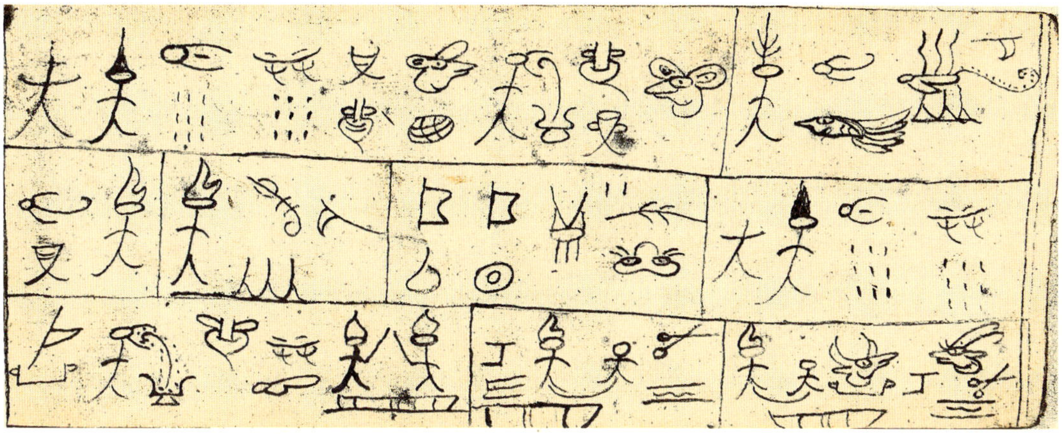

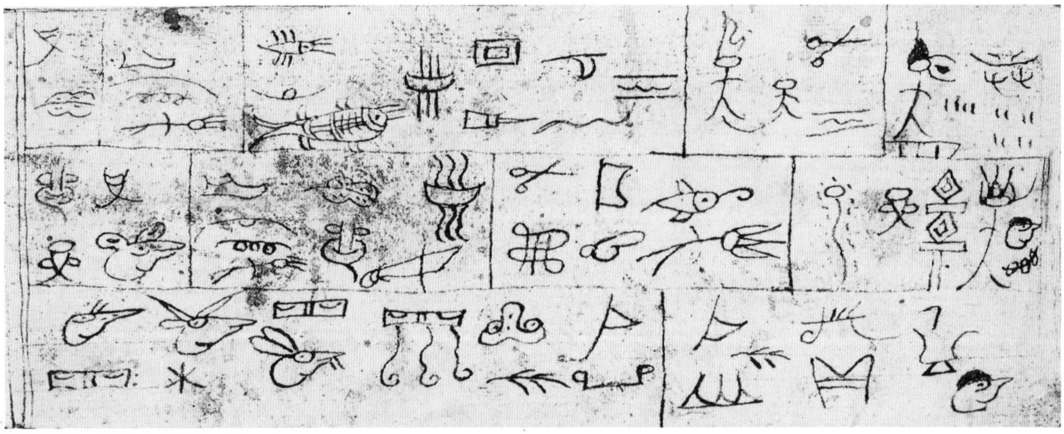

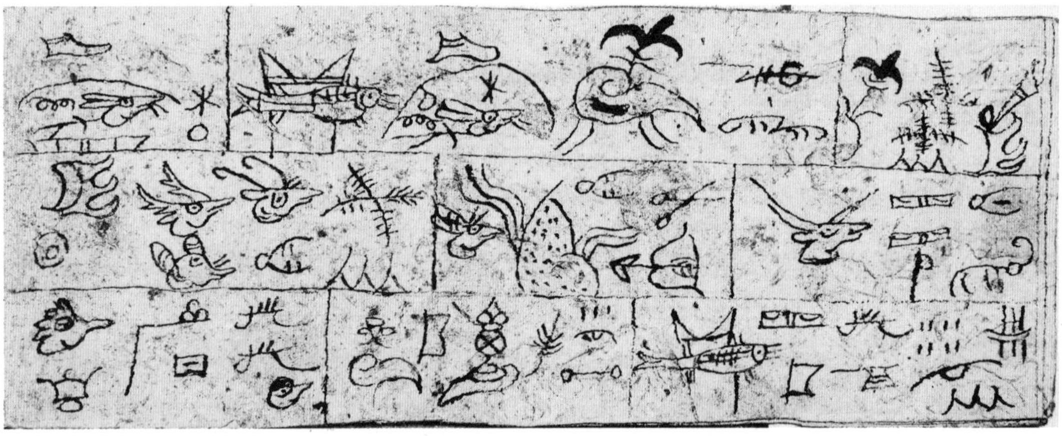

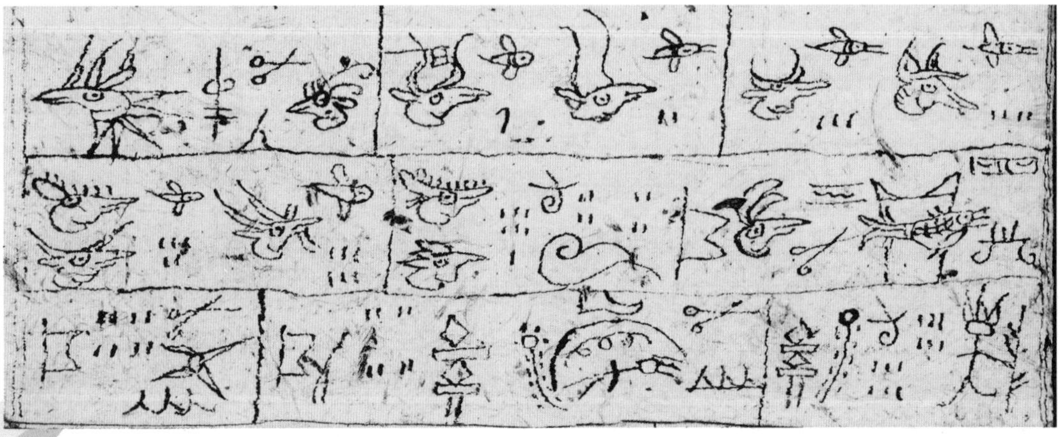

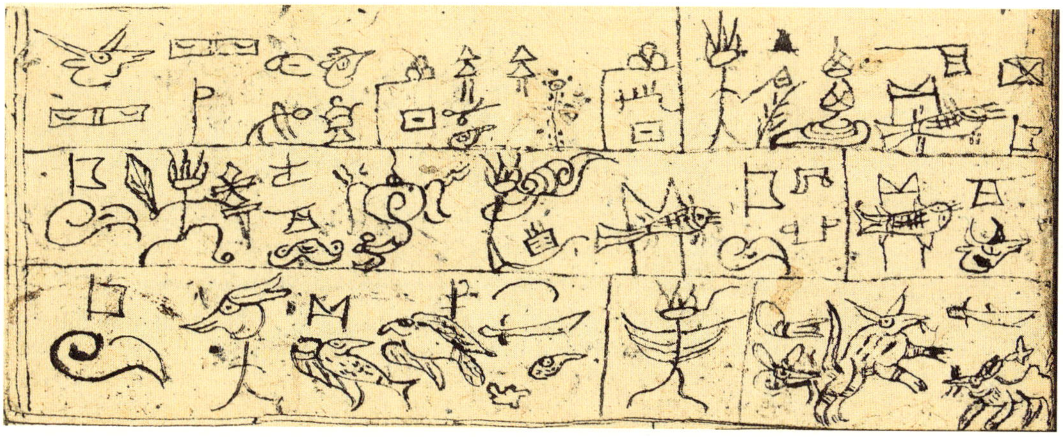

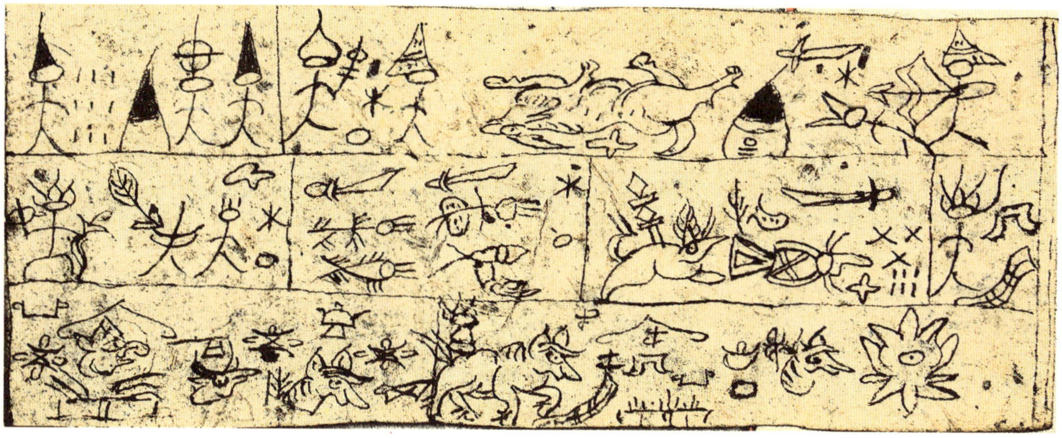

超度东巴祭司·东巴什罗更名十二次

东巴教超度什罗仪式经书。流传于云南省迪庆藏族自治州香格里拉县三坝纳西族乡一带。不分卷，1册，26页，佚名撰,和才抄。记述东巴什罗死后，后人要将其灵魂送往神地。因为东巴什罗出生时投身于五行之中，死后也要在五行之中祭祀。用象征木、水、火、土、铁的九种树枝火化，弄清东巴什罗转世的地方。在东方诞生之时，更名为督支谷补；在南方诞生之时，更名为莹世谷补；在西方诞生之时，更名为岛莫谷补；在北方诞生之时，更名为扭铎谷补……在十八层天上，劳寿玖威大神为什罗剃度、除秽，给什罗衣物，让什罗在十八层天上静心修行、念诵经书。旧抄本，本色构皮纸，线订册叶装，墨书，封面及内文部分字符施以色彩，意在赋予经书灵性。页面高9.7厘米，广25.8厘米。保存完好。今由云南省迪庆藏族自治州香格里拉县三坝纳西族乡东坝村墨虎东巴收藏。

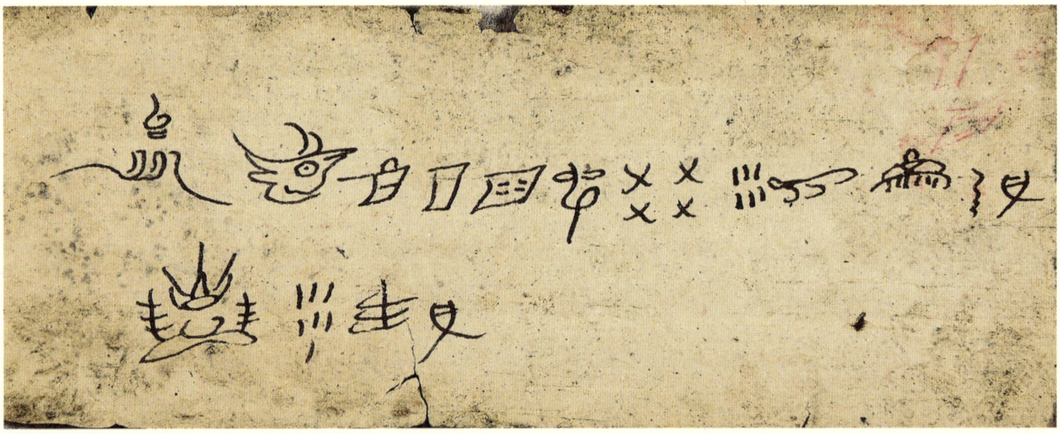

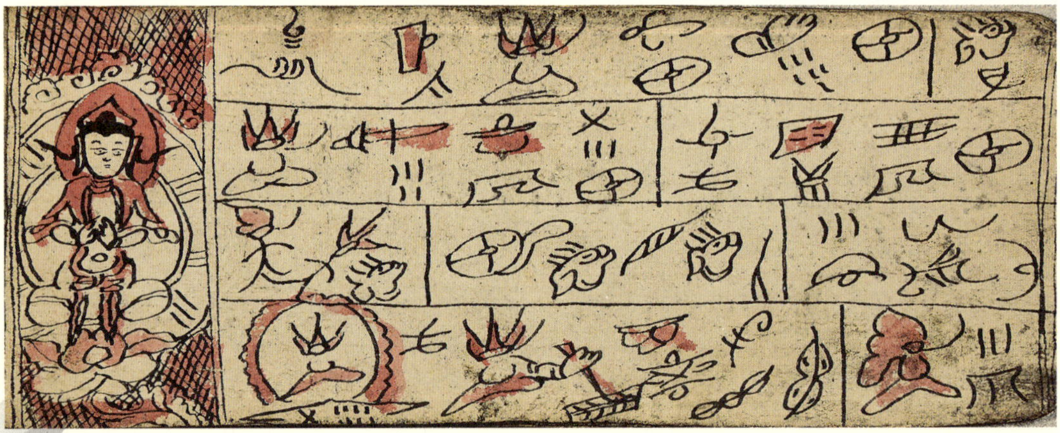

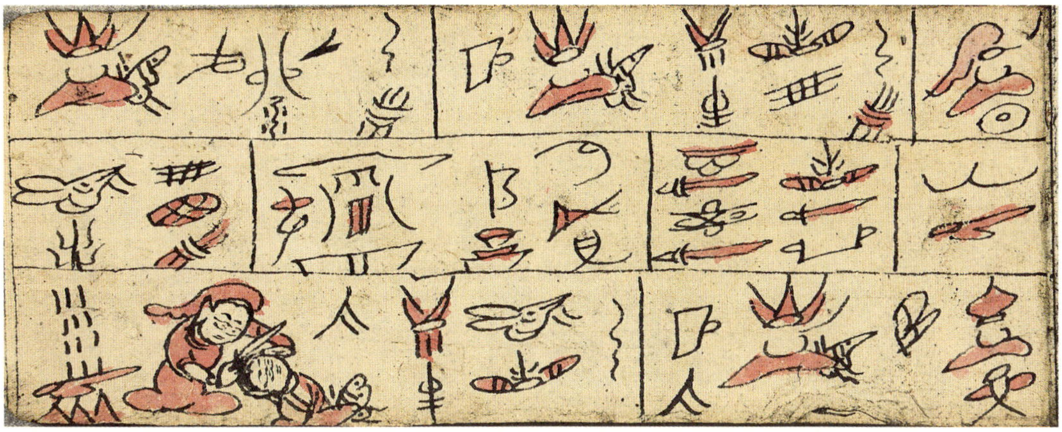

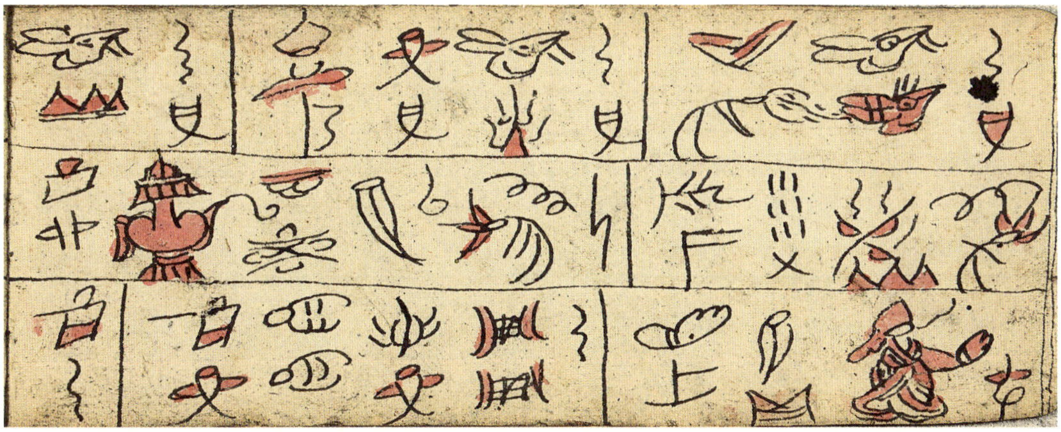

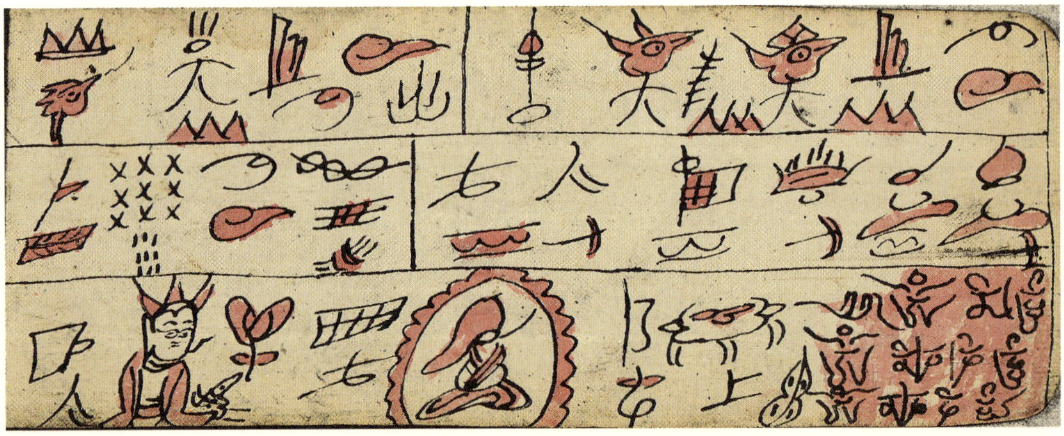

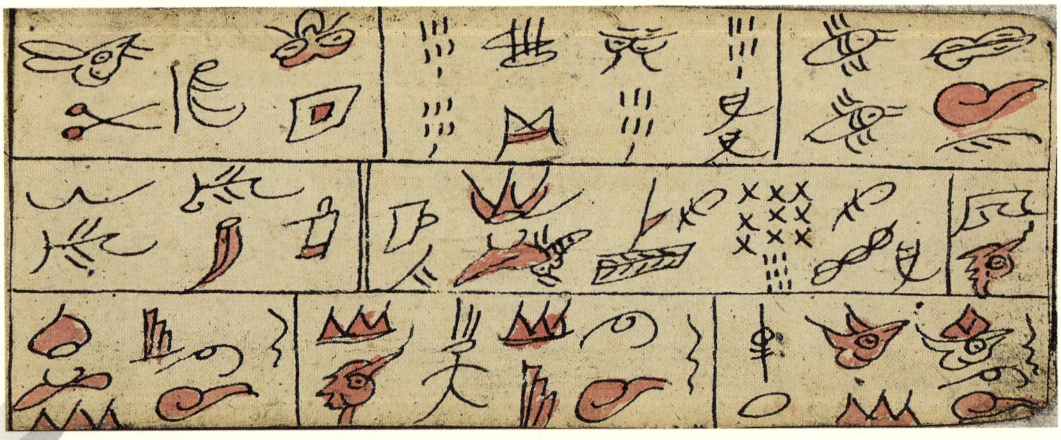

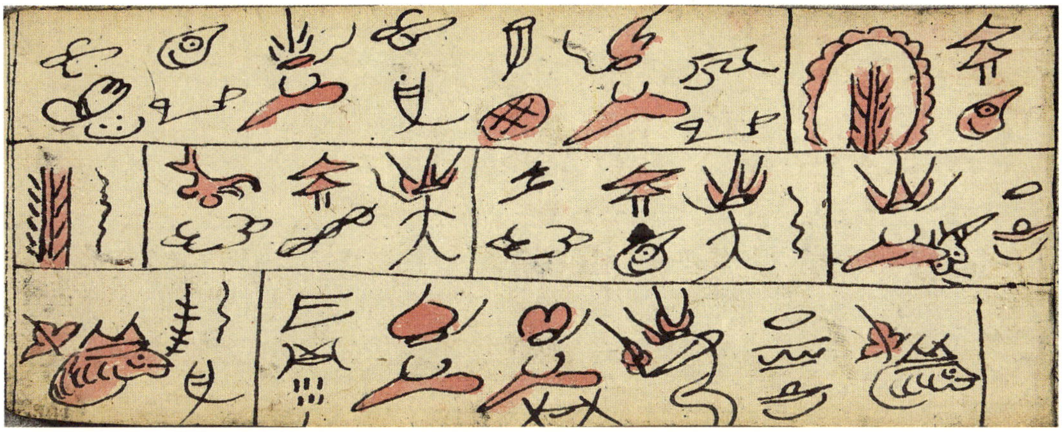

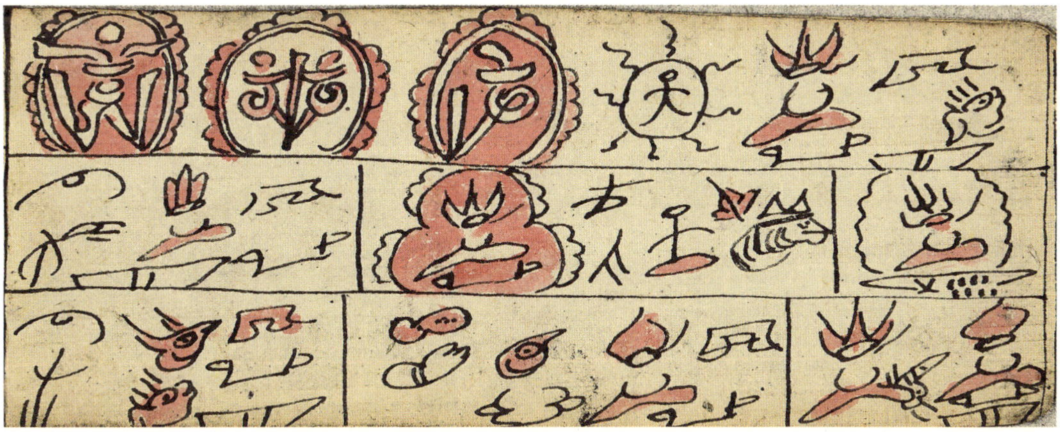

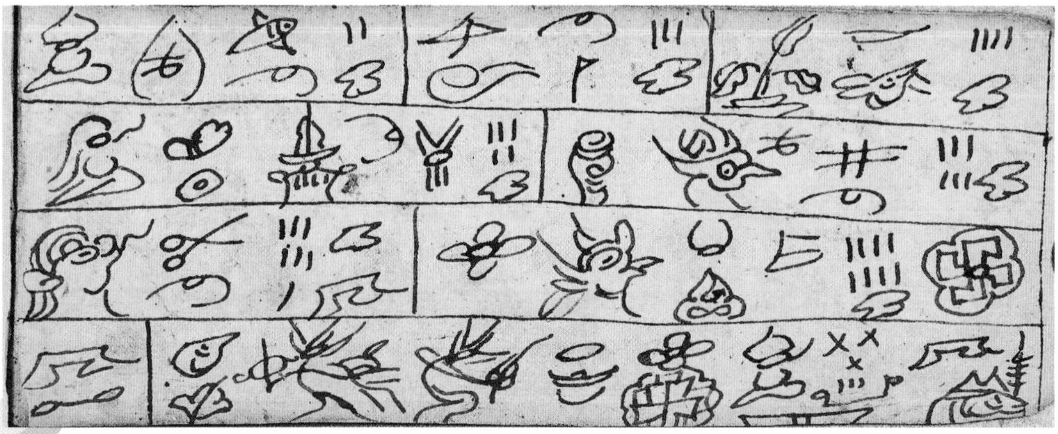

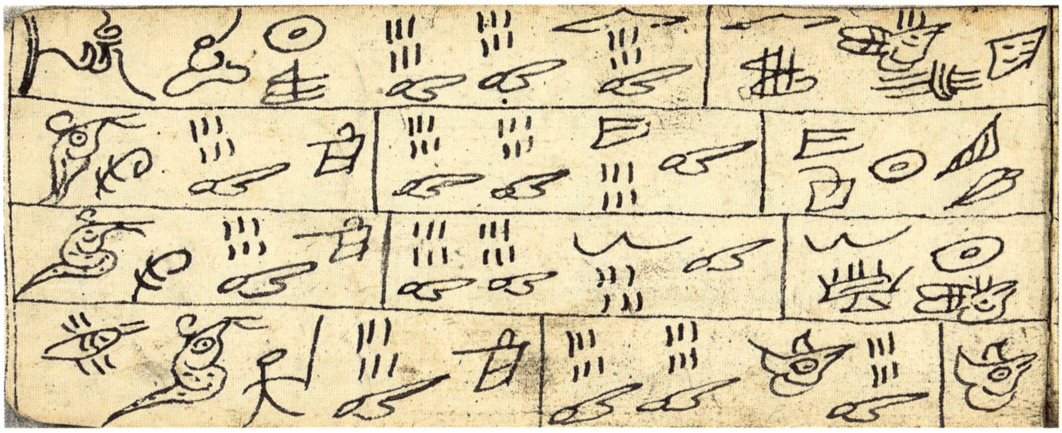

超度东巴祭司·用面偶驱鬼

东巴教超度什罗仪式经书。流传于云南省迪庆藏族自治州香格里拉县三坝纳西族乡一带。不分卷，1册，26页，佚名撰，和才抄。记述东巴制作面偶，念诵经书呼唤冷凑鬼们快来拿走面偶，仪式结束将面偶抛出，以此偿还欠债。愿冷凑鬼从此不要来人间作祟。旧抄本，本色构皮纸，线订册叶装，墨书，部分字符施以色彩，意在赋予经书灵性。页面高10厘米，广27.3厘米。书籍右下角有破损。今由云南省迪庆藏族自治州香格里拉县三坝纳西族乡东坝村墨虎东巴收藏。

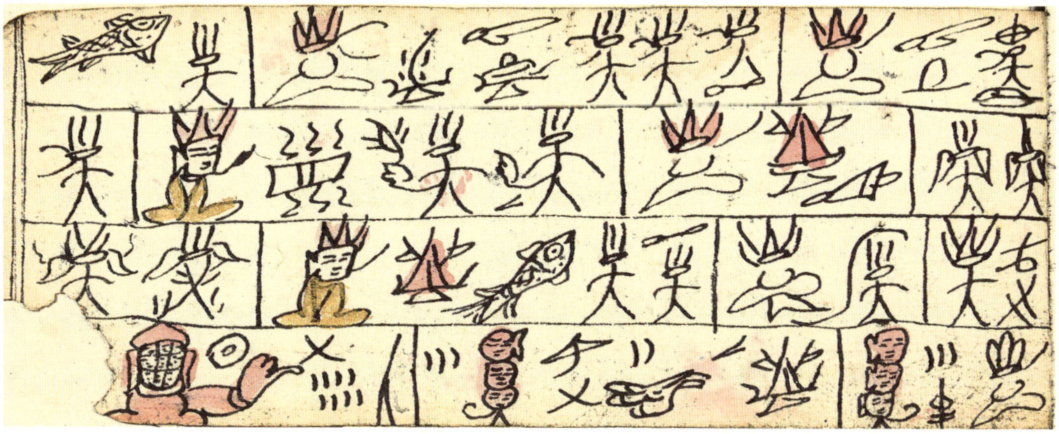

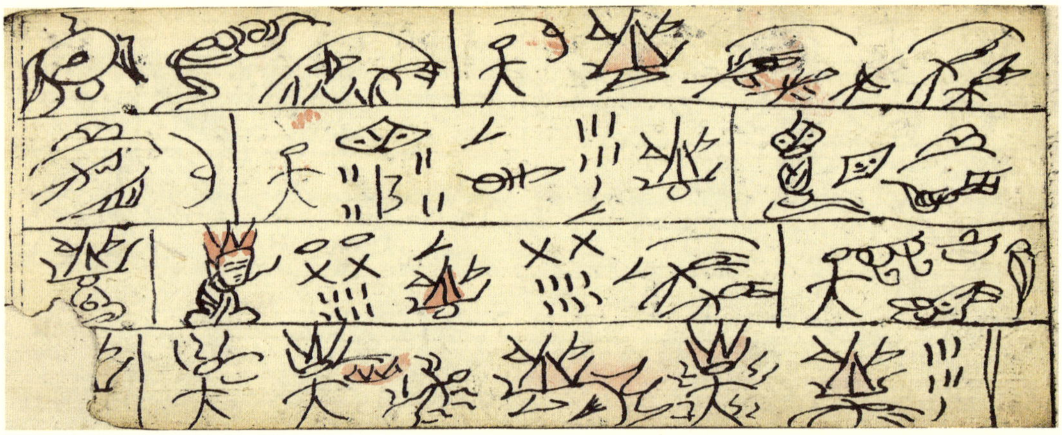

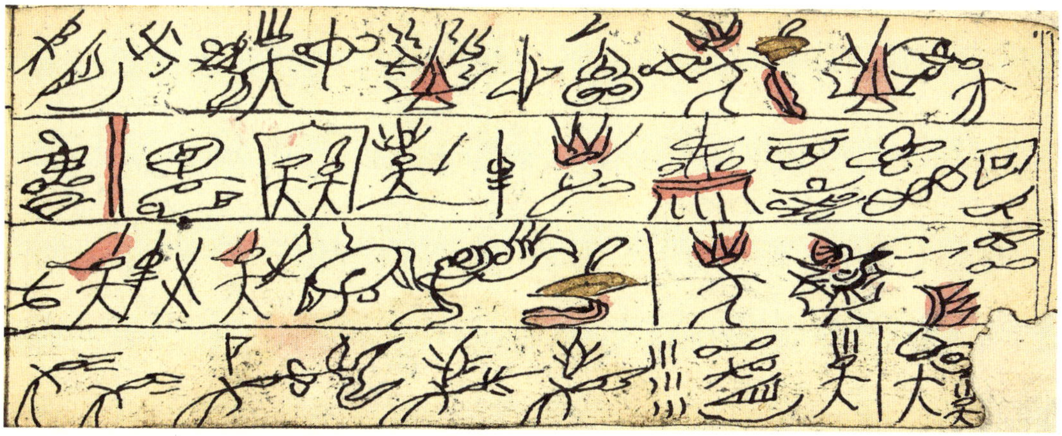

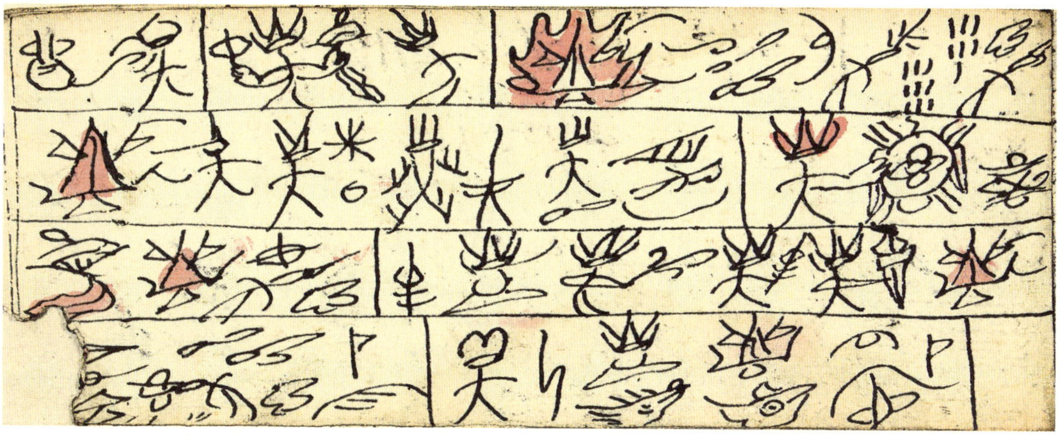

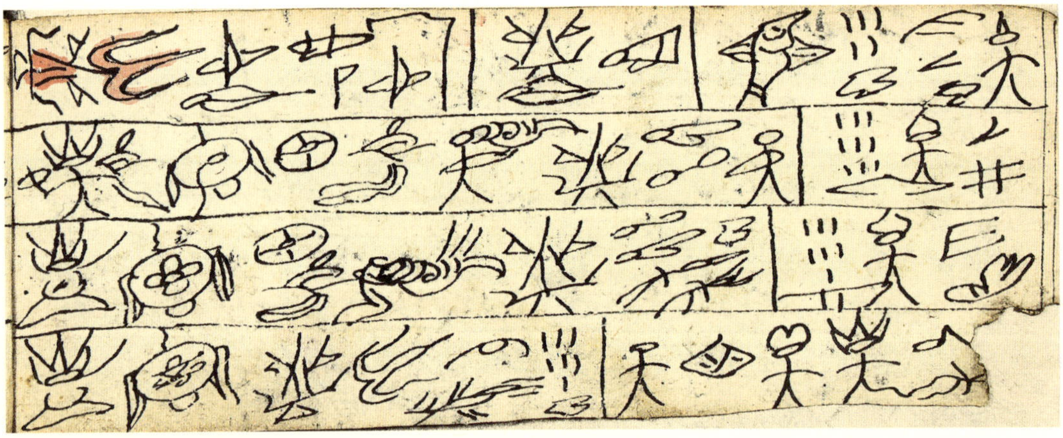

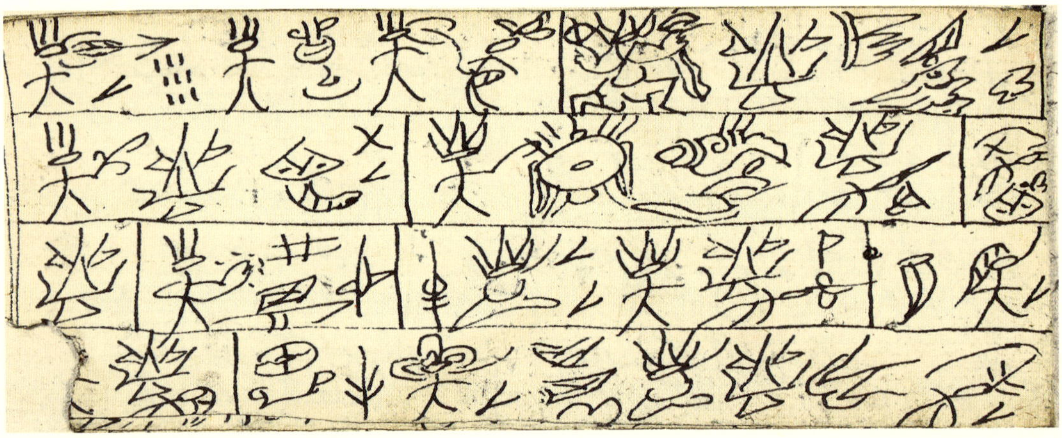

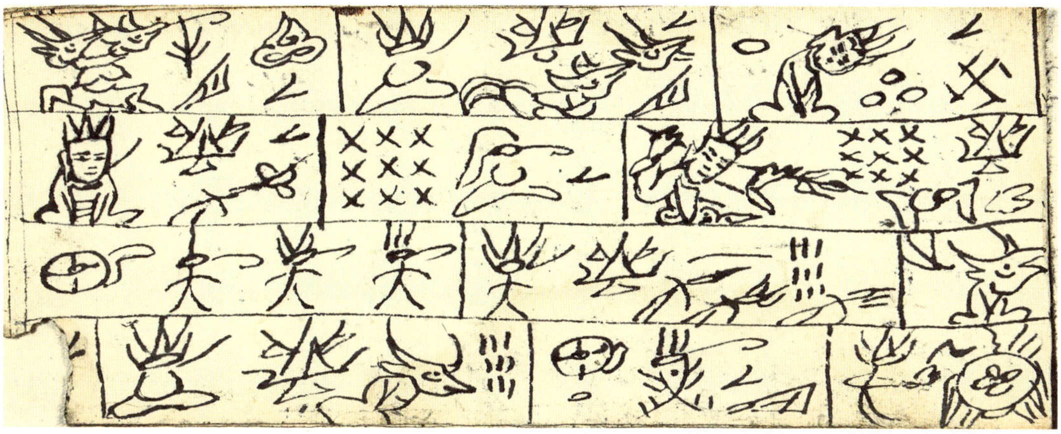

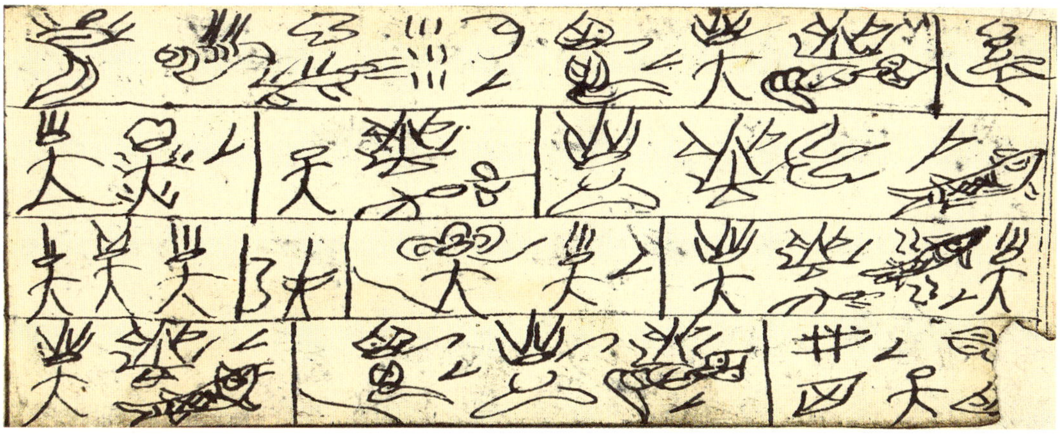

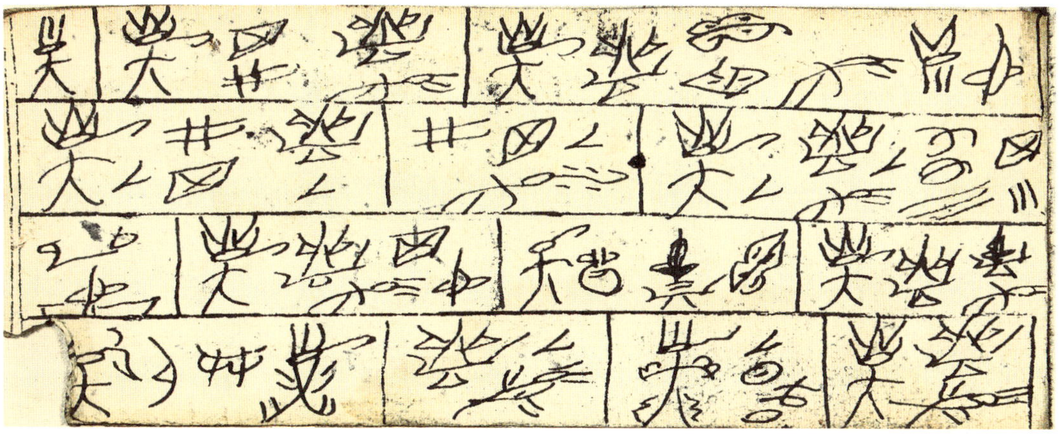

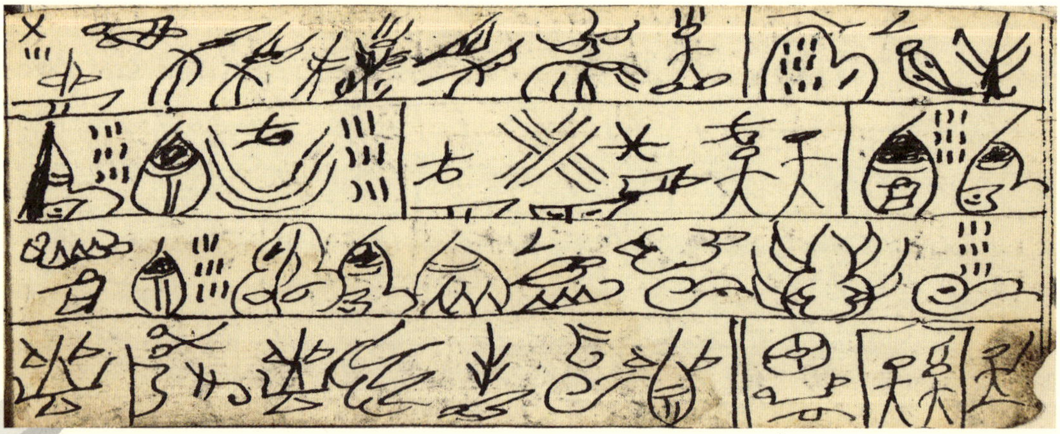

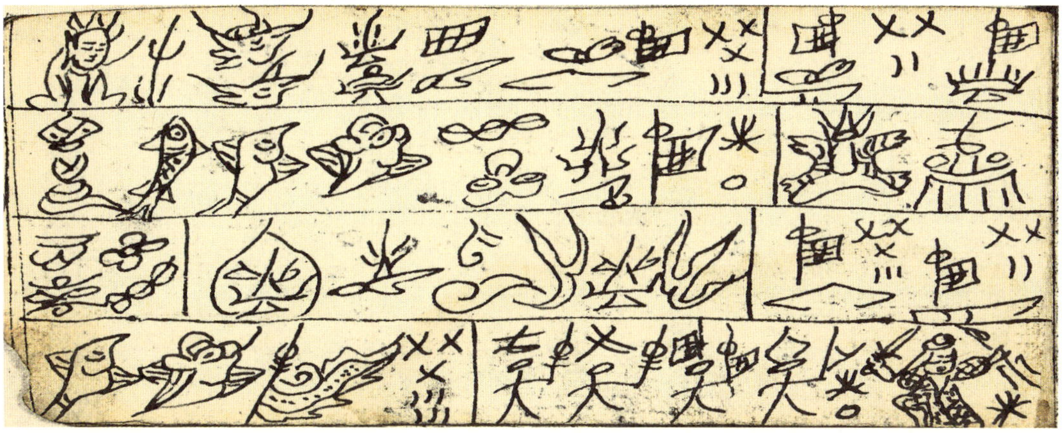

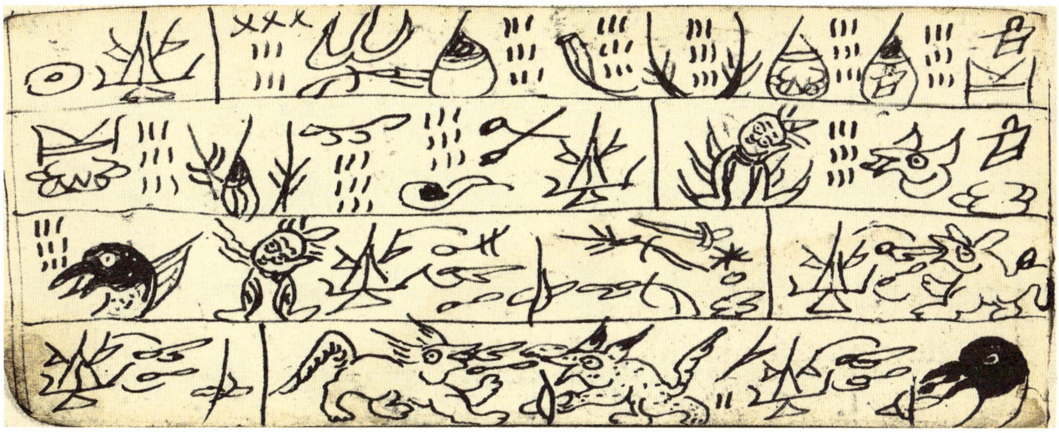

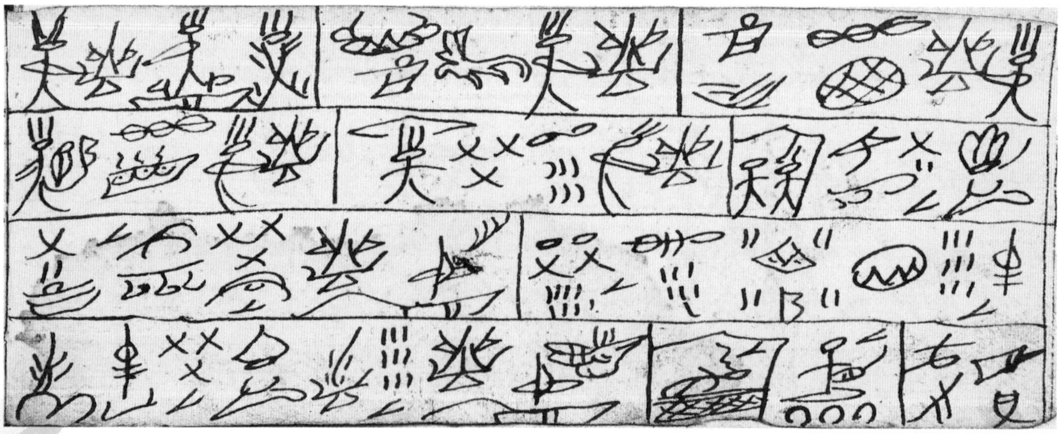

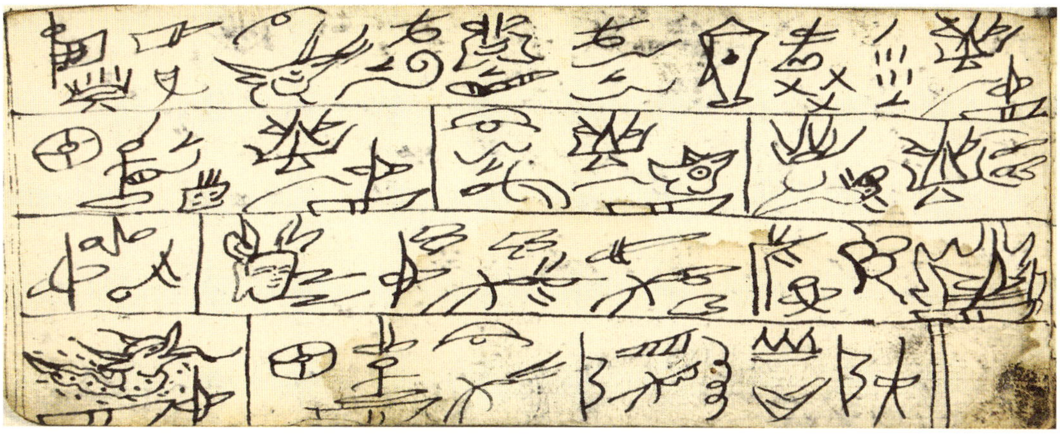

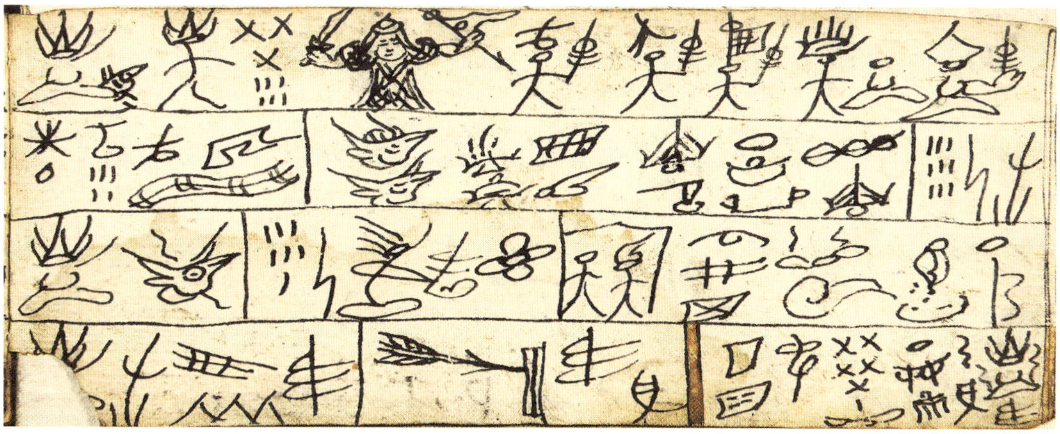

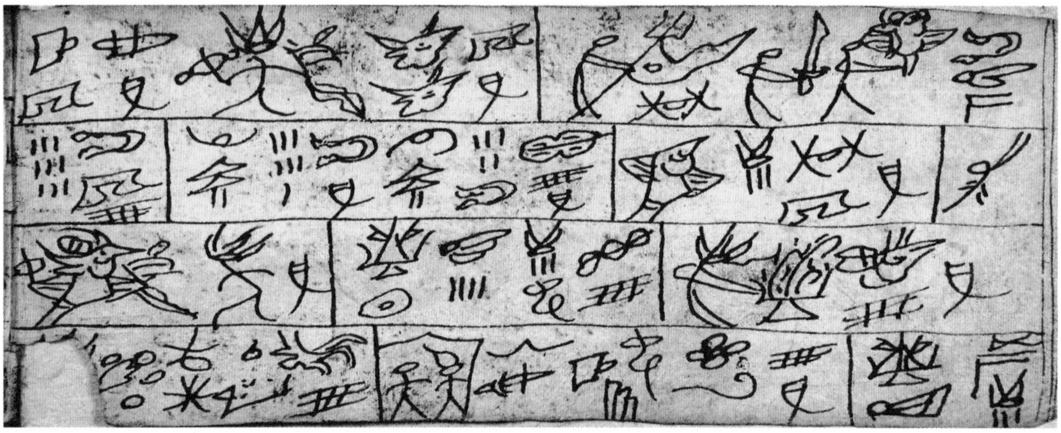

超度东巴祭司仪式规程和木牌画画谱

东巴教超度什罗仪式经书。流传于云南省迪庆藏族自治州香格里拉县三坝纳西族乡一带。不分卷，1册，33页，佚名撰，墨虎抄。记述超度东巴什罗的仪式程序、需诵读的经书书名及仪式上所需要的财物、仪式场地的布置图等，以及超度什罗仪式木牌画画谱，供后人在绘制祭署仪式木牌画时参考使用。近抄本，本色构皮纸，线订册叶装，墨书。页面高10厘米，广28.7厘米。保存完好。今由云南省迪庆藏族自治州香格里拉县三坝纳西族乡东坝村墨虎东巴收藏。

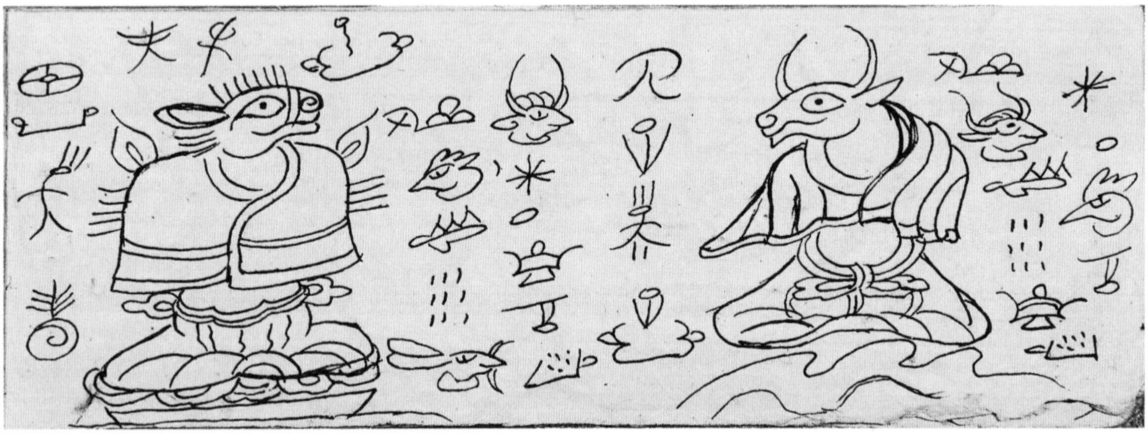

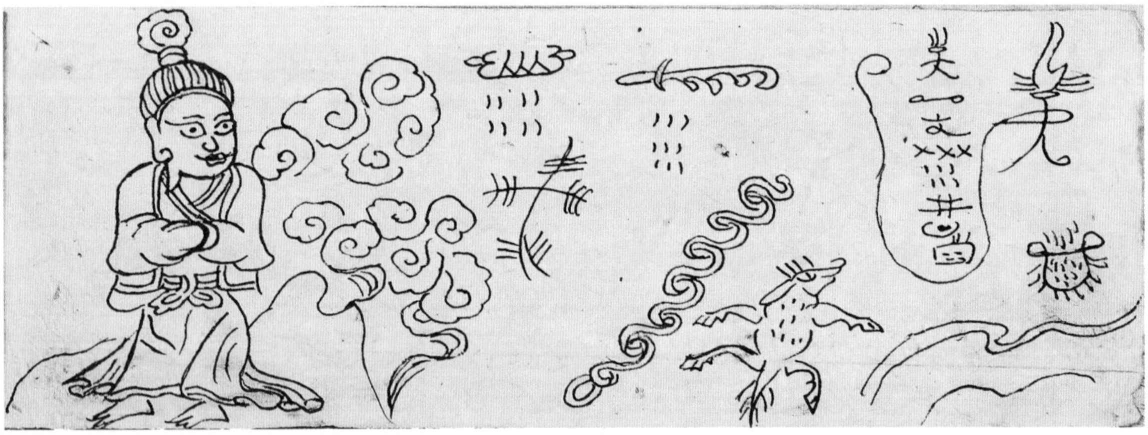

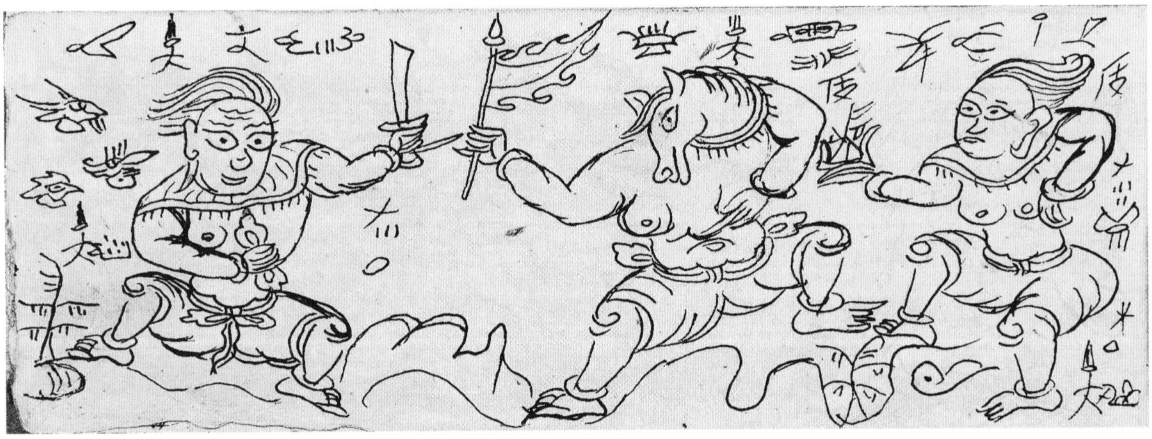

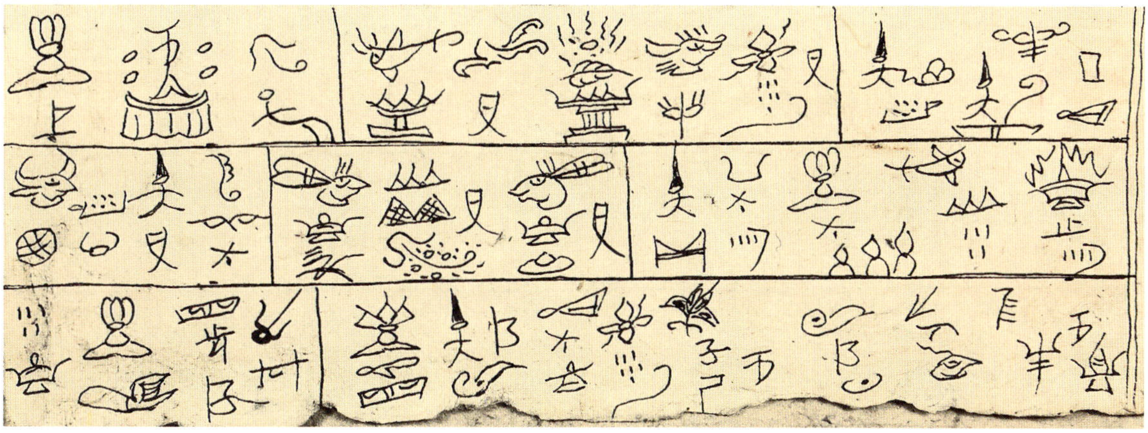

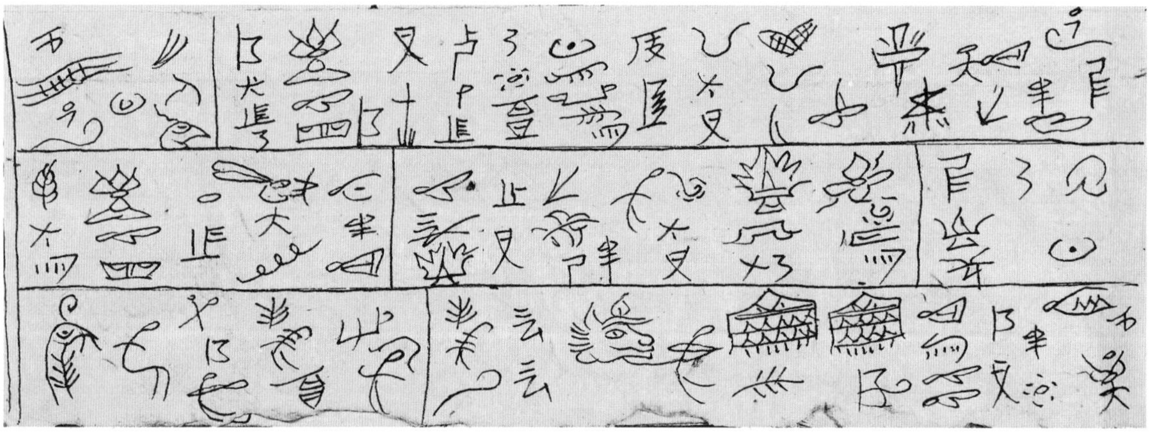

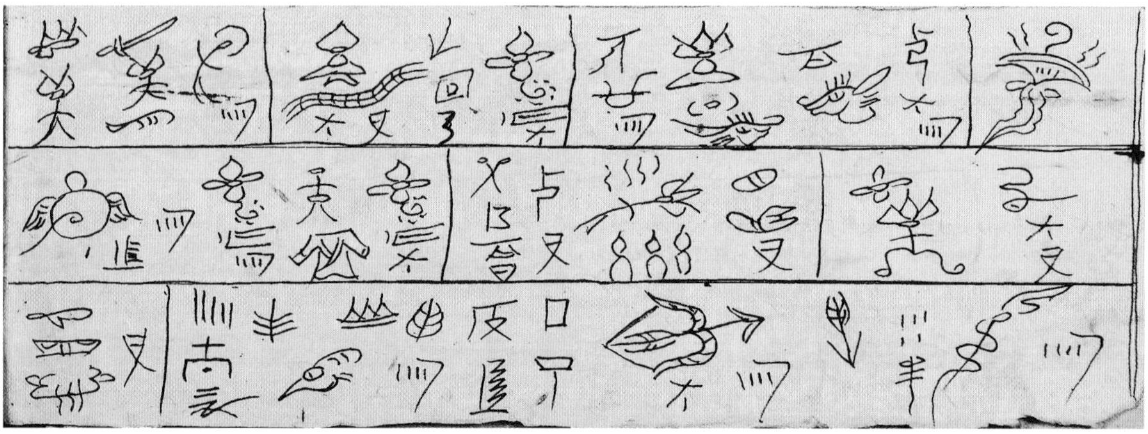

超度仪式·“俄依九兄弟”的故事

东巴教超度仪式经书。流传于云南省迪庆藏族自治州香格里拉县三坝纳西族乡一带。不分卷，1册，26页，佚名撰，墨虎抄。记述俄依九兄弟寻找处理父母后事规矩的故事。俄高勒的九个儿子和高勒趣的四个儿子，不知如何去处理过世父母的后事，便请神鸟恩孜欧莱吉去寻找处理父母后事的办法。几经辗转，欧莱吉返回人间，将卢神、沈神的话转达给俄高勒的九个儿子和高勒趣的四个儿子。自此之后，人间有了处理死者后事的规矩。近抄本，本色构皮纸，线订册叶装，墨书。页面高9.7厘米，广28.5厘米。保存完好。今由云南省迪庆藏族自治州香格里拉县三坝纳西族乡东坝村墨虎东巴收藏。

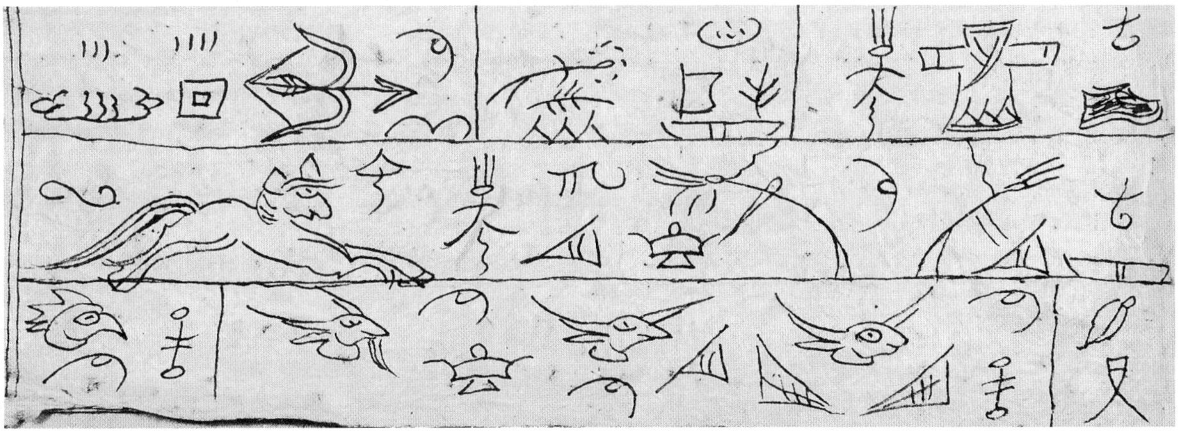

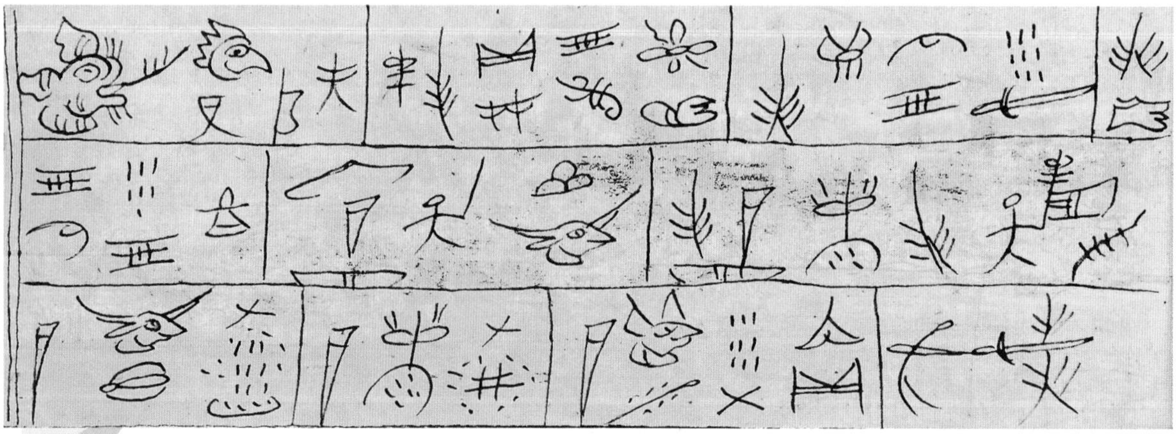

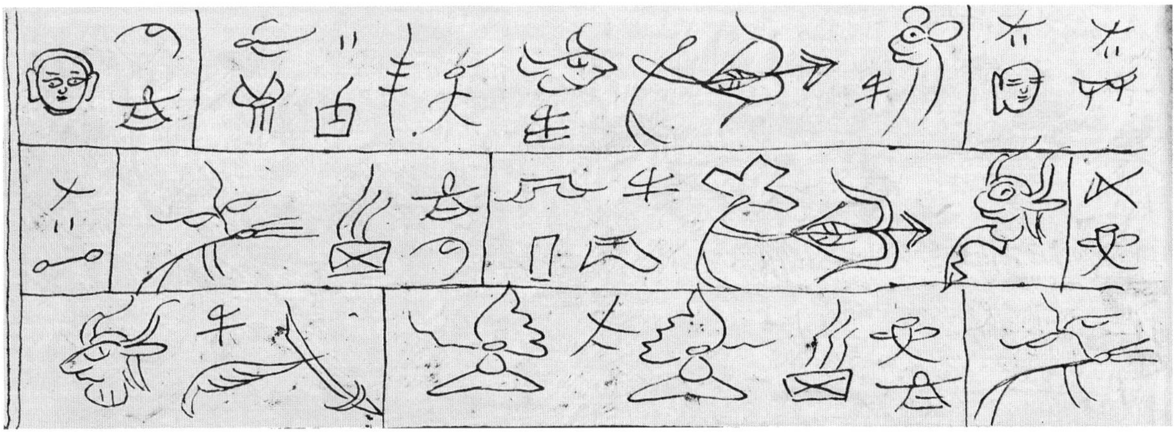

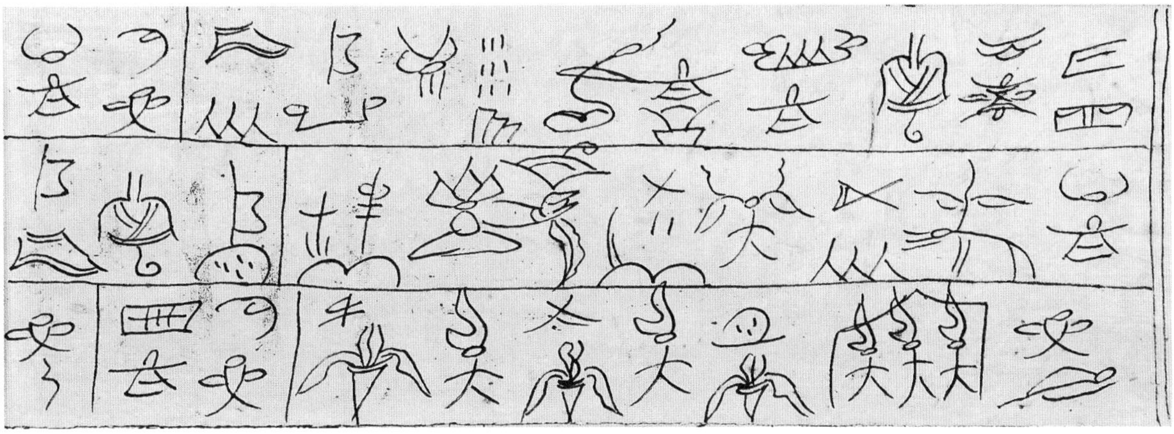

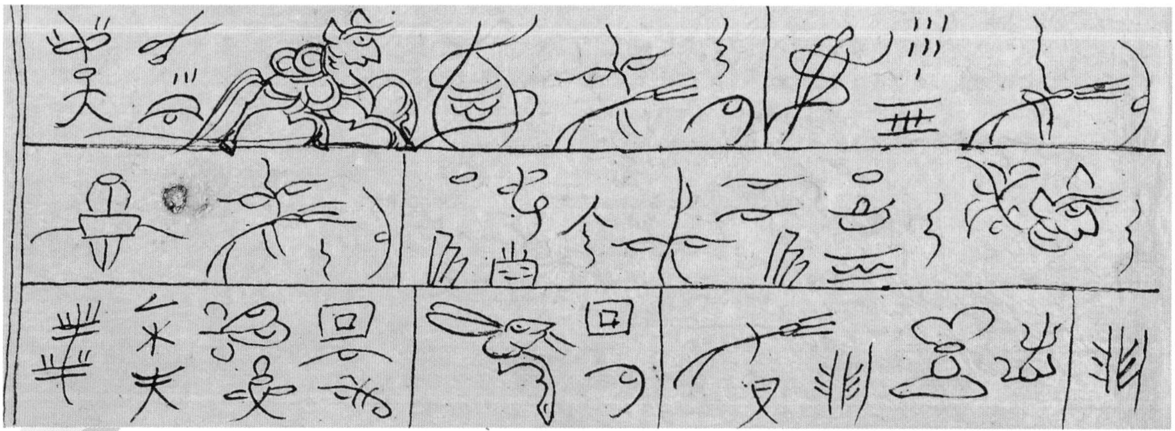

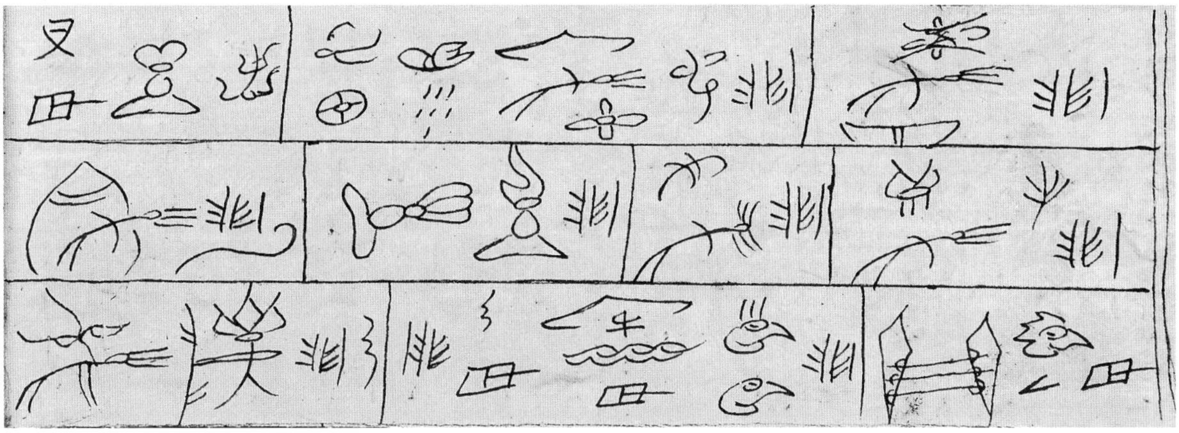

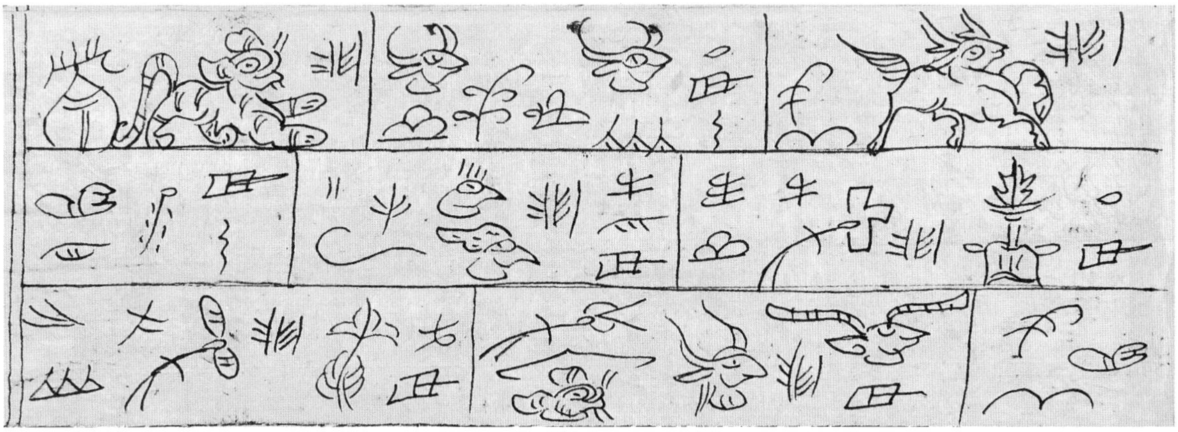

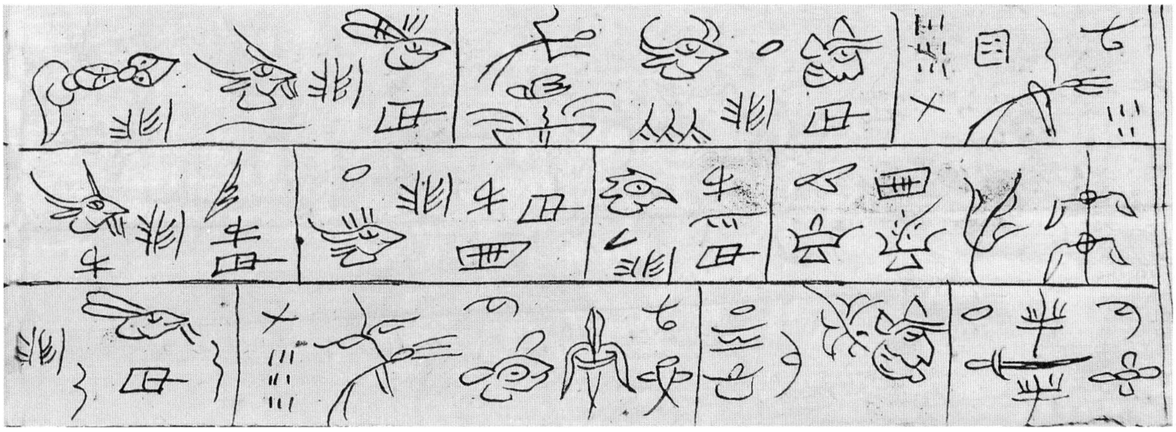

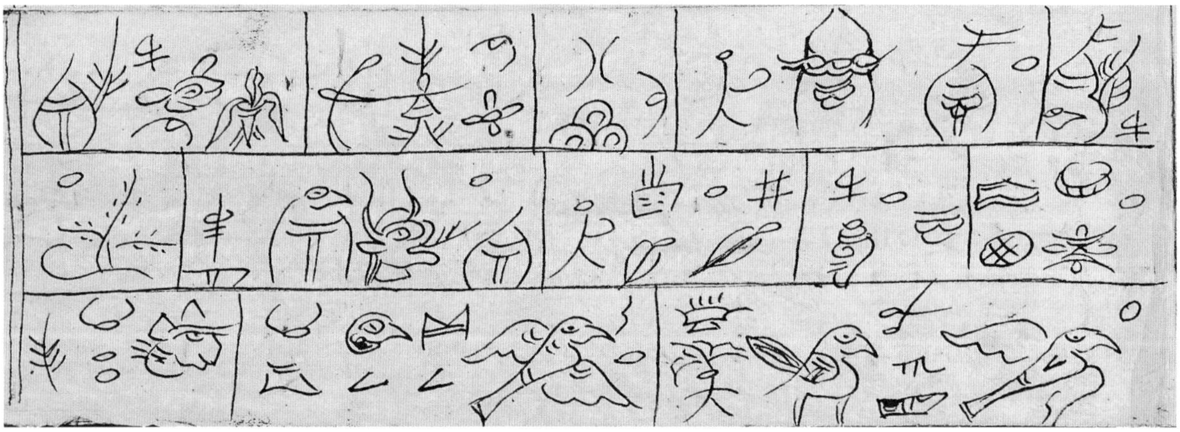

开丧·超度献冥马

东巴教开丧仪式经书。流传于云南省迪庆藏族自治州香格里拉县三坝纳西族乡一带。不分卷，1册，63页，佚名撰，墨虎抄。记述给死者献上坐骑和驮物用的冥马，使其沿着先民迁徙路线，顺利回到祖先故地，并劝说死者把福泽留给后代。近抄本，本色构皮纸，线订册叶装，墨书。页面高9.7厘米，广28.5厘米。保存完好。今由云南省迪庆藏族自治州香格里拉县三坝纳西族乡东坝村墨虎东巴收藏。

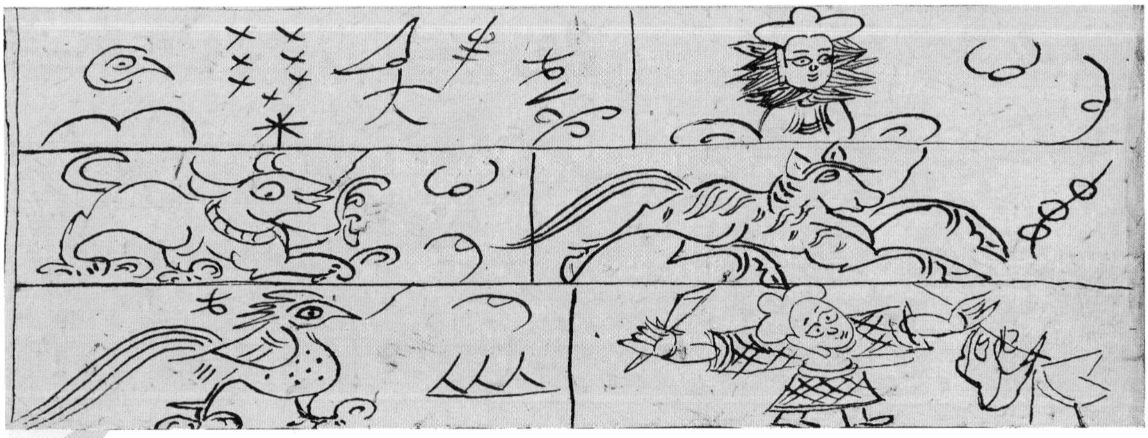

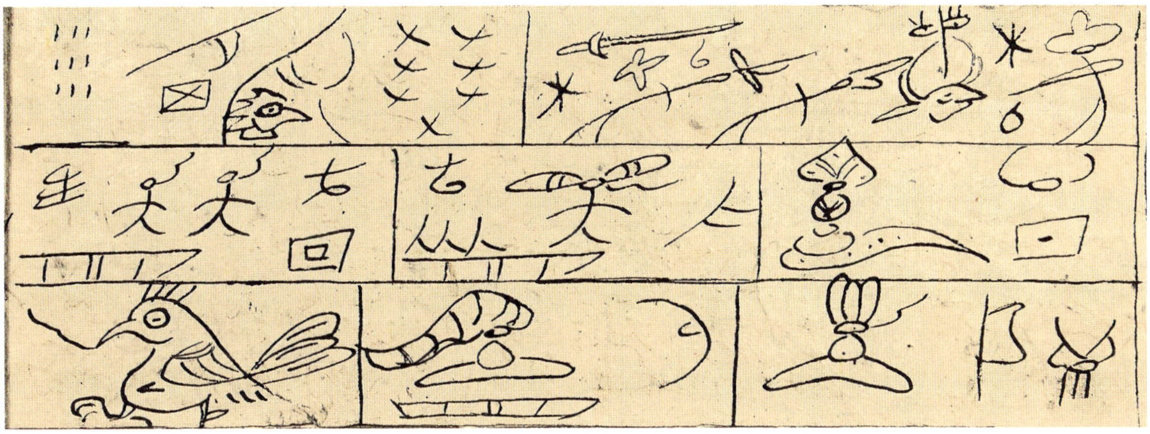

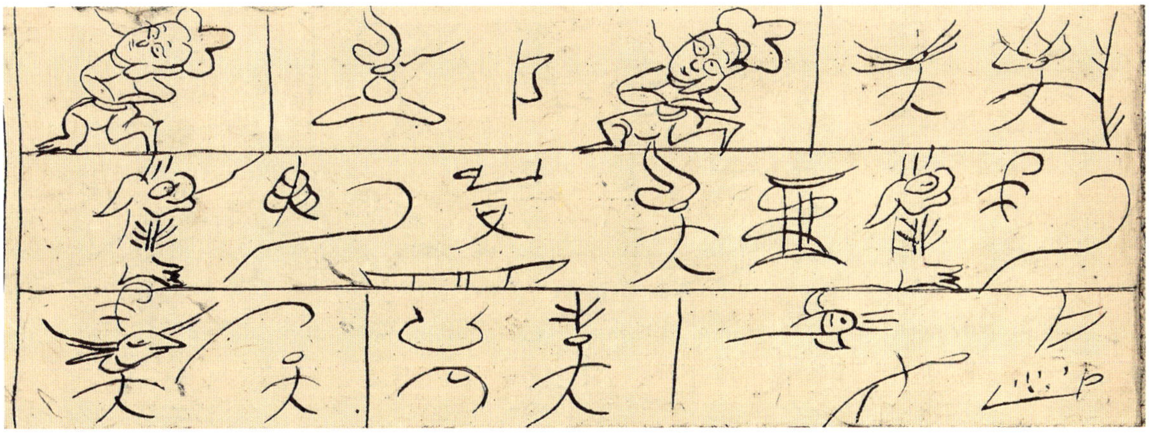

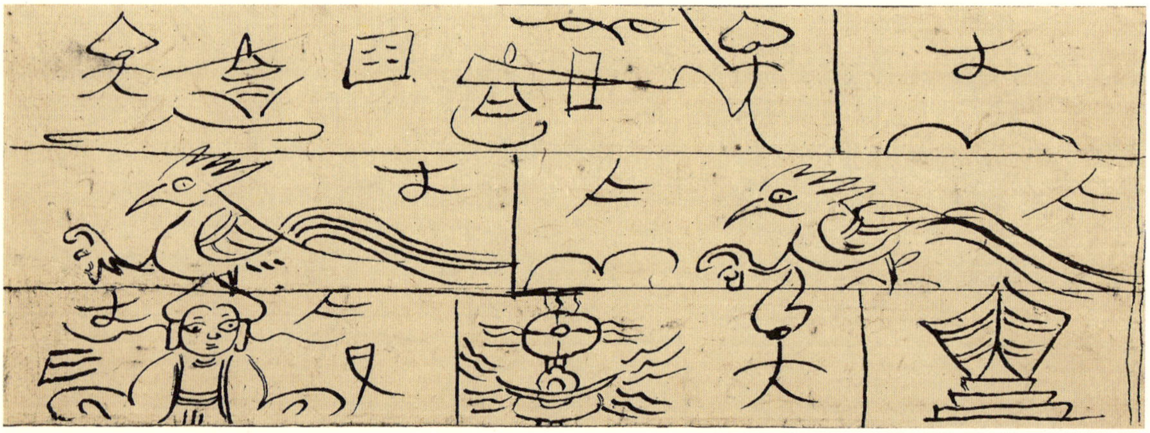

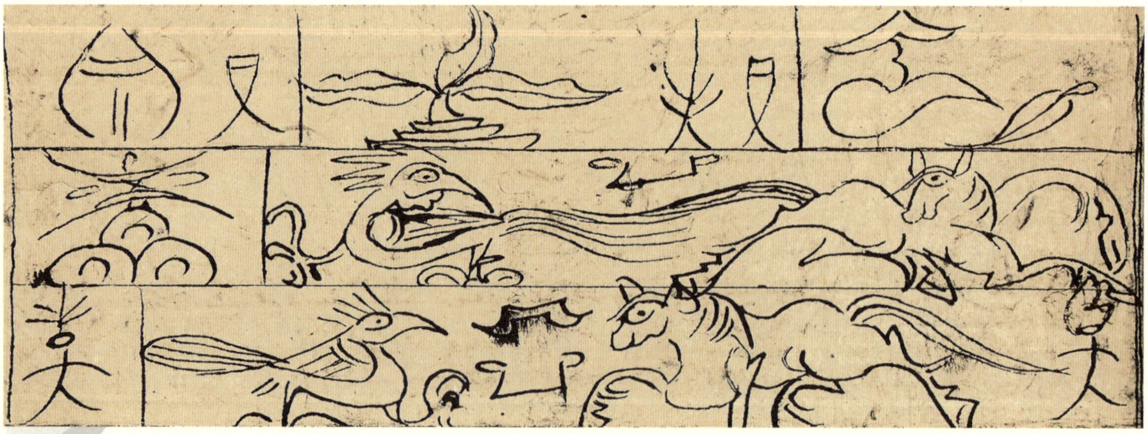

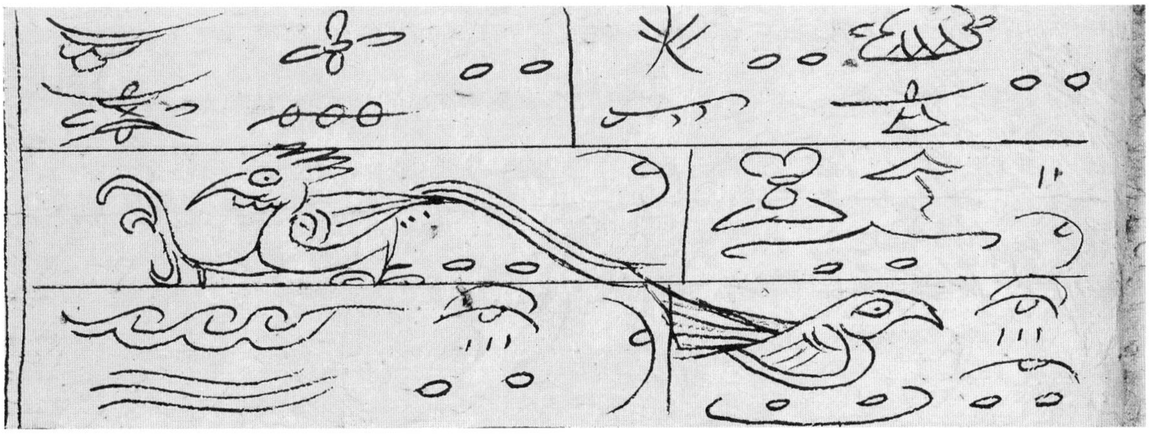

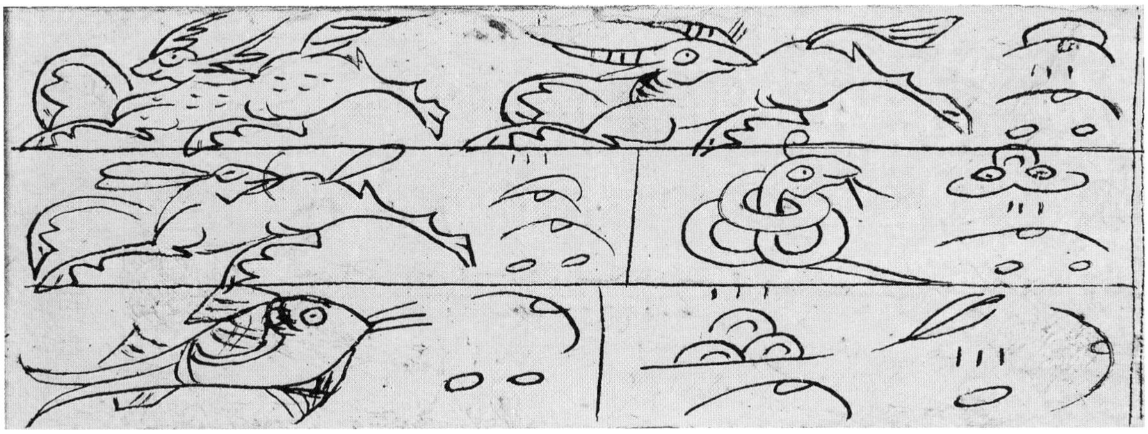

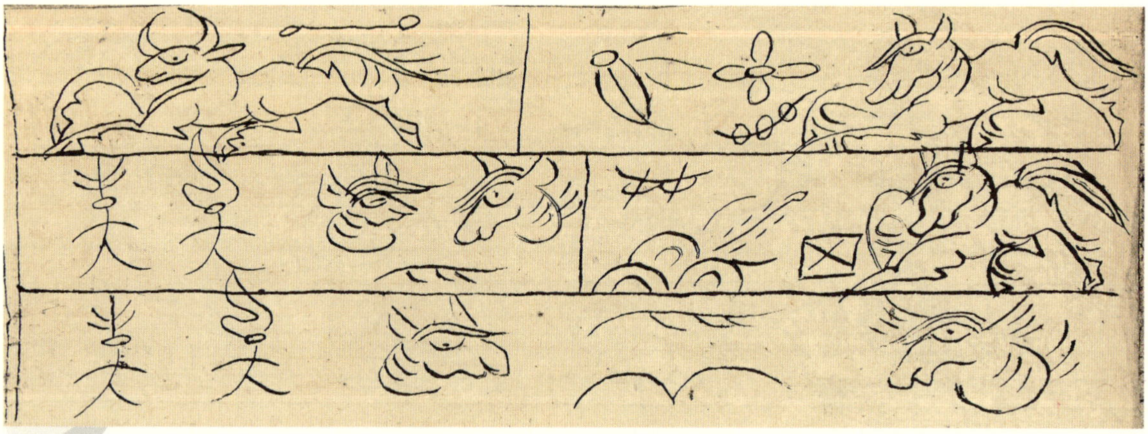

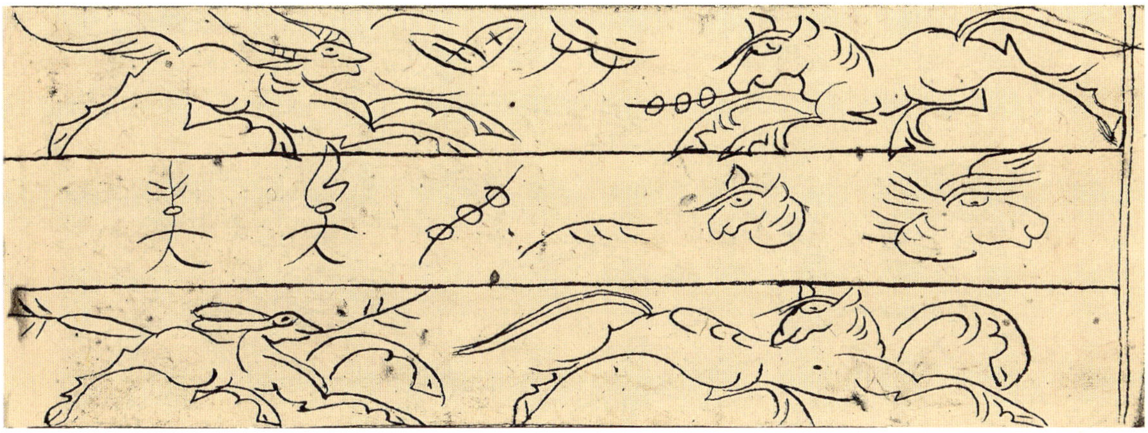

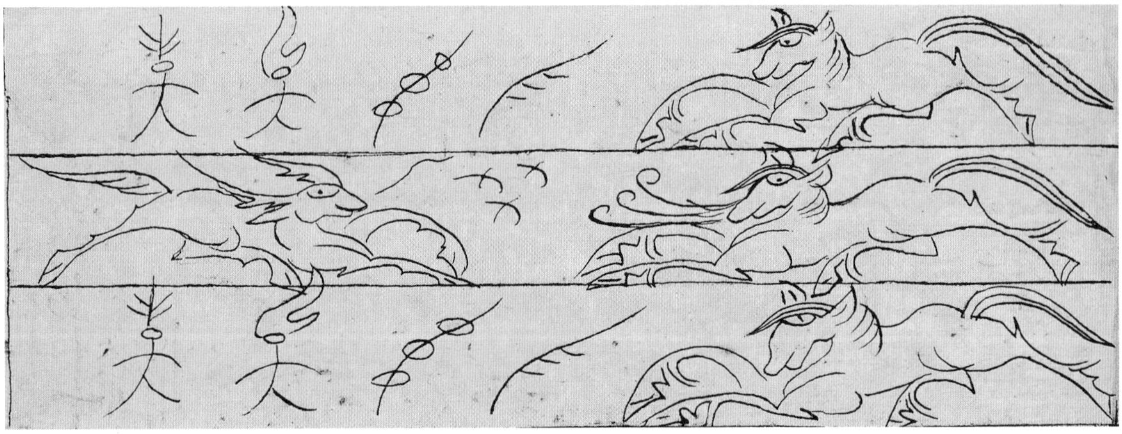

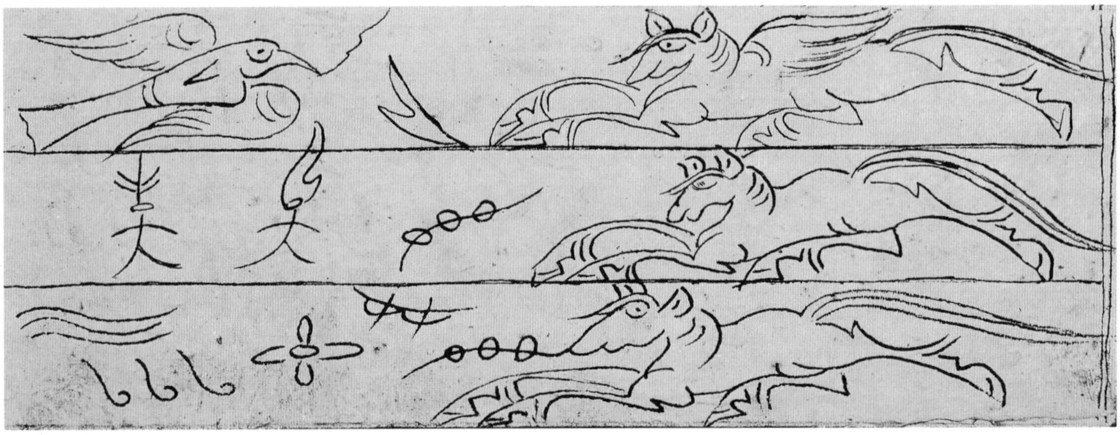

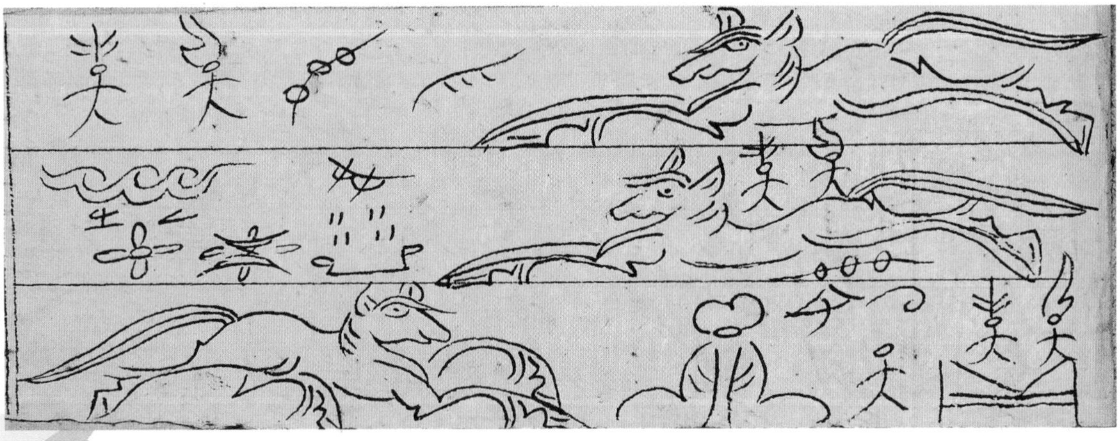

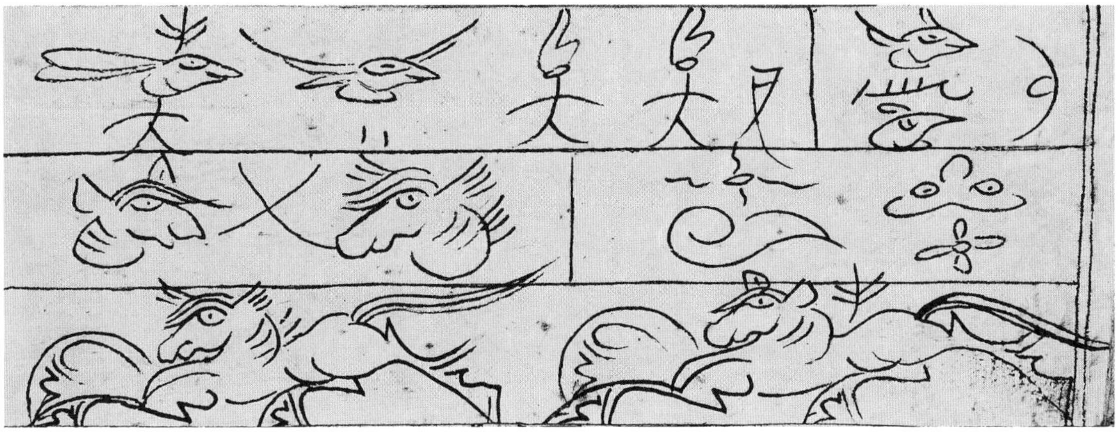

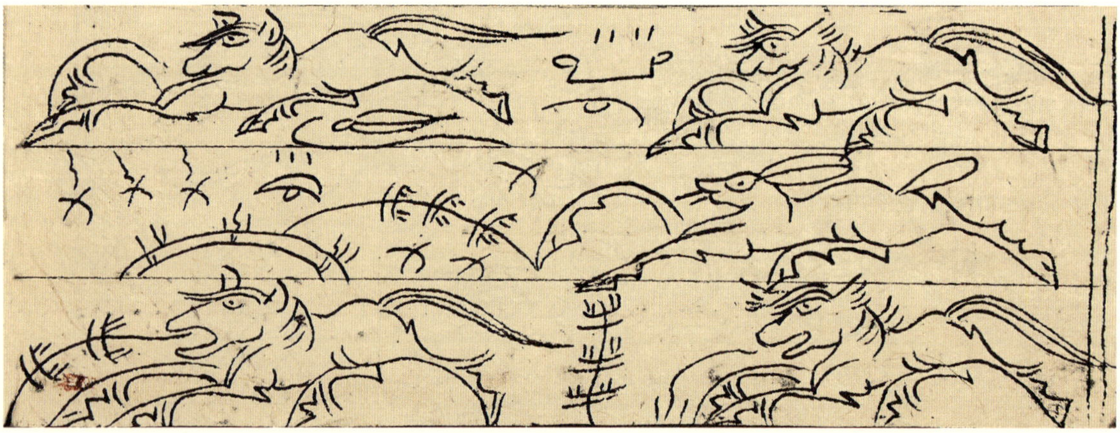

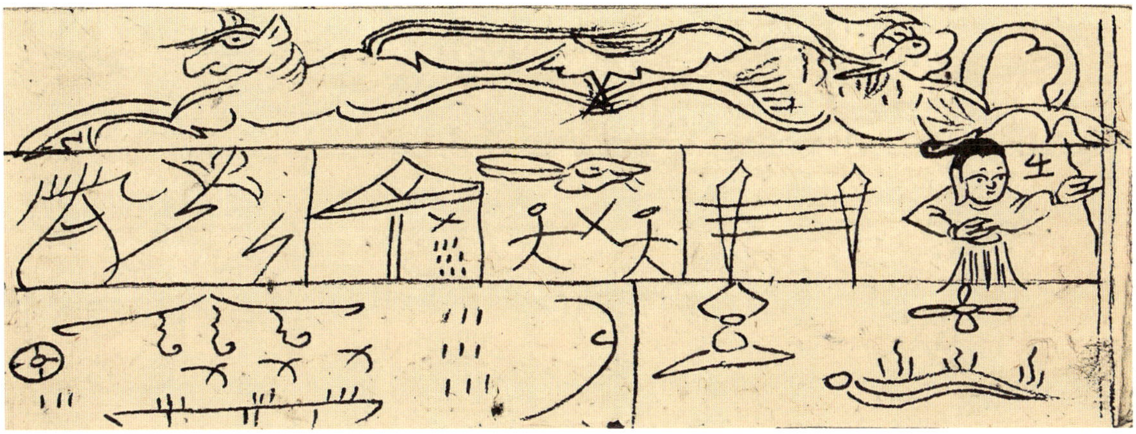

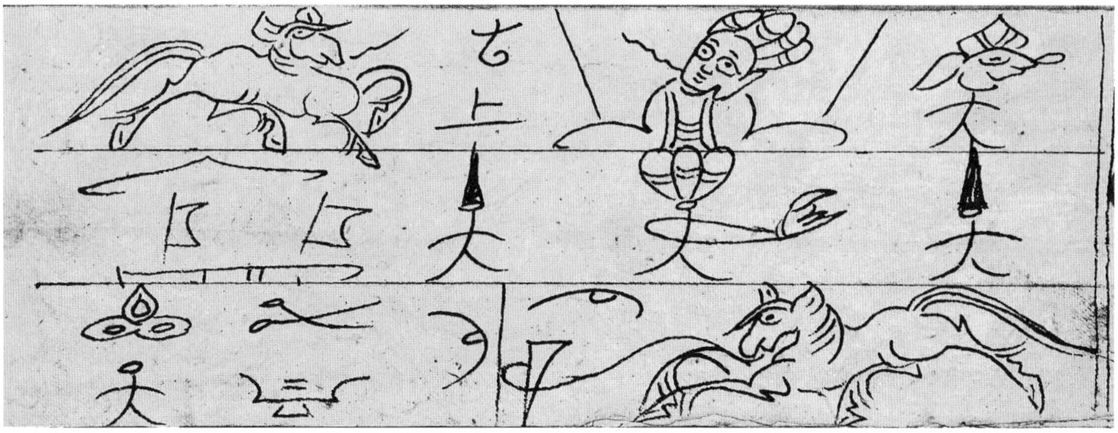

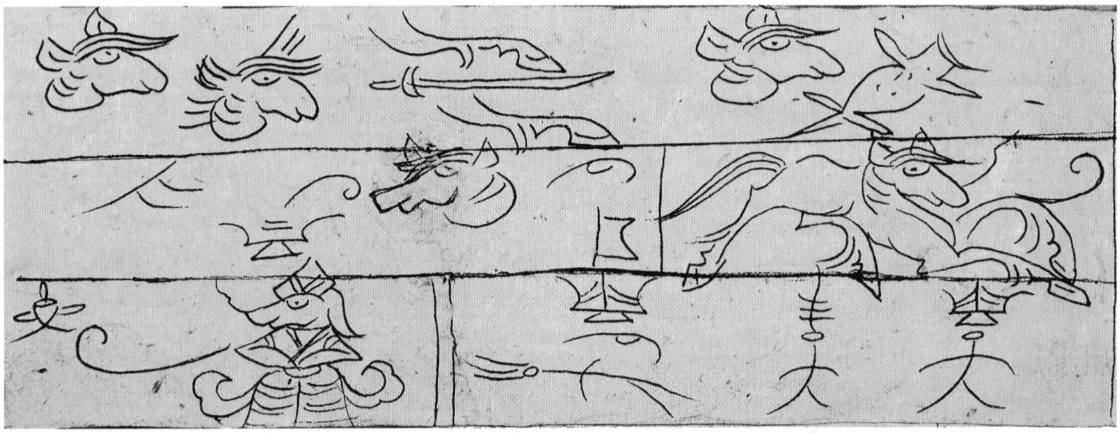

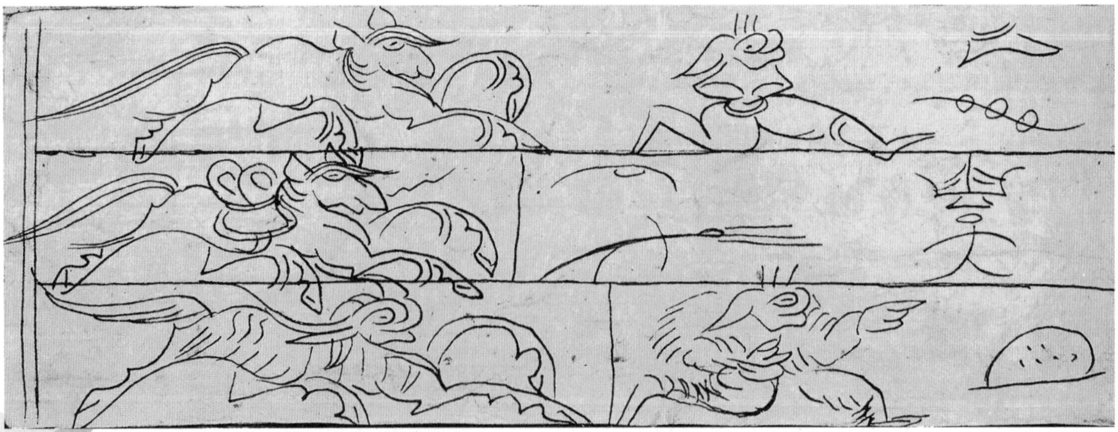

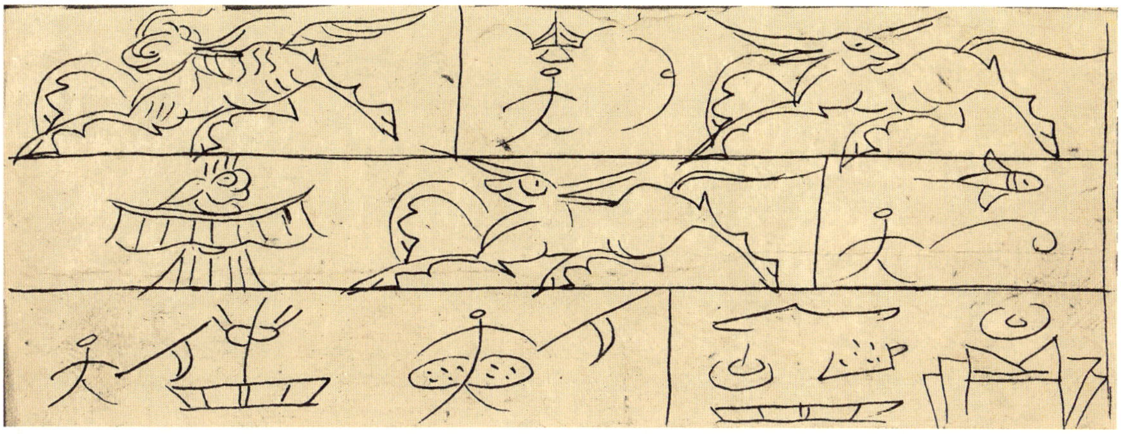

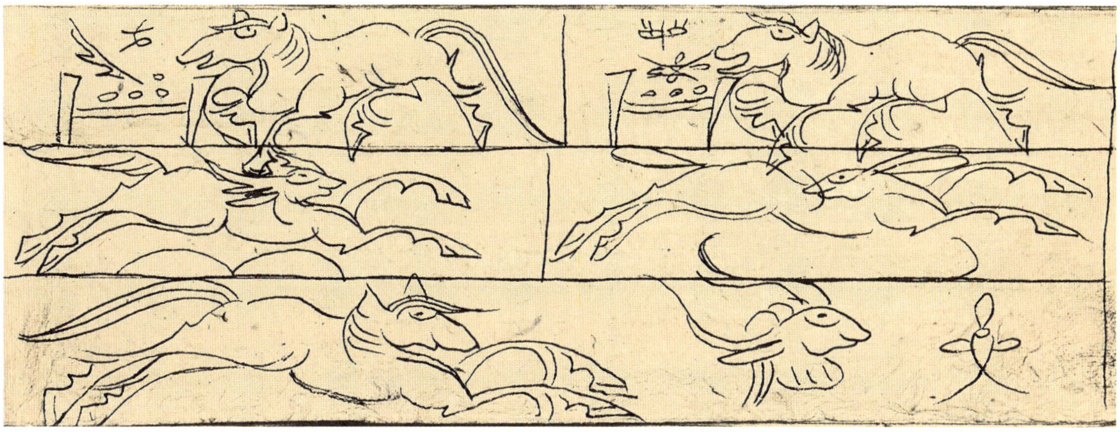

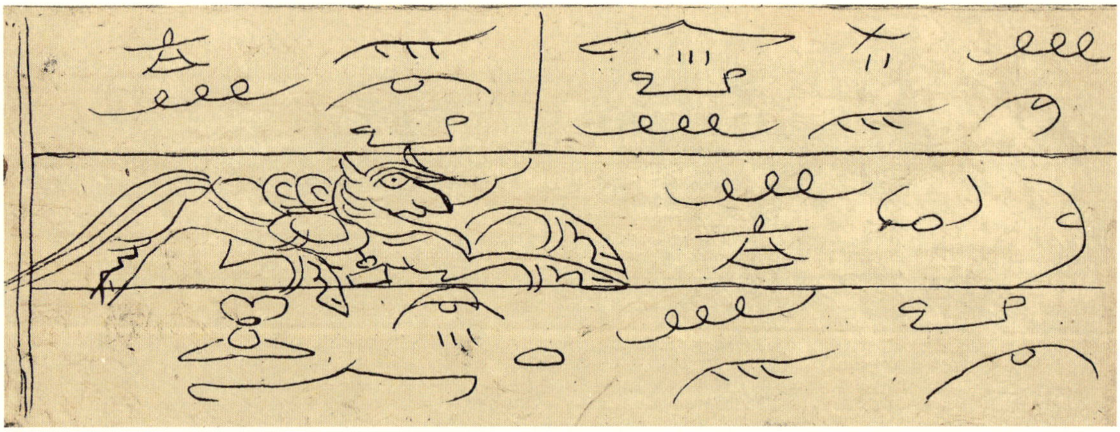

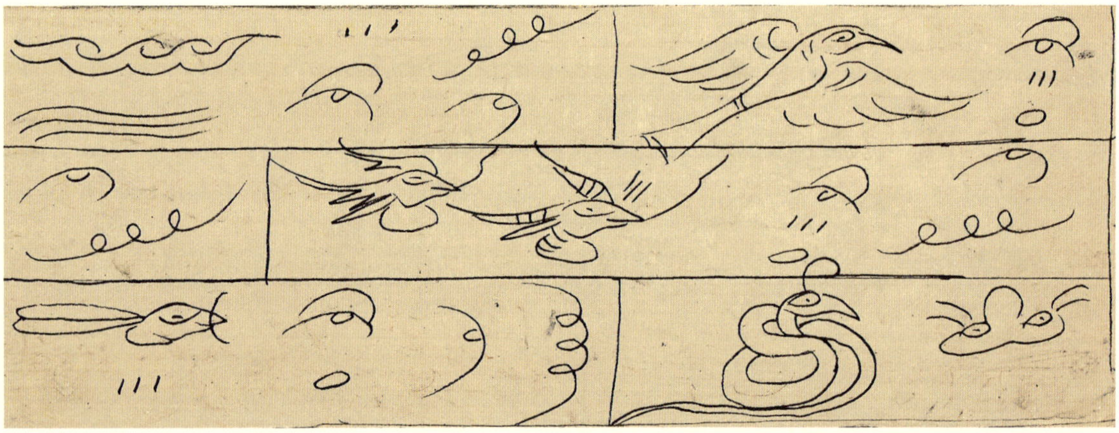

据十二生肖方位、生日当值星宿占运

纳西族占卜经书。流传于云南省迪庆藏族自治州香格里拉县三坝纳西族乡一带。不分卷，1册，35页，佚名撰，墨虎抄。按十二个月中每月初一由二十八宿中的哪一宿当值，结合十二生肖的方位占吉凶。近抄本，本色构皮纸，线装，墨书。页面高10.2厘米，广28.2厘米。保存完好。今由云南省迪庆藏族自治州香格里拉县三坝纳西族乡东坝村墨虎东巴收藏。

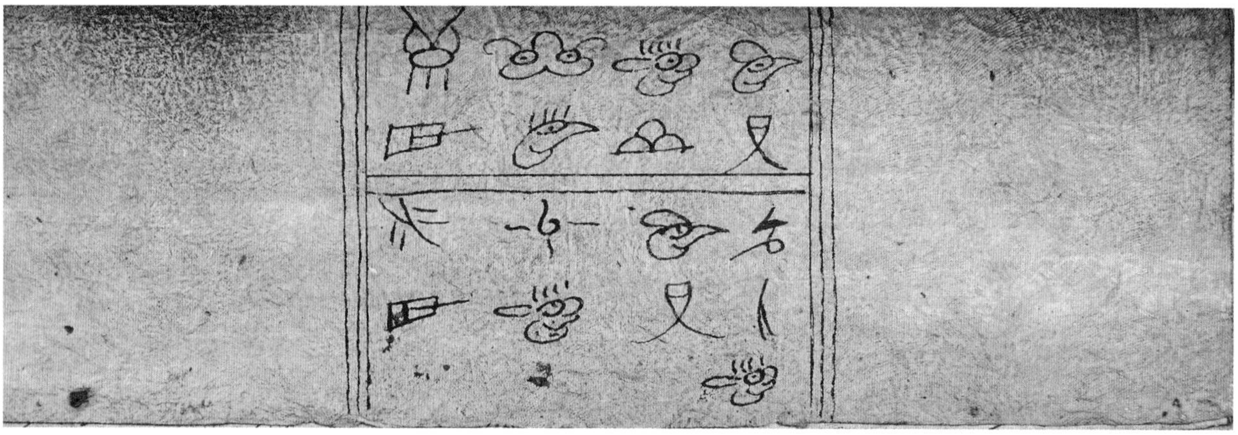

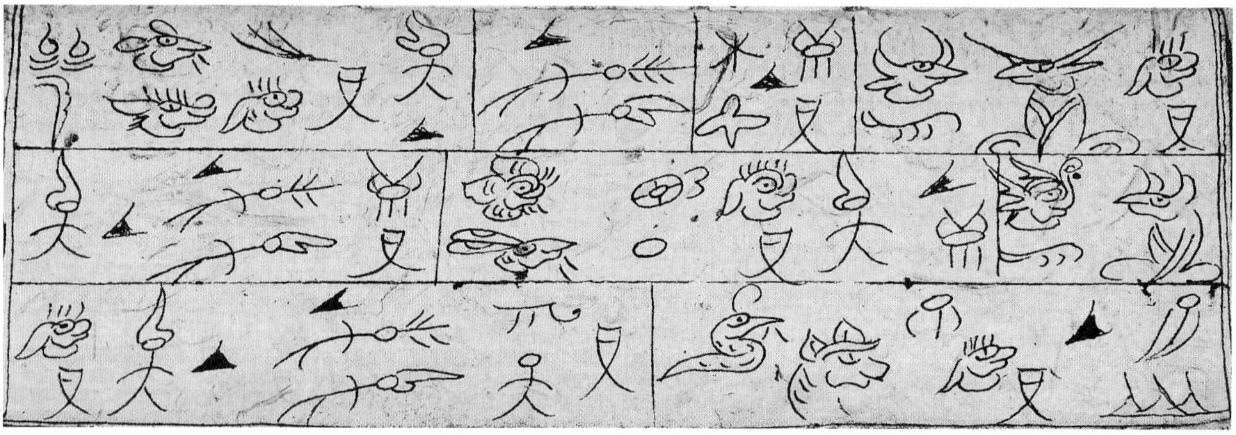

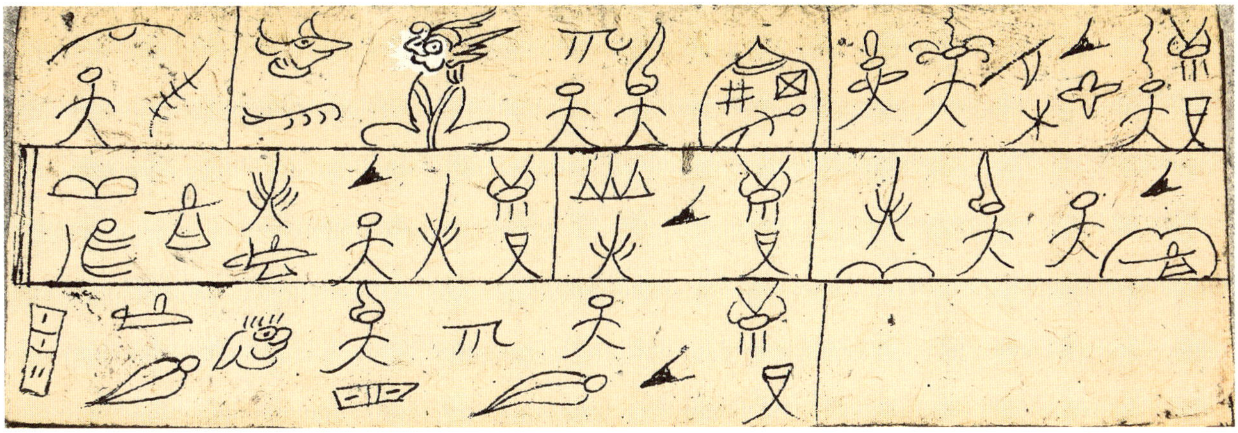

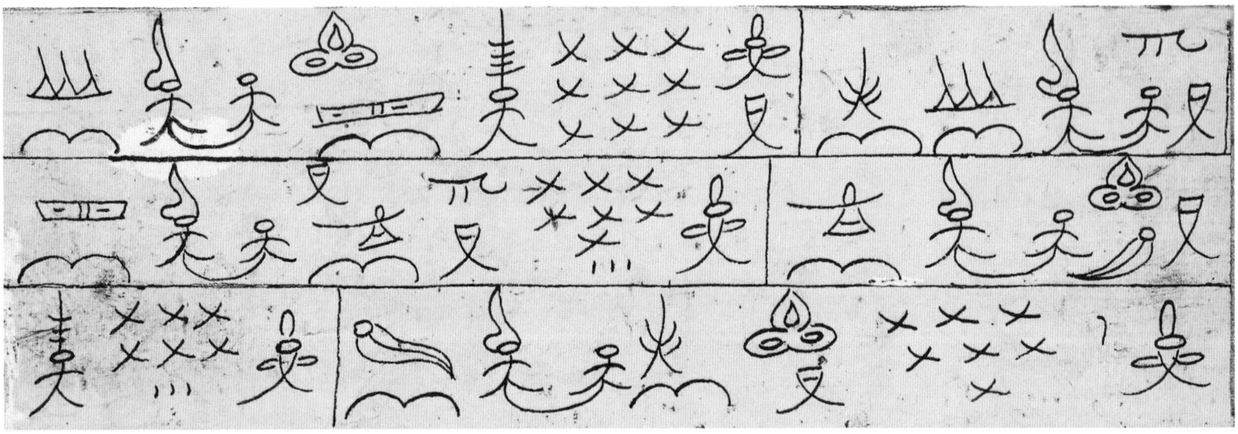

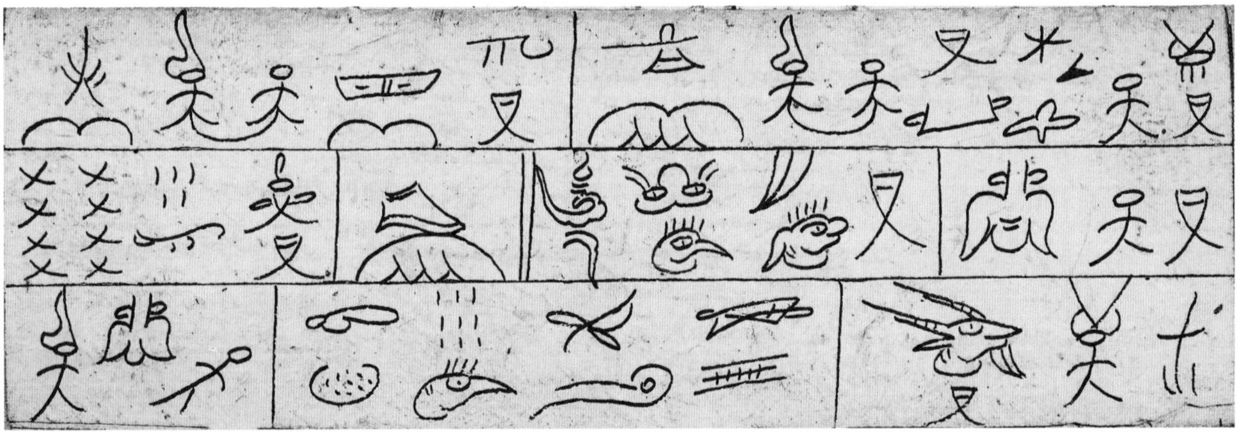

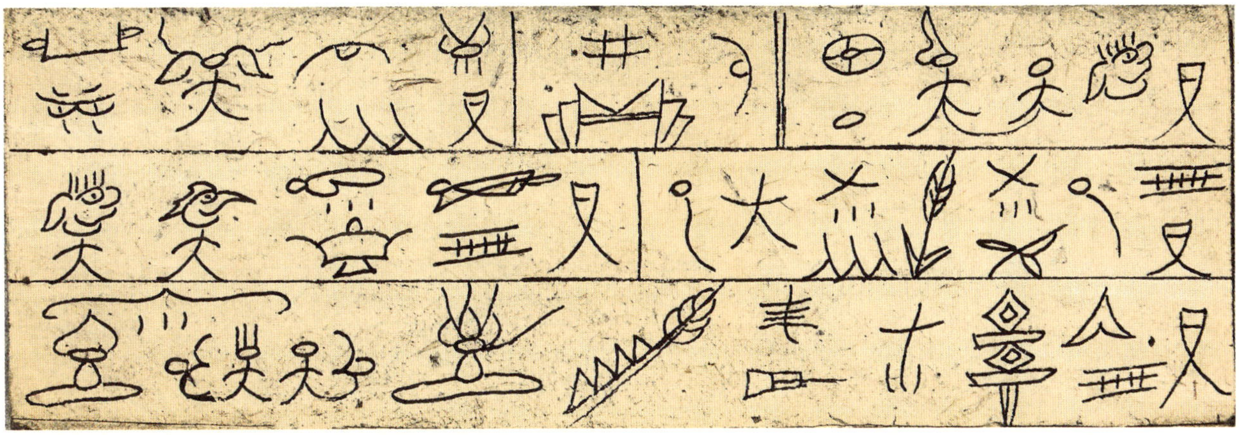

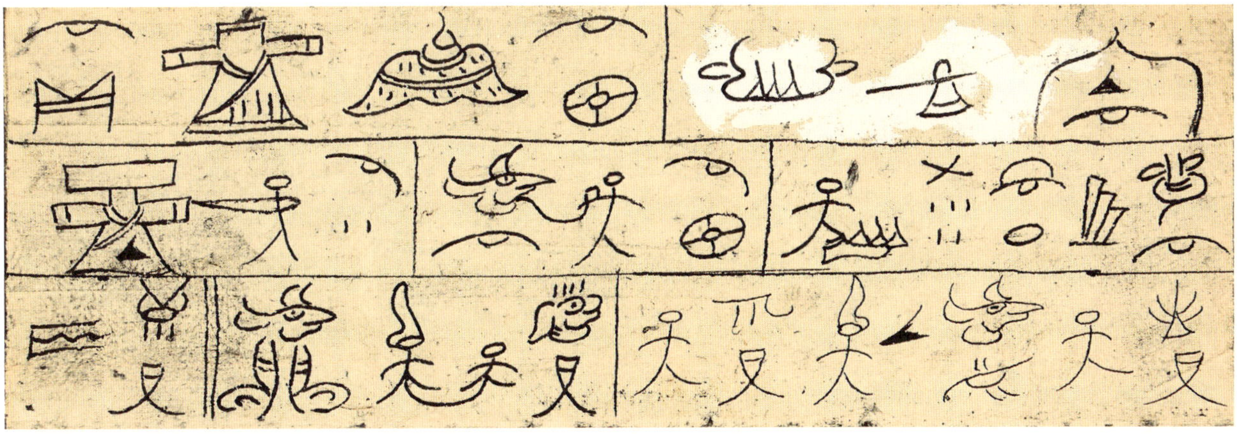

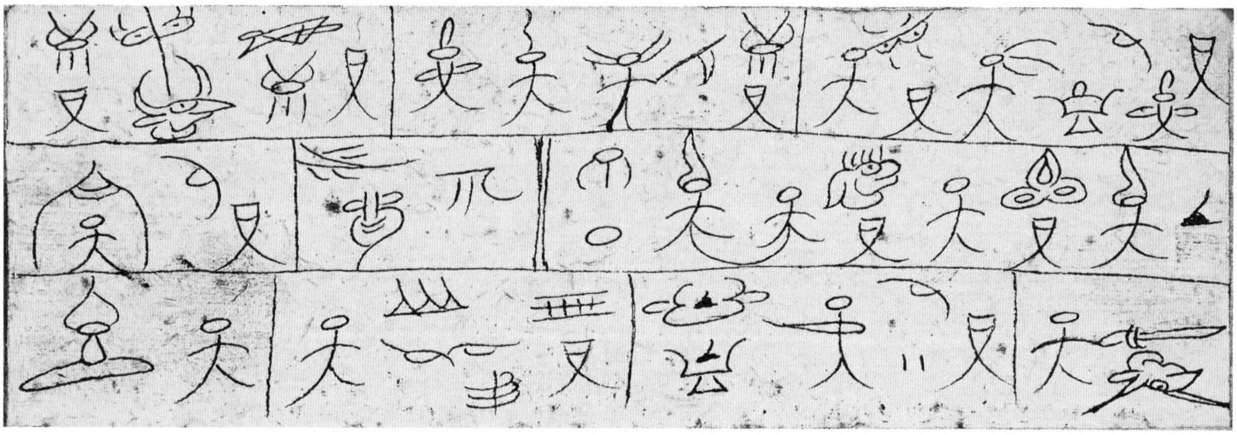

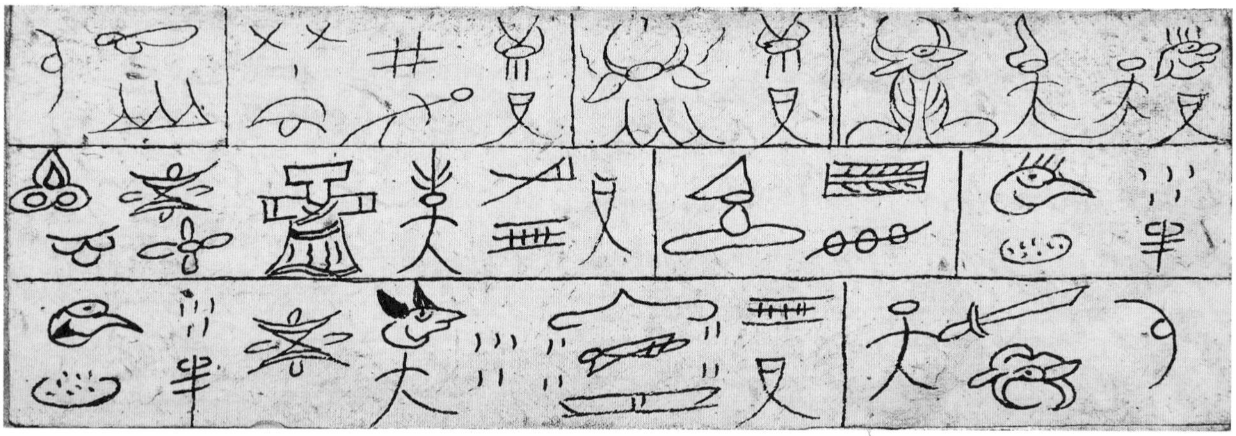

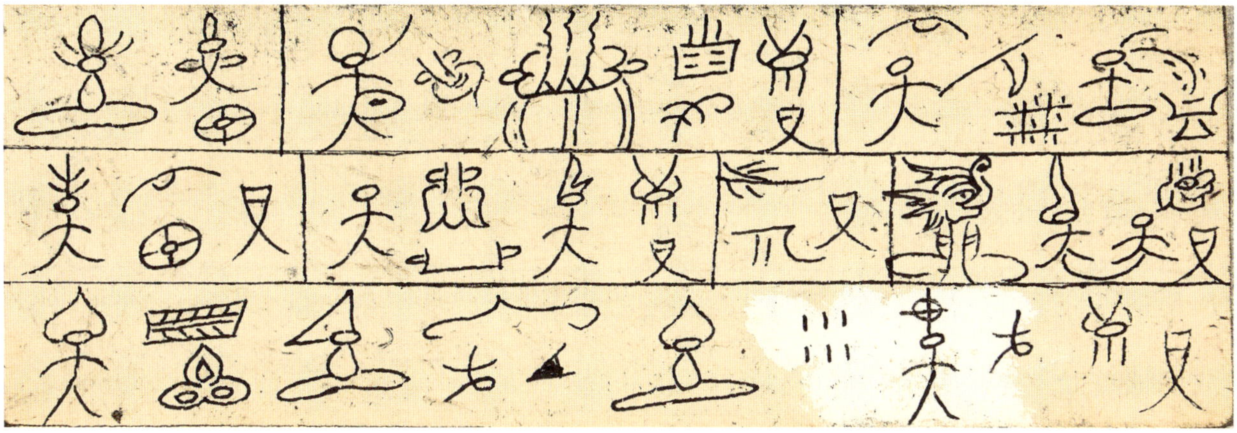

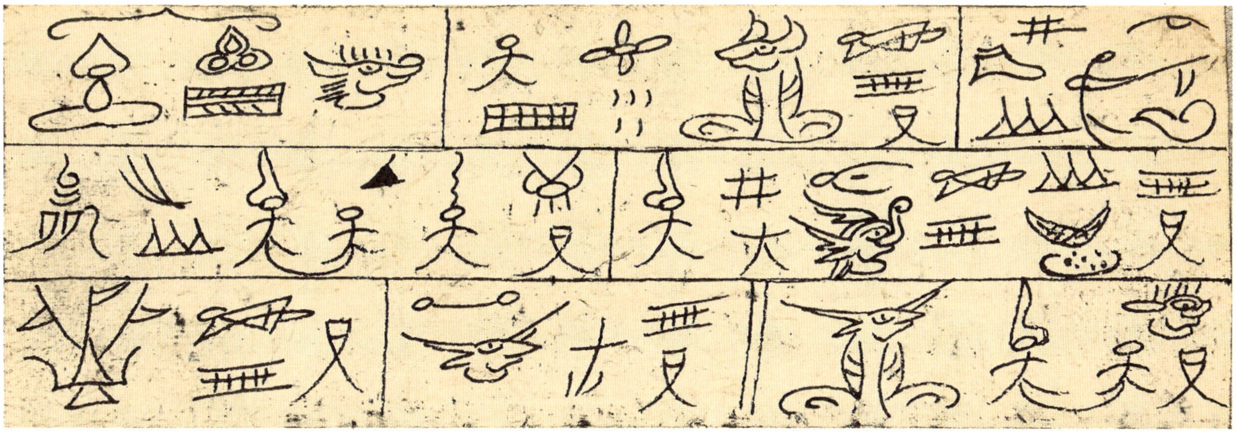

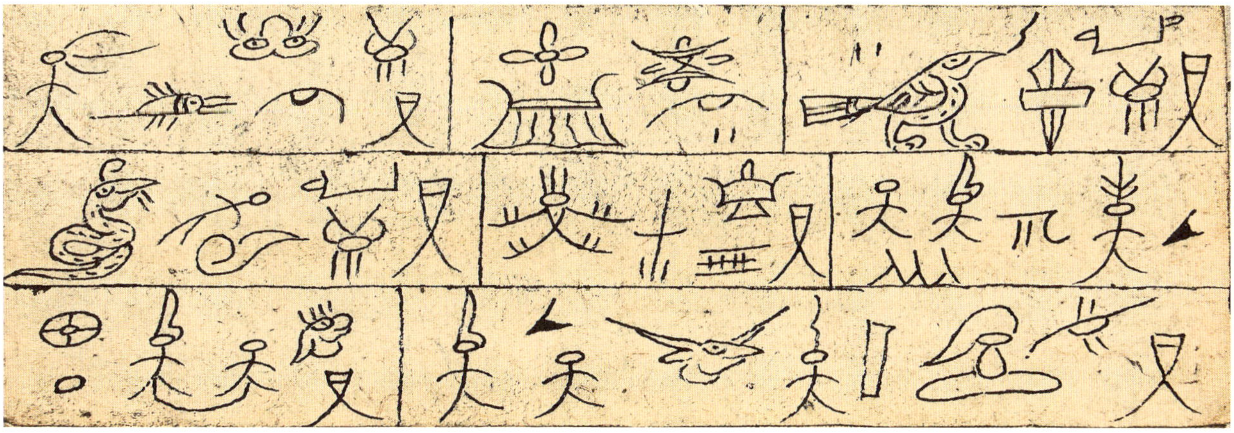

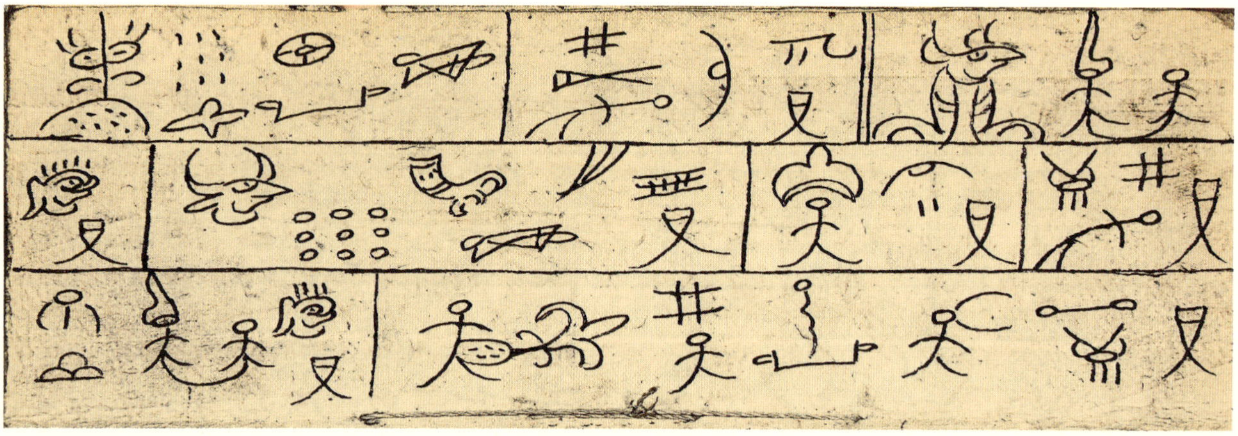

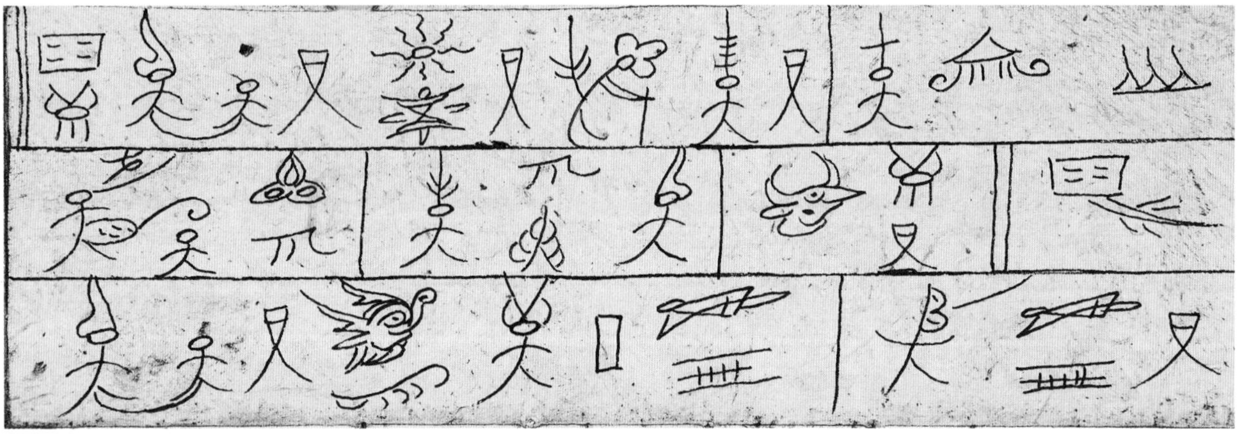

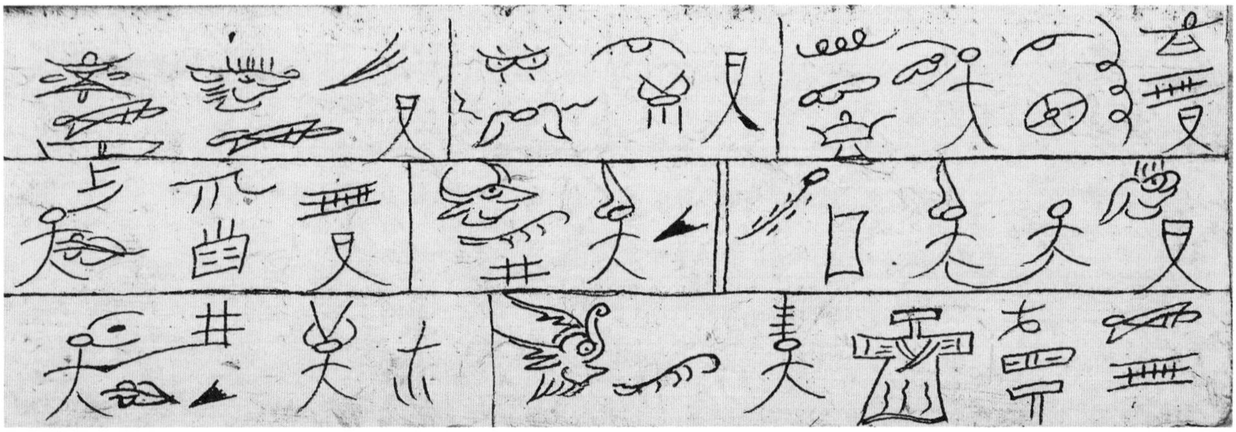

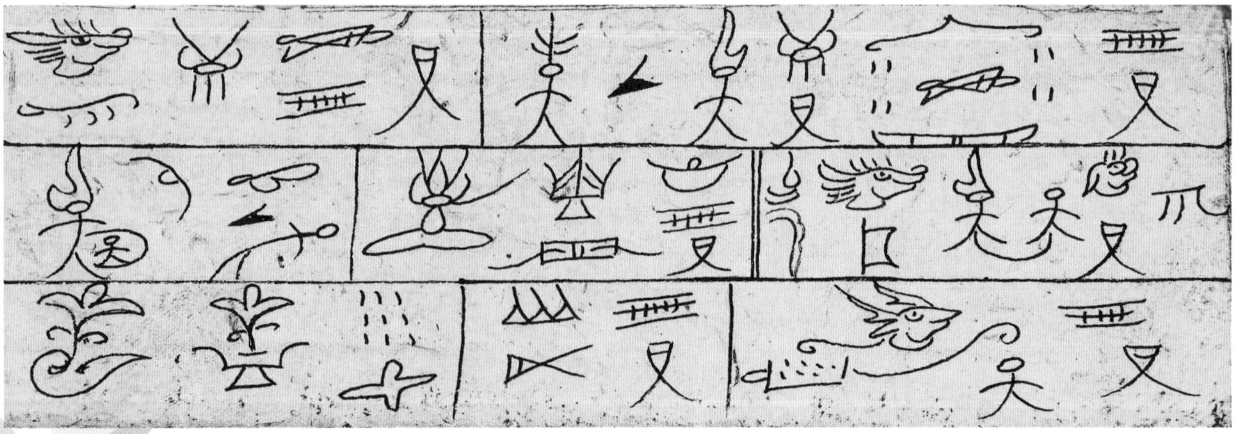

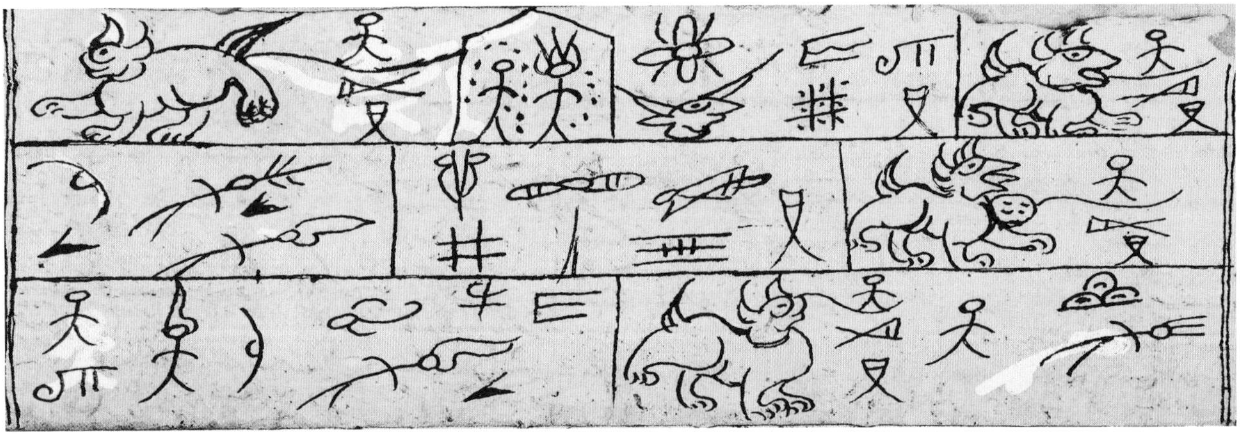

生辰占卜

纳西族占卜经书。流传于云南省迪庆藏族自治州香格里拉县三坝纳西族乡一带。不分卷，1册，60页，佚名撰，墨虎抄。以出生的日子、时辰占一生的运势，会成为什么样的人，能享多少寿岁，是否可获得财物，需要举行什么仪式禳灾避祸，等等，以此祈求顺顺利利度过一生。近抄本，本色构皮纸，线装，墨书。页面高9.5厘米，广28.2厘米。保存完好。今由云南省迪庆藏族自治州香格里拉县三坝纳西族乡东坝村墨虎东巴收藏。

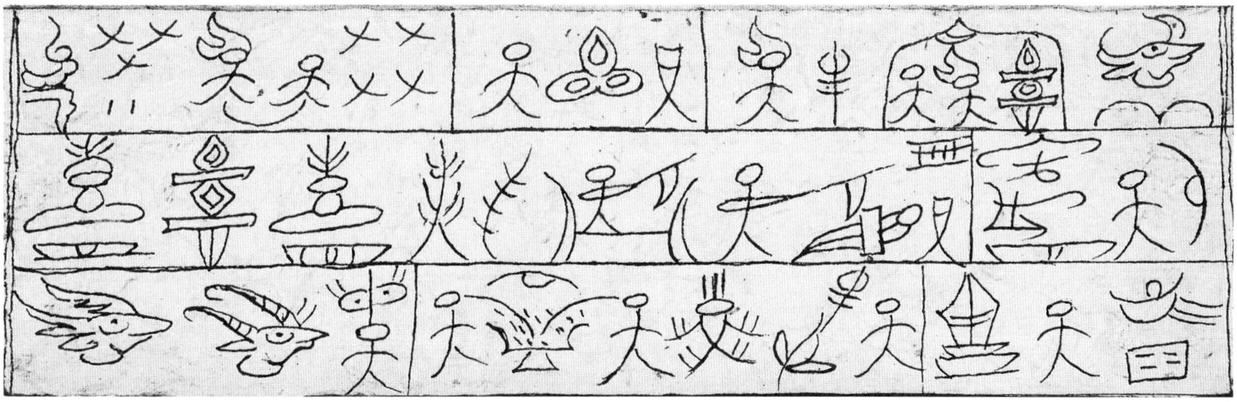

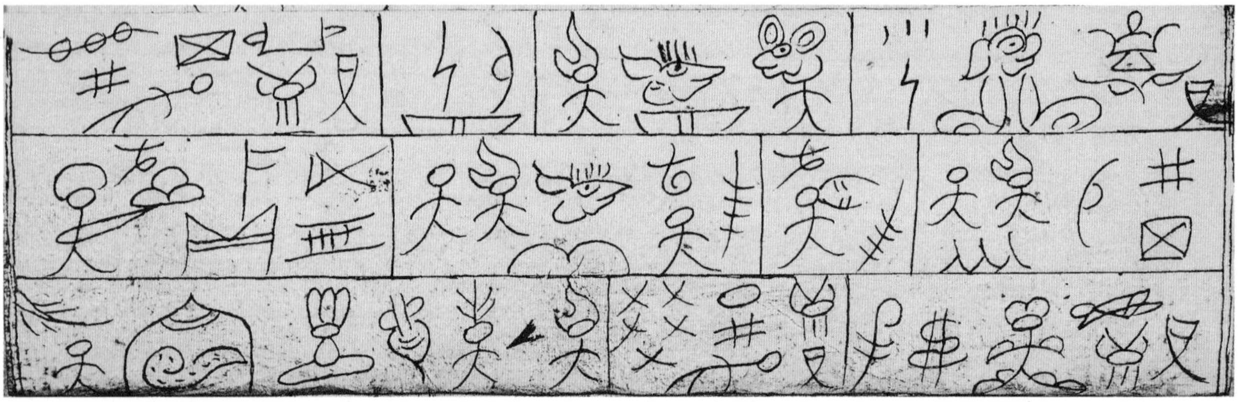

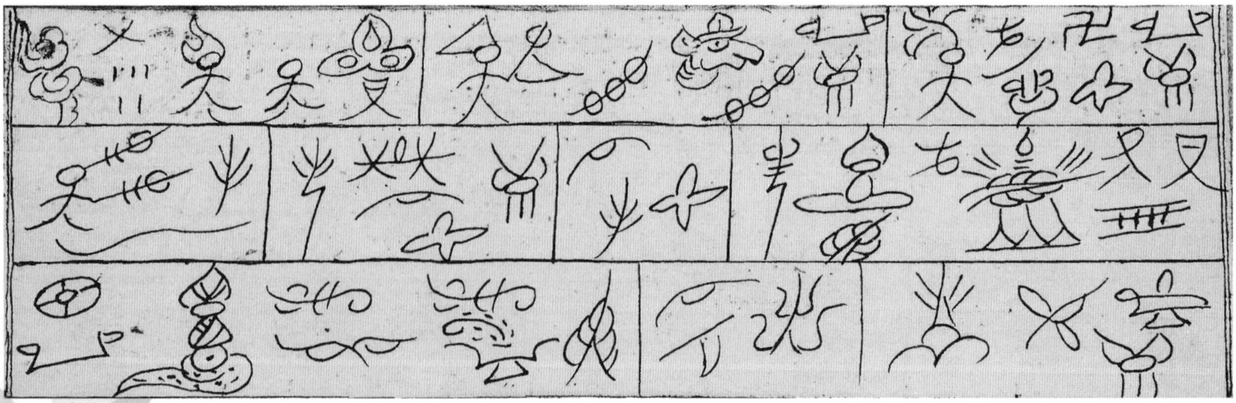

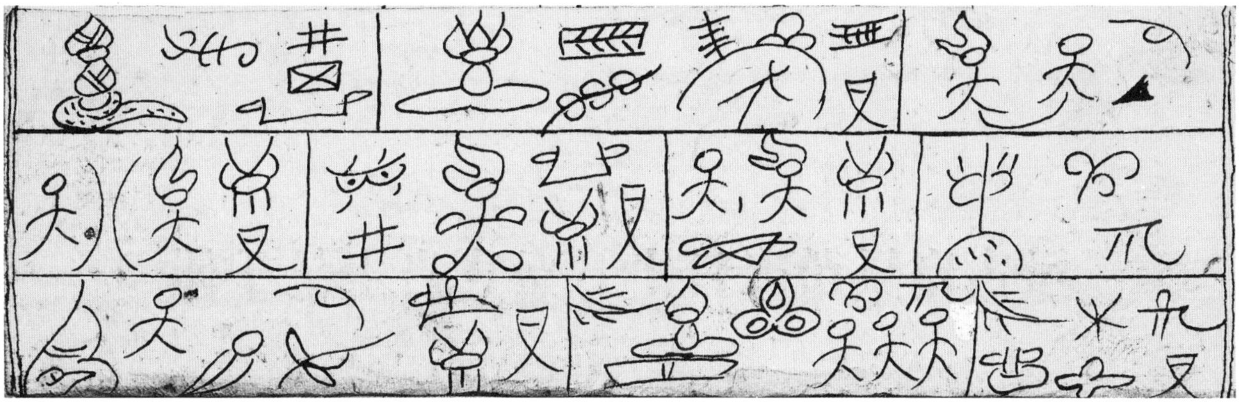

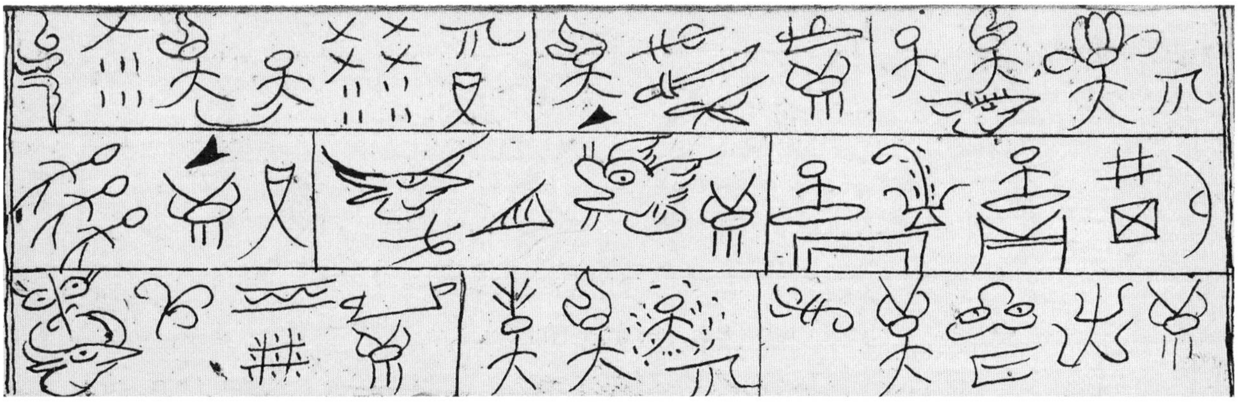

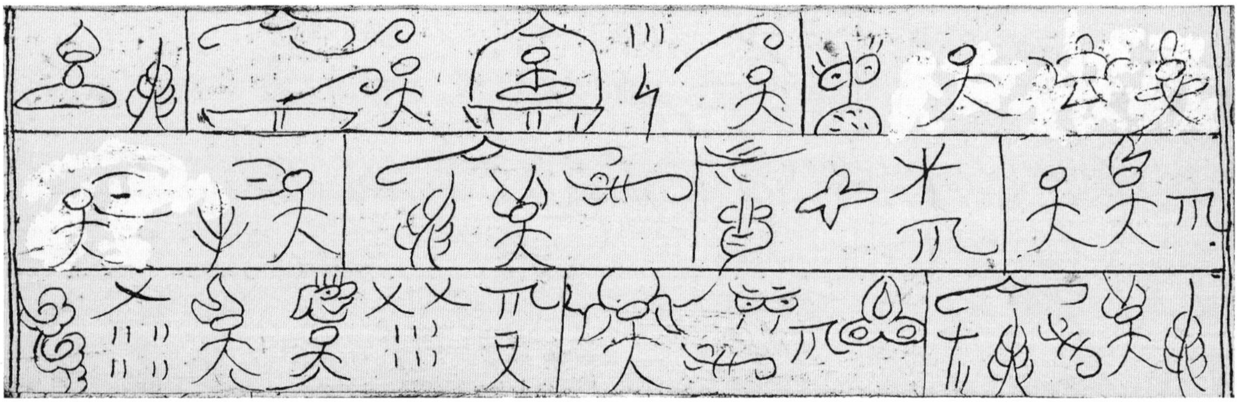

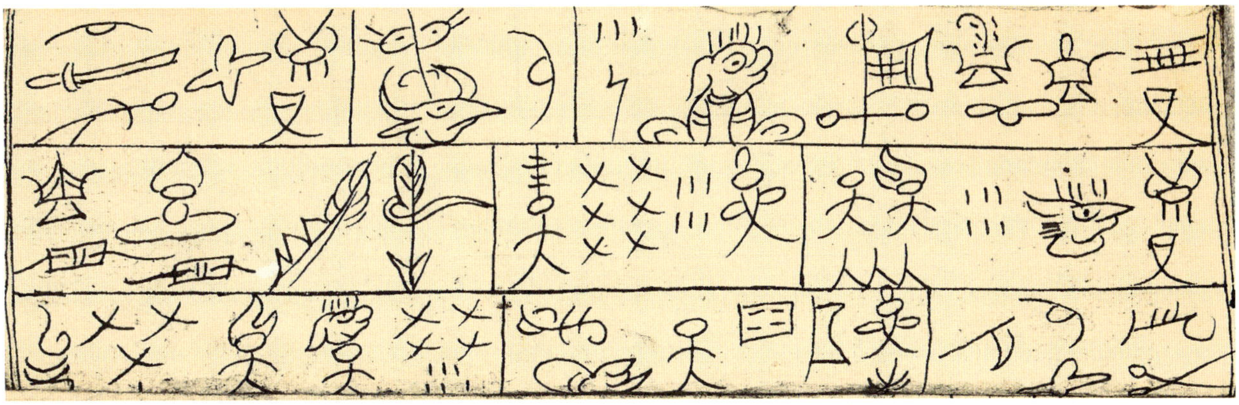

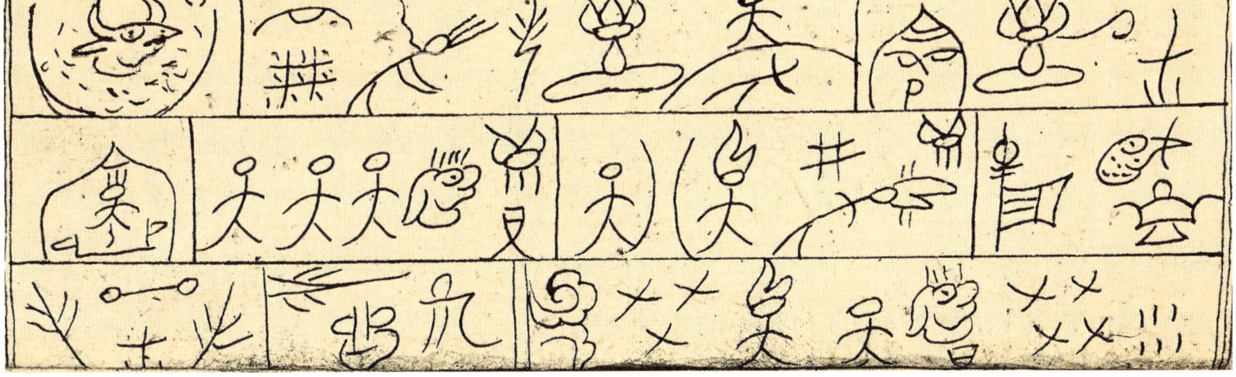

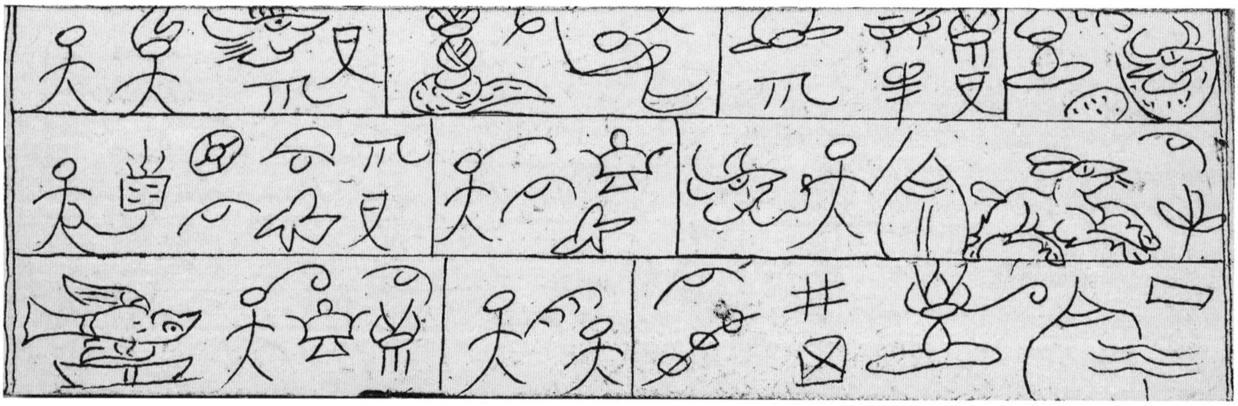

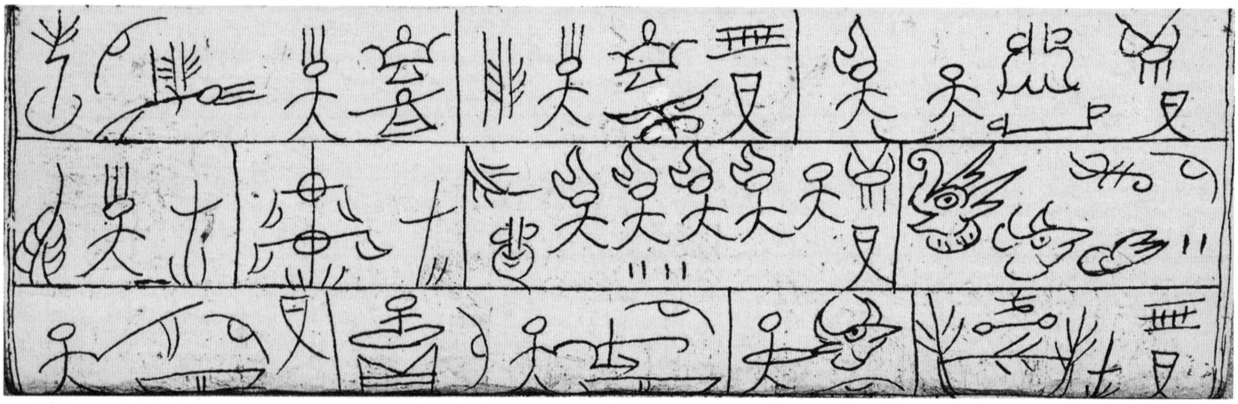

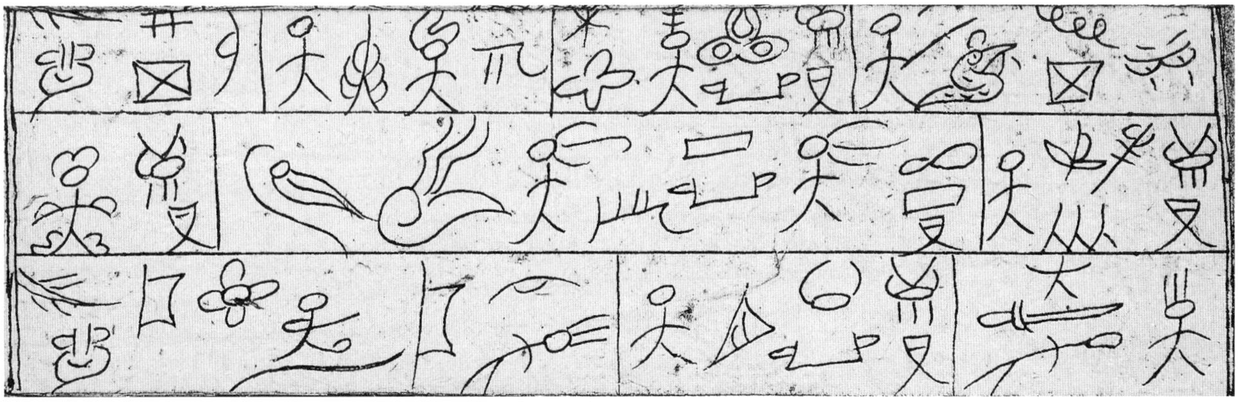

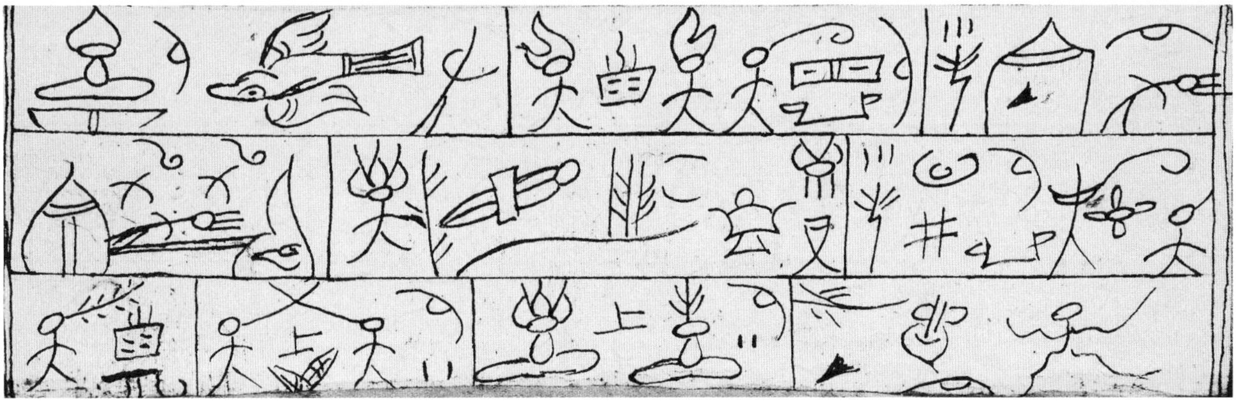

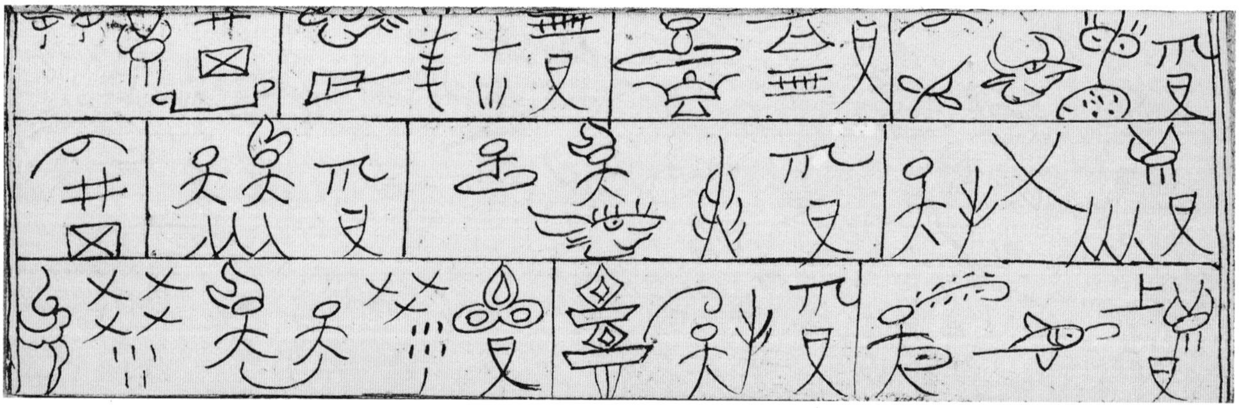

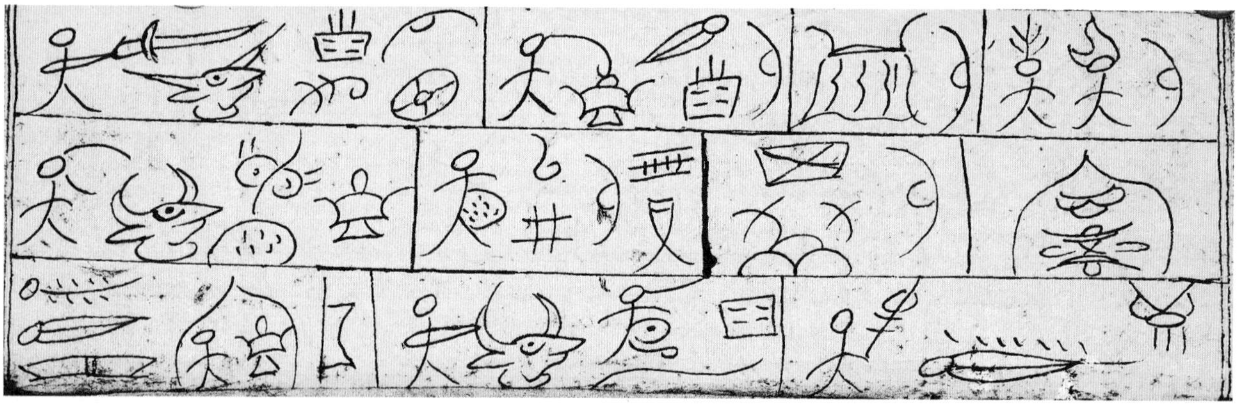

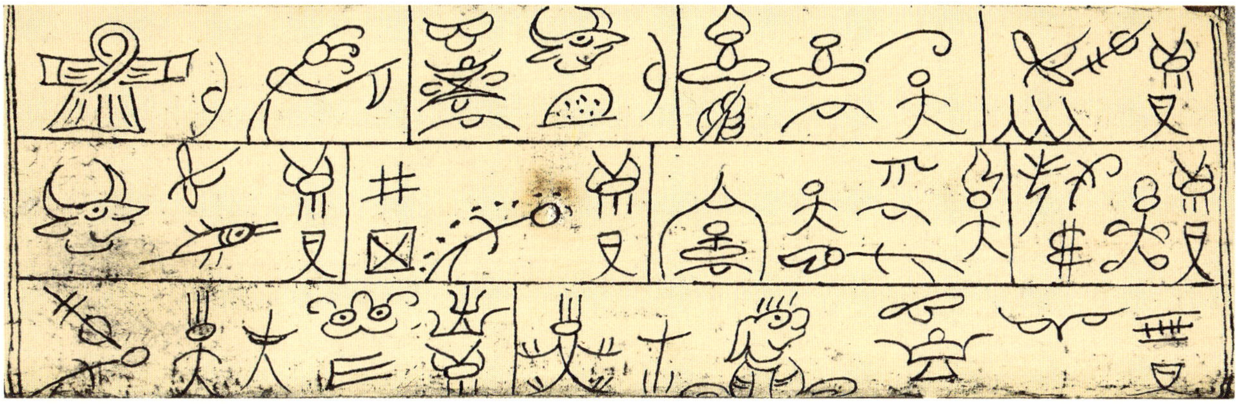

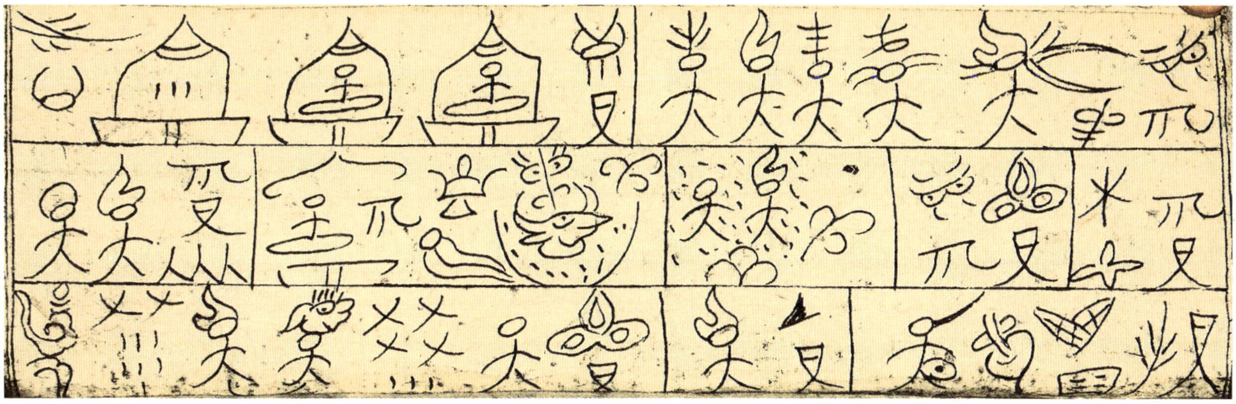

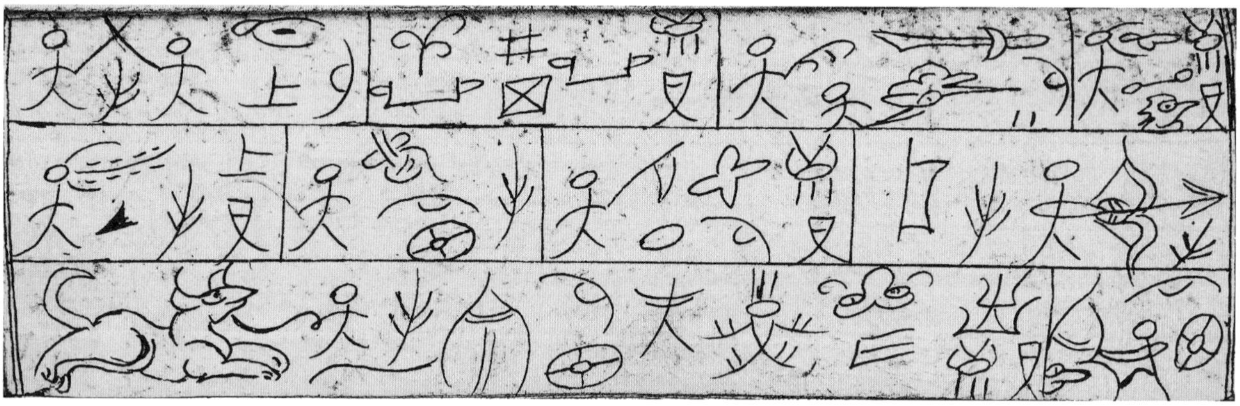

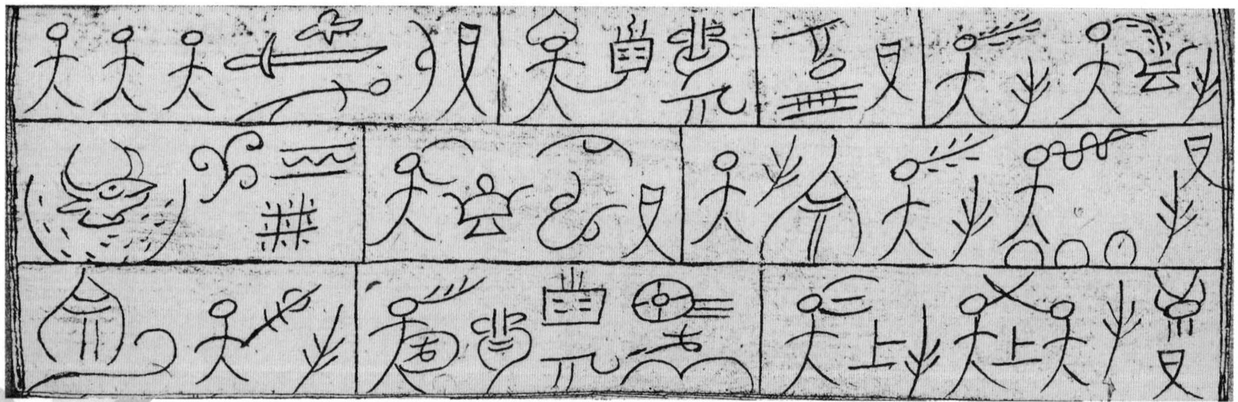

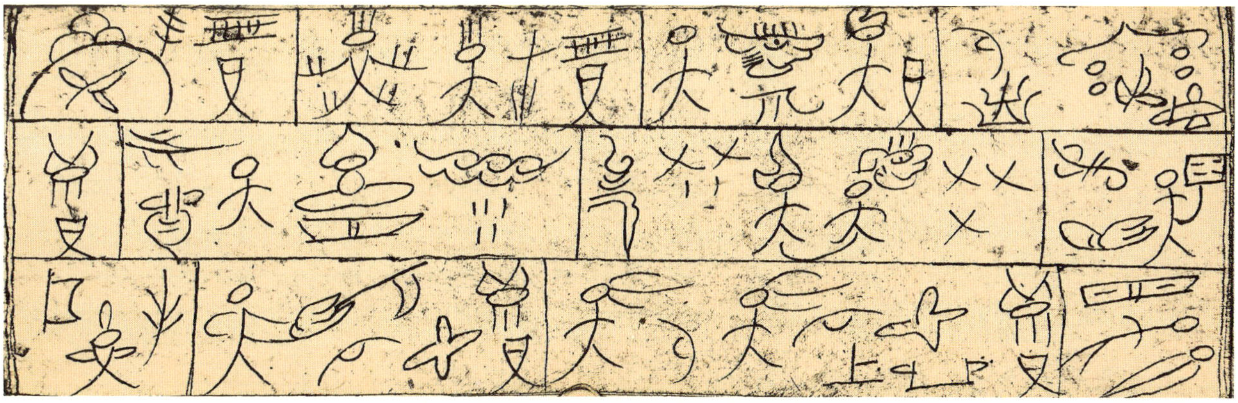

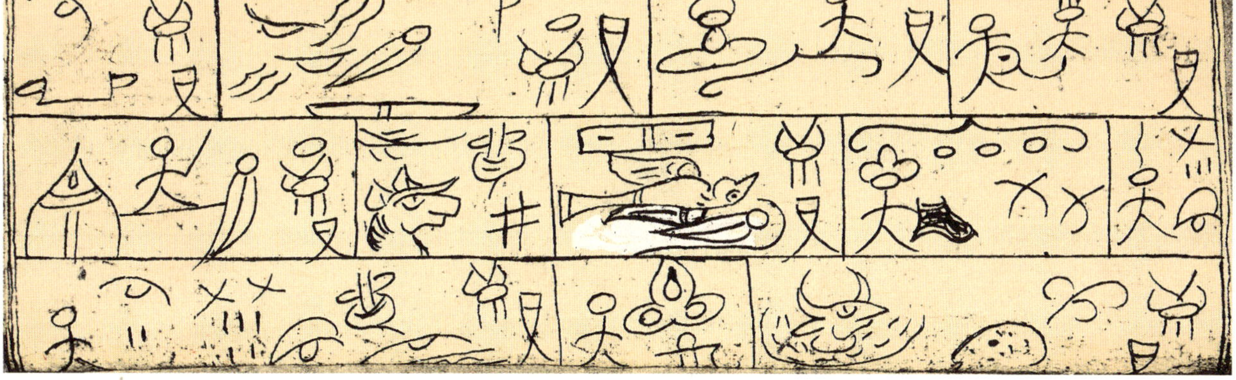

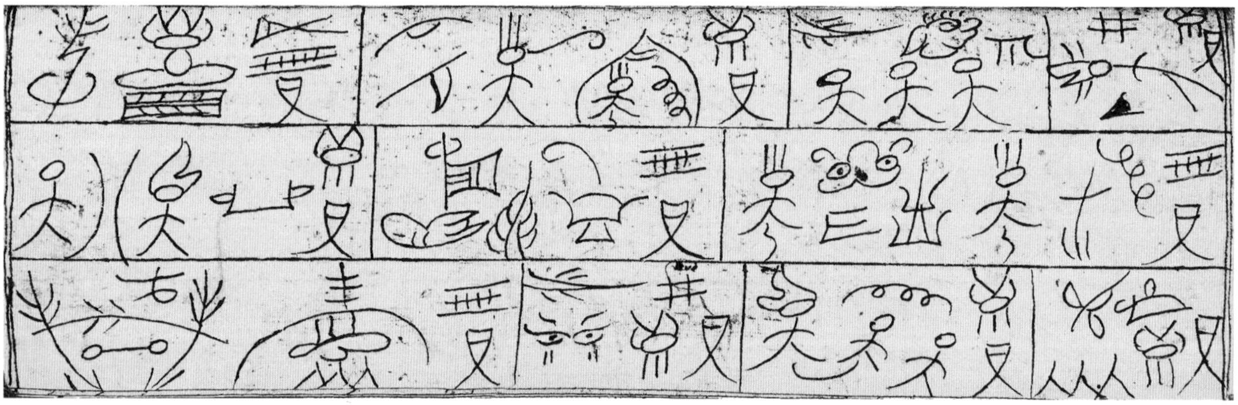

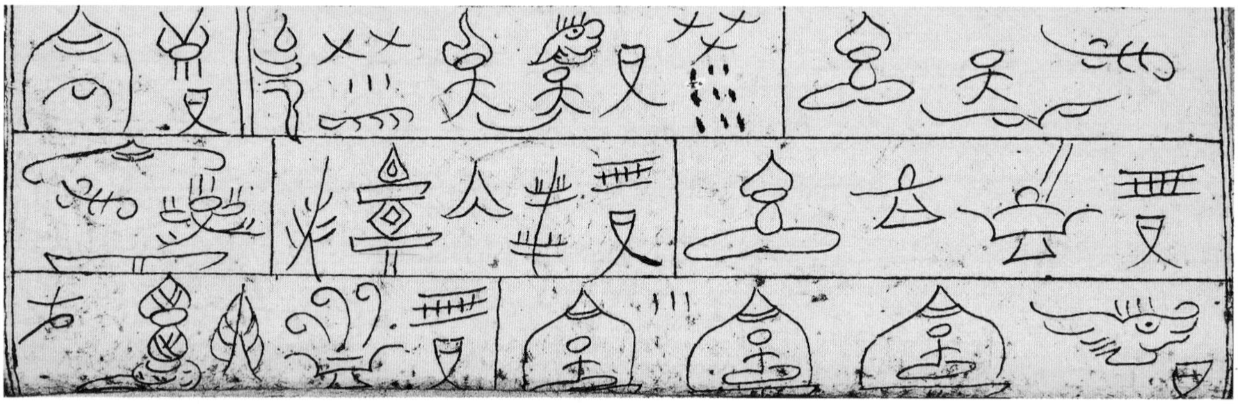

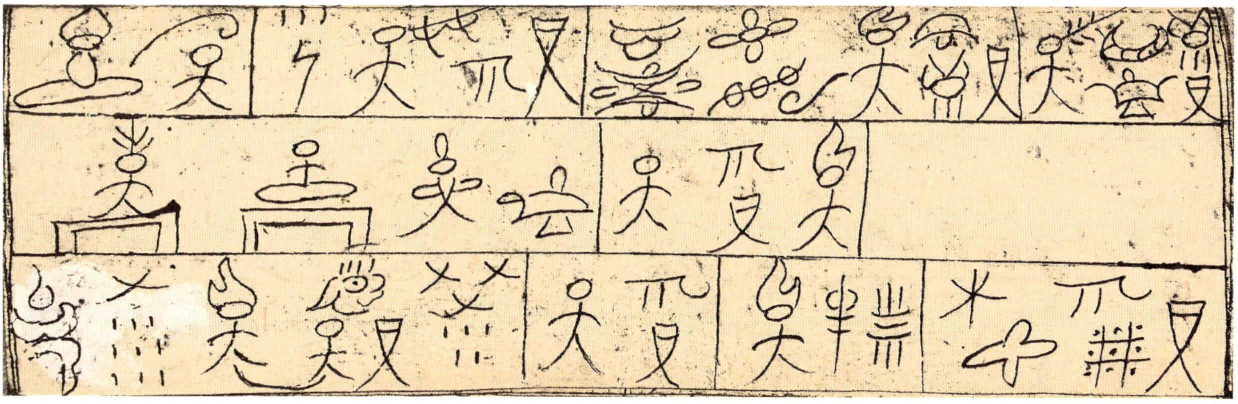

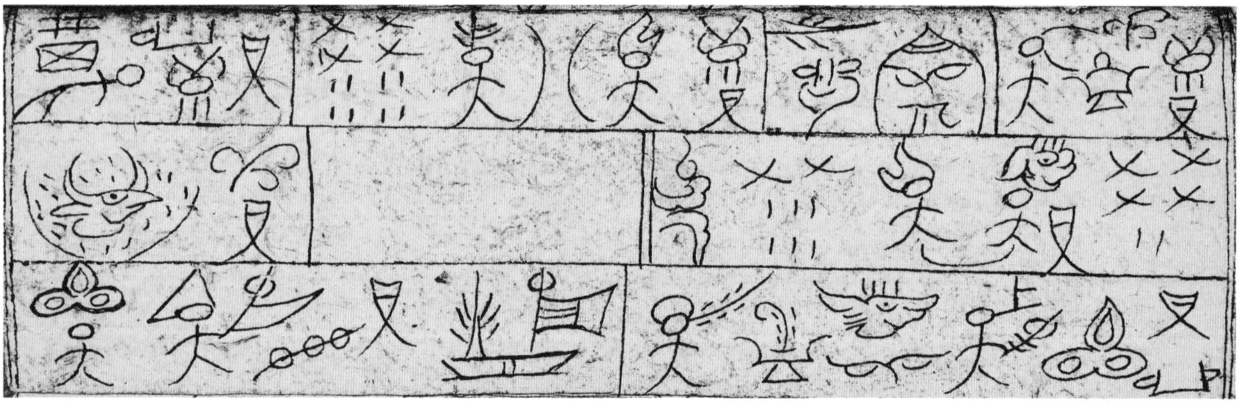

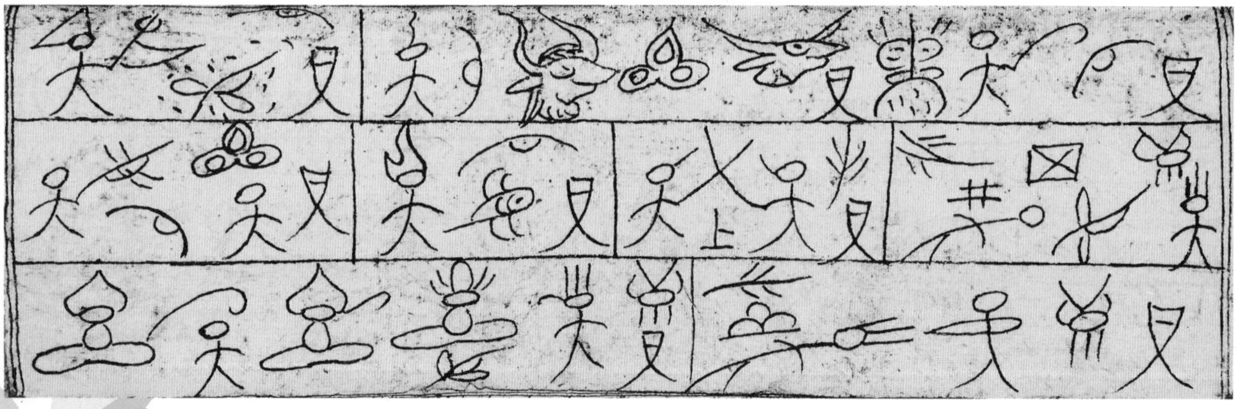

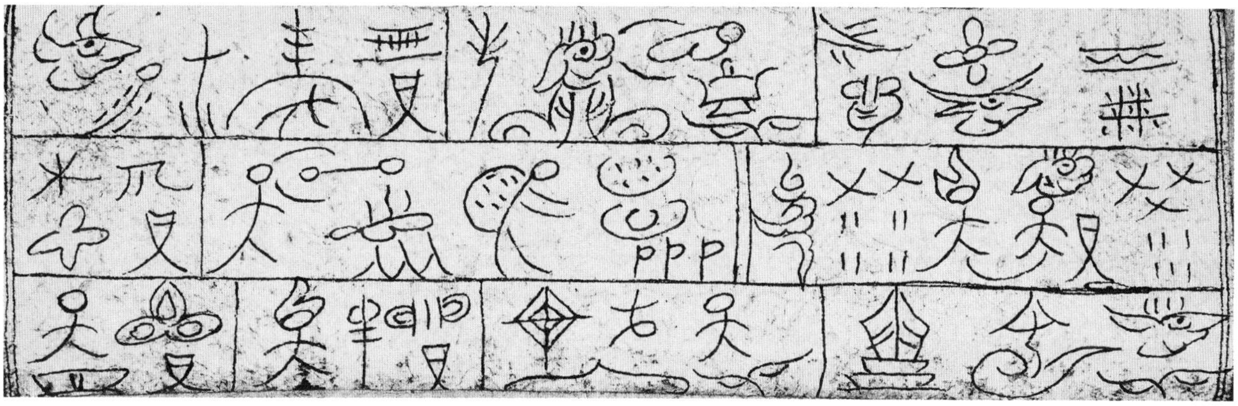

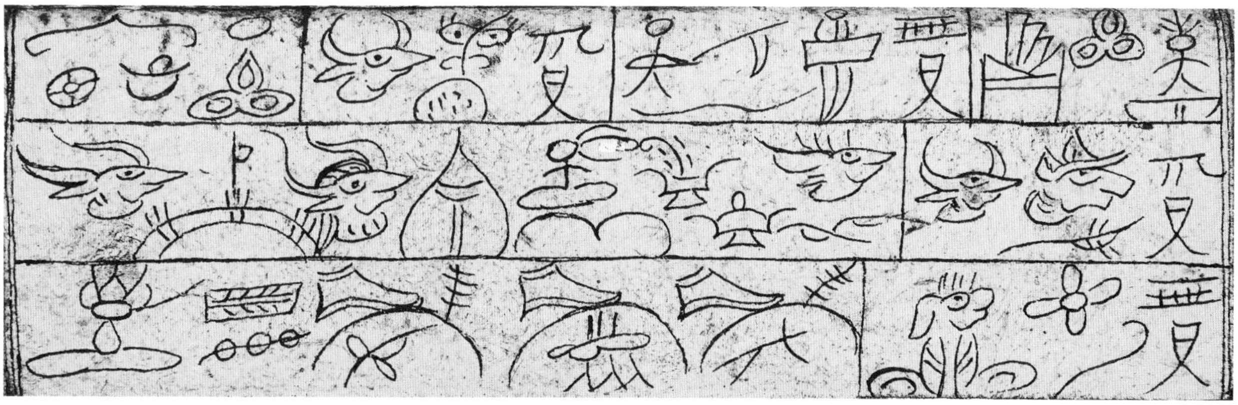

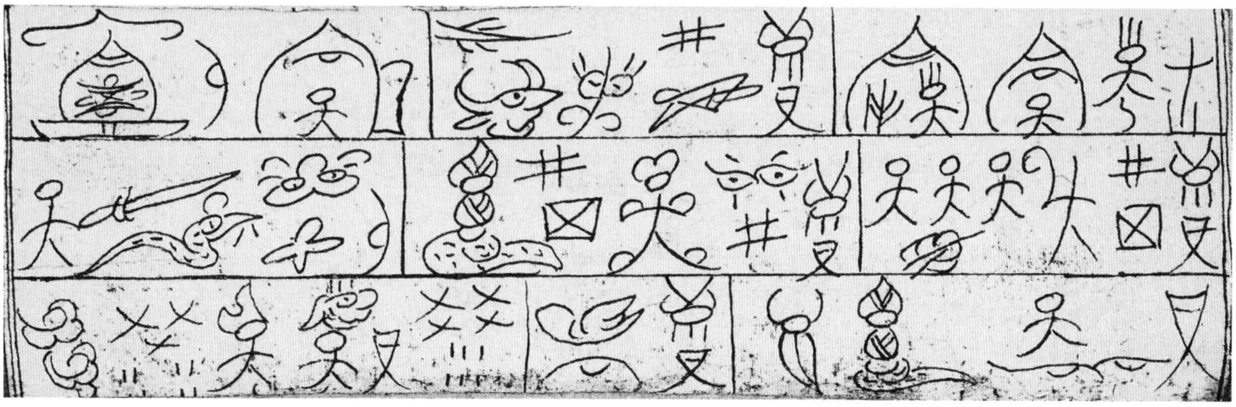

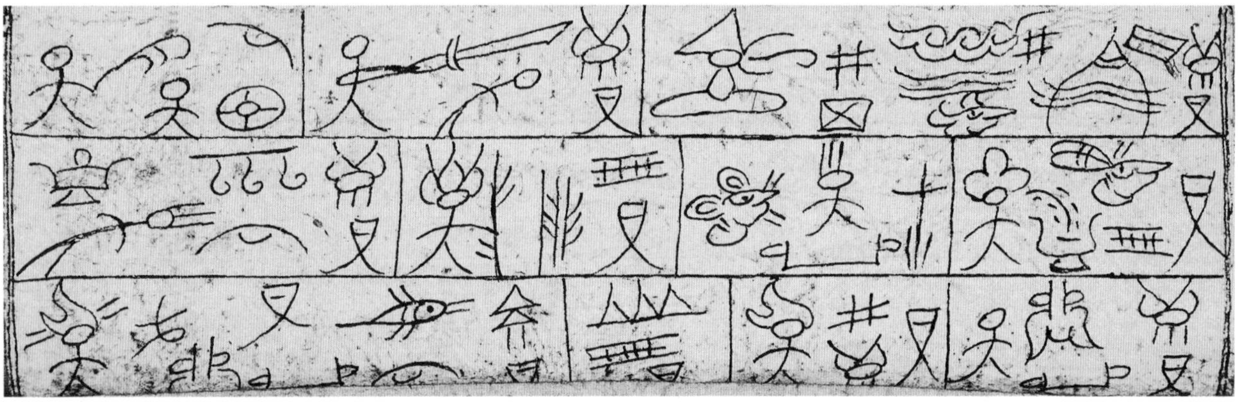

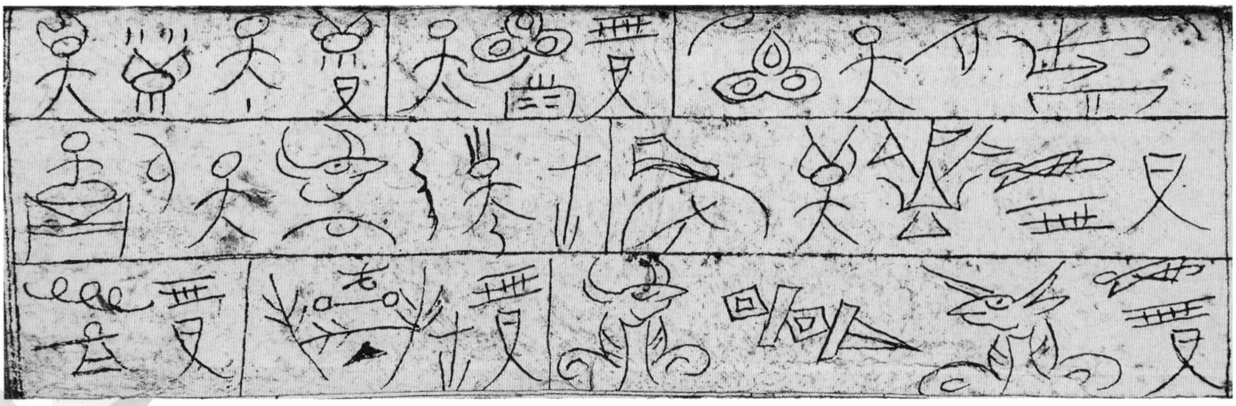

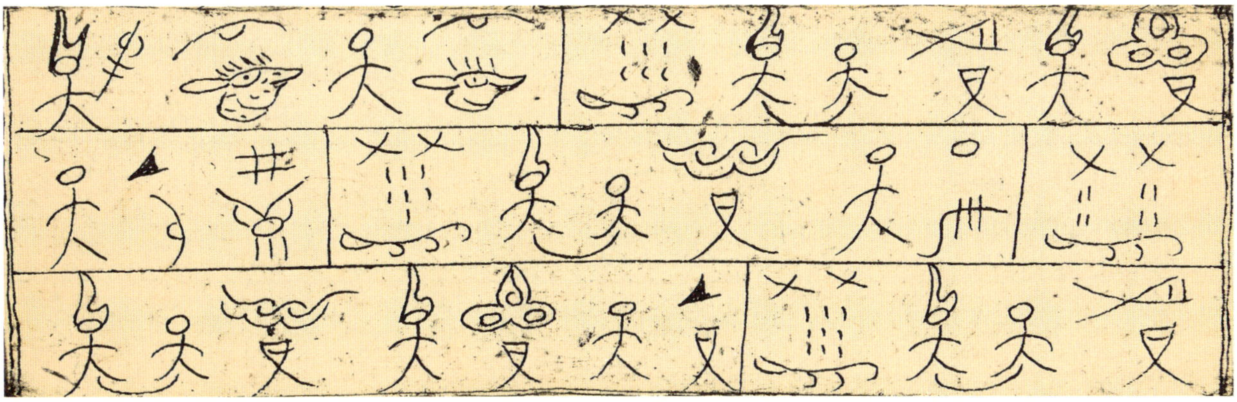

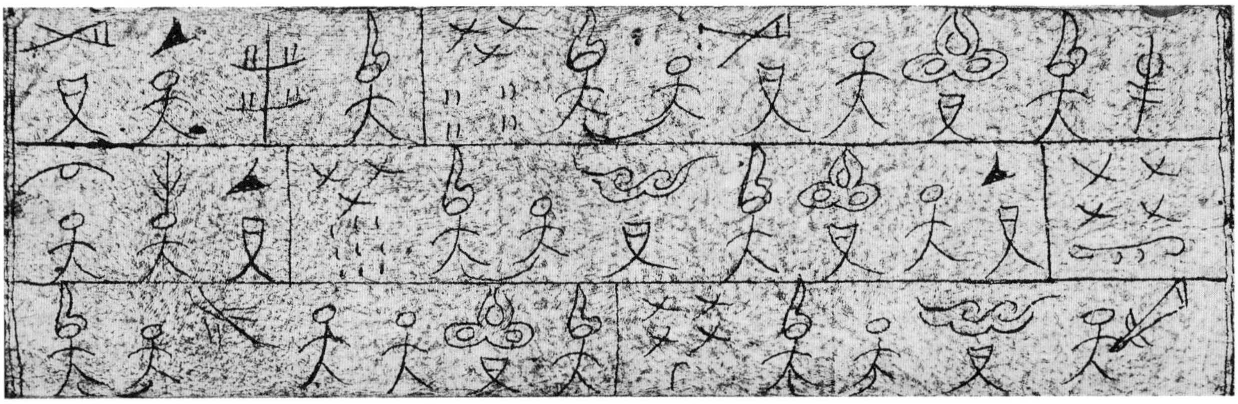

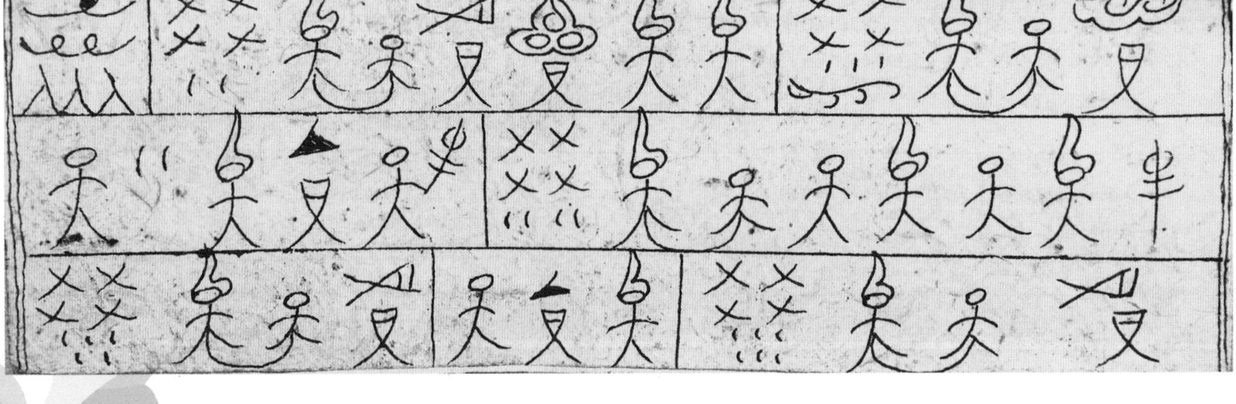

据生日和生日属相占运

纳西族占卜经书。流传于云南省迪庆藏族自治州香格里拉县三坝纳西族乡一带。不分卷，1册，39页，佚名撰，墨虎按白地波湾村母本抄。以生日、属相占一生的运势，会成为什么样的人，能享多少寿岁，子嗣情况如何，是否可获得财物，需要举行什么仪式禳灾避祸，等等，以此祈求顺顺利利度过一生。近抄本，本色构皮纸，线装，墨书。页面高10厘米，广28.5厘米。保存完好。今由云南省迪庆藏族自治州香格里拉县三坝纳西族乡东坝村墨虎东巴收藏。

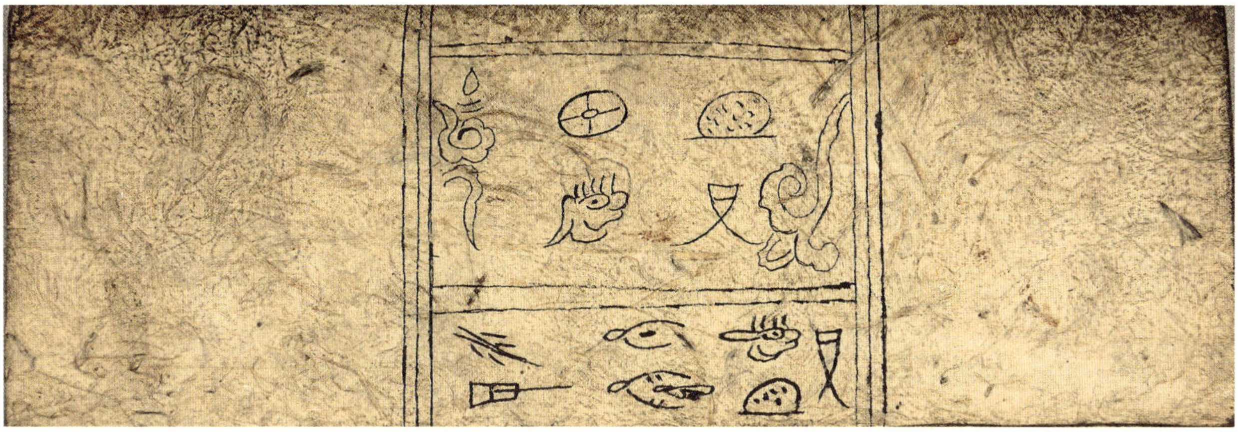

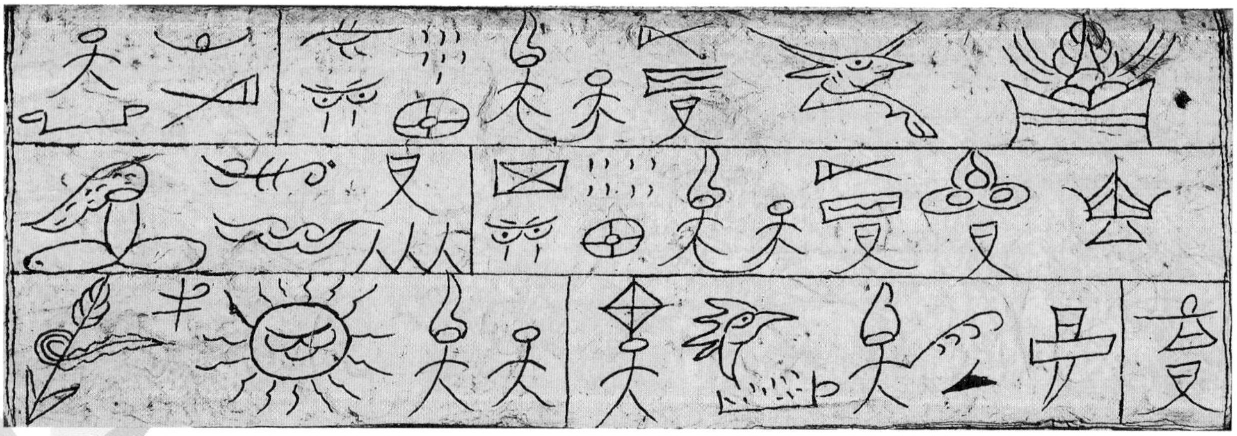

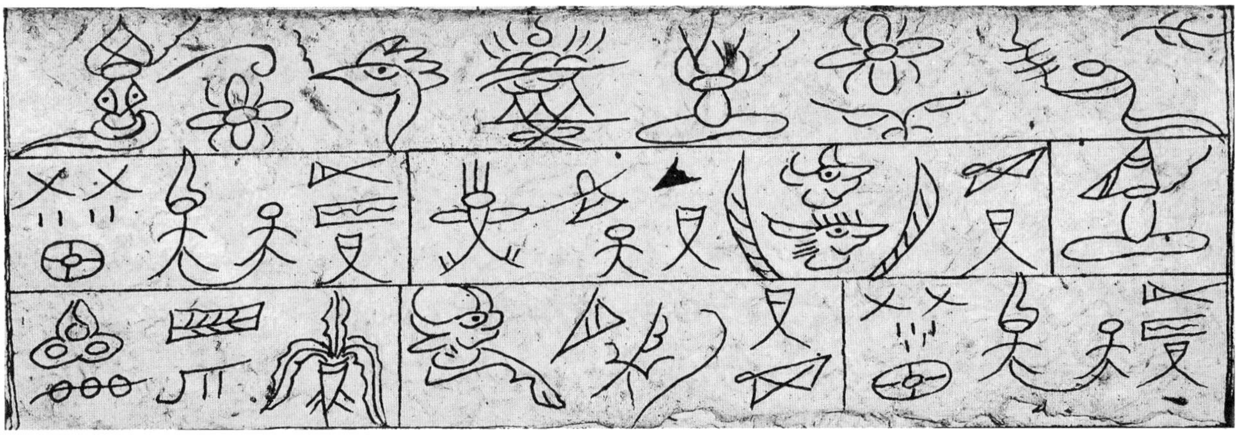

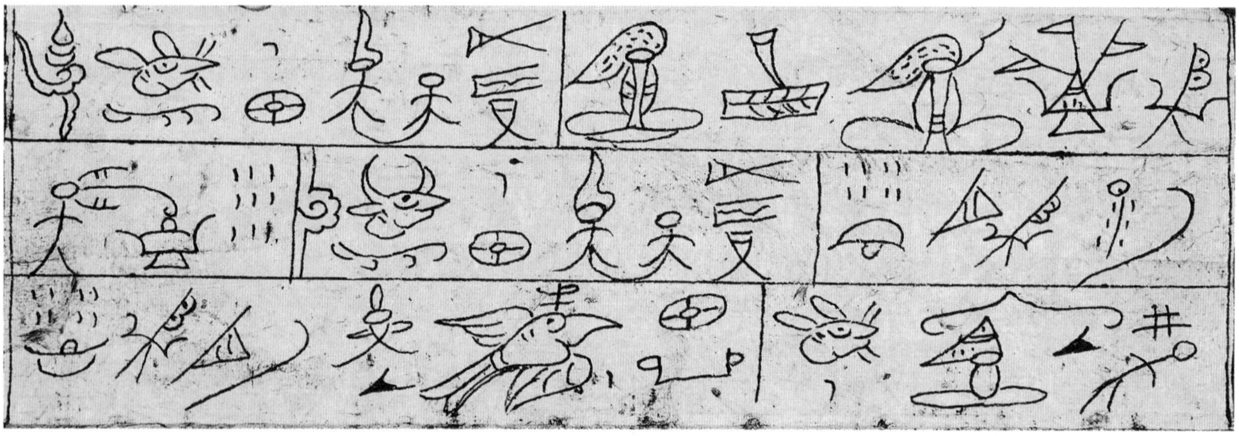

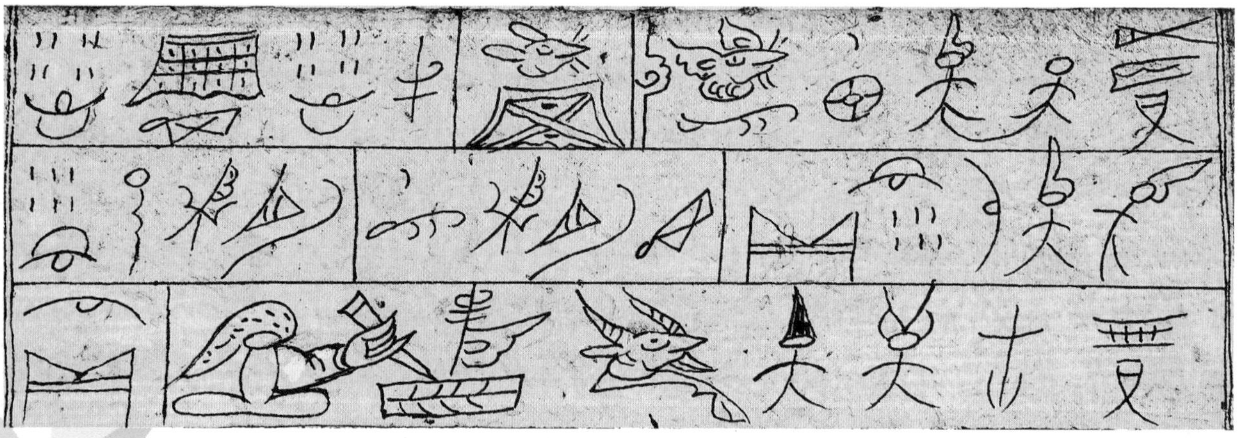

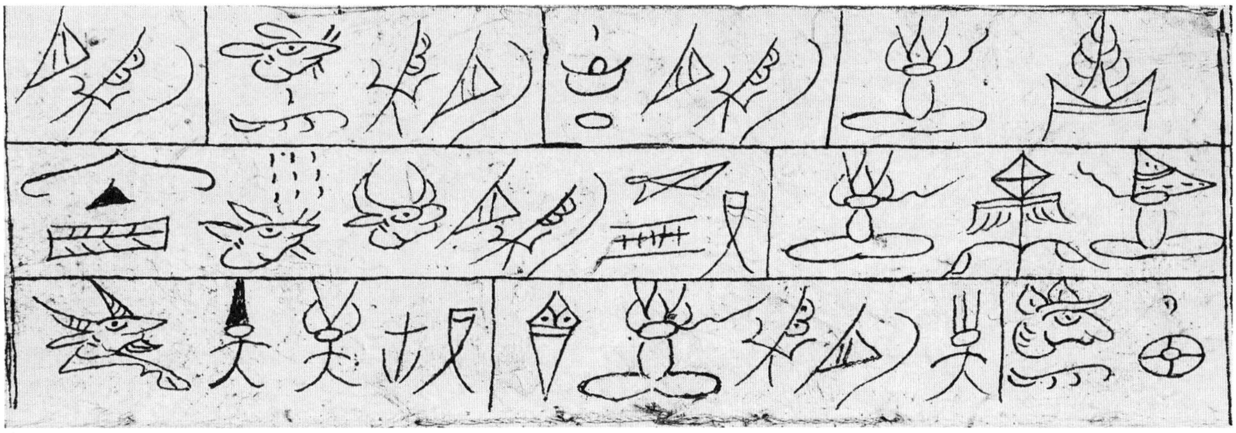

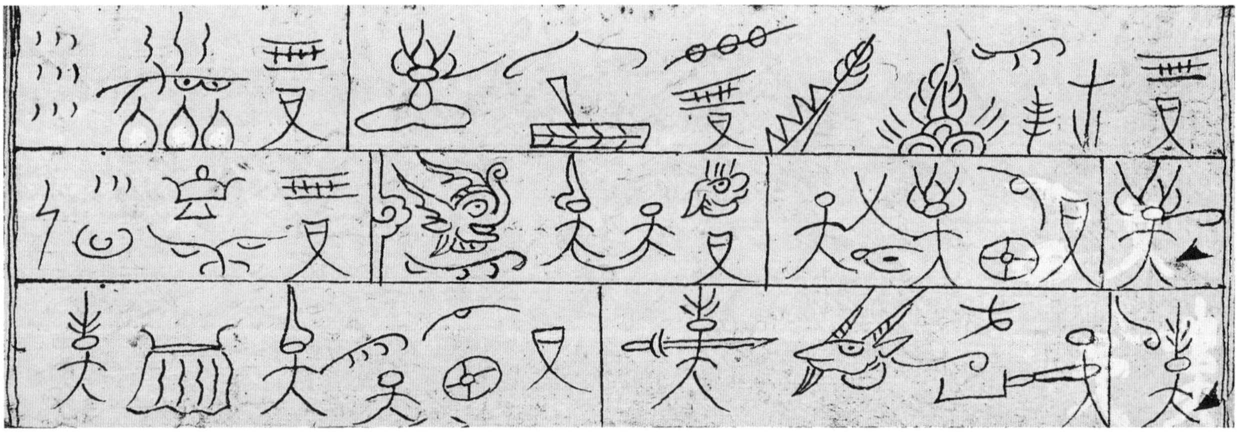

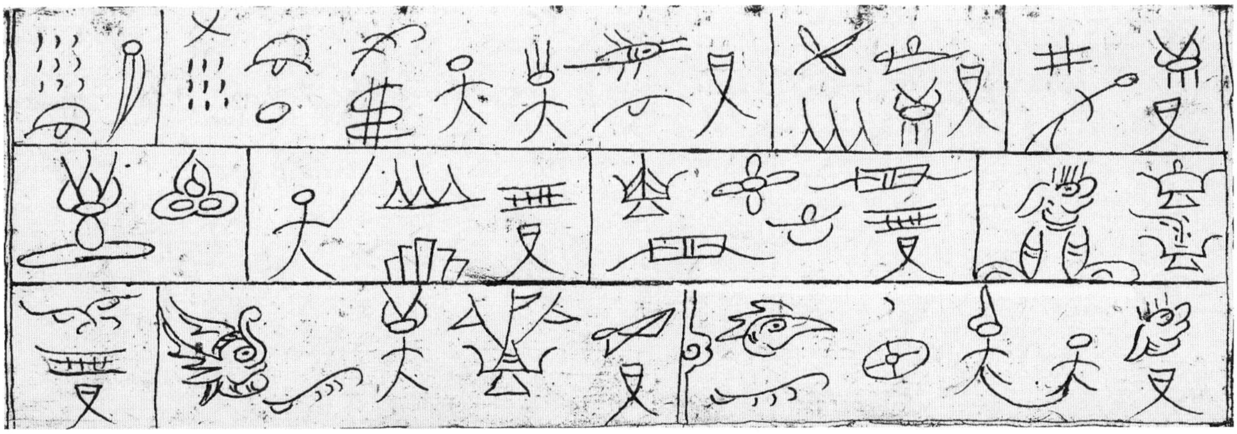

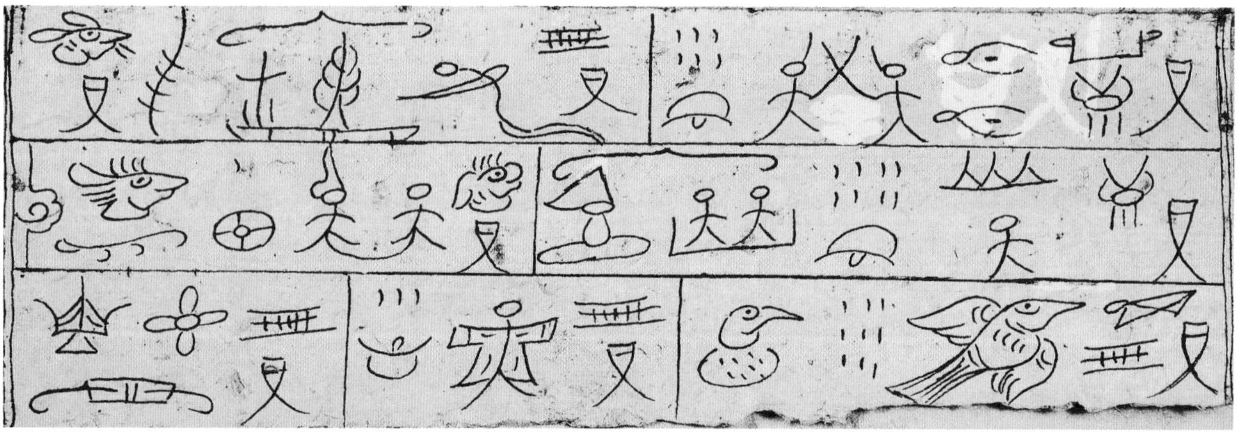

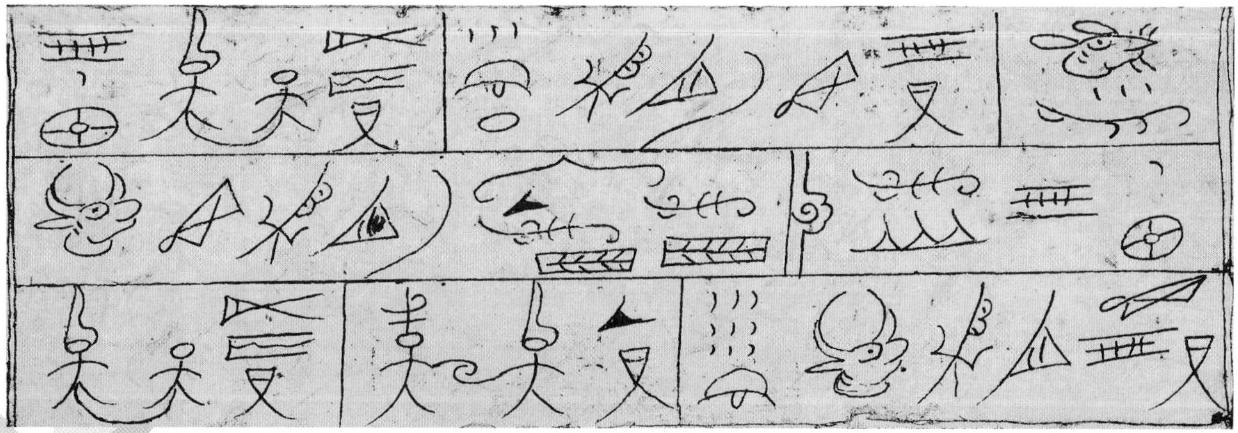

据乌鸦叫声占卜

纳西族占卜经书。流传于云南省迪庆藏族自治州香格里拉县三坝纳西族乡一带。不分卷，1册，16页，佚名撰。记述根据乌鸦鸣叫时的日子、方位、时辰、方向等卜出吉凶、祸福、禁忌。近抄本，本色构皮纸，线订册叶装，墨书。页面高9厘米，广28.5厘米。保存完好。今由云南省迪庆藏族自治州香格里拉县三坝纳西族乡东坝村墨虎东巴收藏。

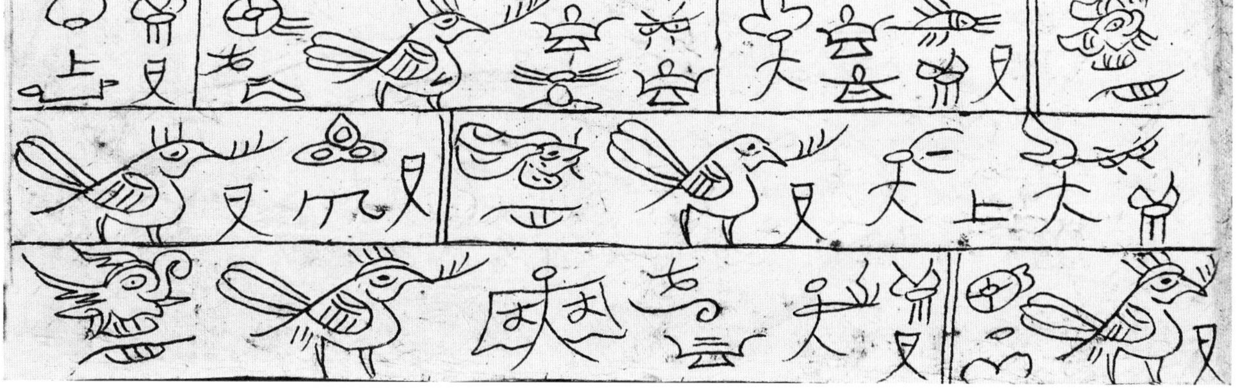

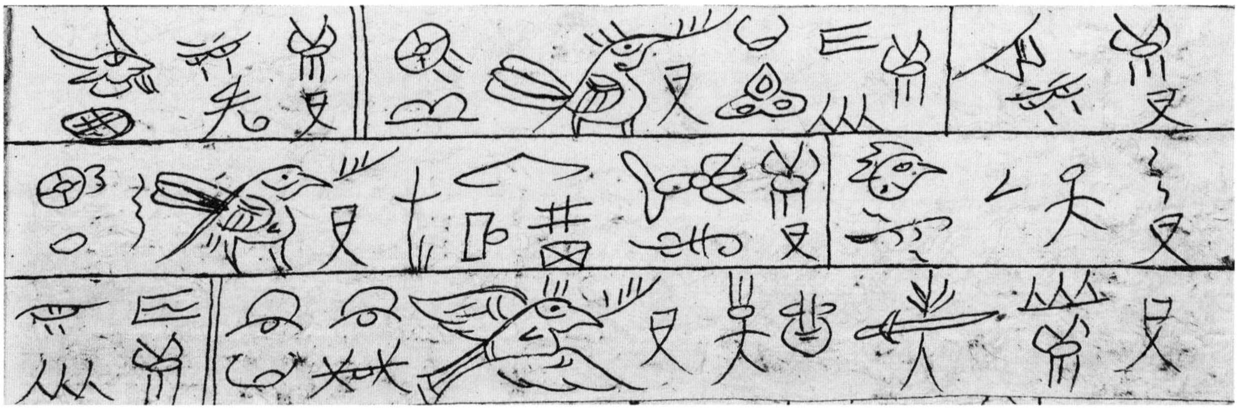

占 梦

纳西族占卜经书。流传于云南省迪庆藏族自治州香格里拉县三坝纳西族乡一带。不分卷，1册，21页，佚名撰，墨虎按习阿牛老本誊抄。记录占梦的卦辞，以做梦之日的属相和梦的内容占卜。梦的内容有数十种，都是发生在人们身边的事以及经常见到的自然现象。诸如能否等到吃饭喝酒吃肉的机会，财物的得失，生意的成败，家产的聚散，家人及亲戚的病痛，是否有丧事，会不会有祸端，出门远行可否一路顺风，等等。近抄本，本色构皮纸，线装，墨书。页面高9厘米，广27.6厘米。保存完好。今由云南省迪庆藏族自治州香格里拉县三坝纳西族乡东坝村墨虎东巴收藏。

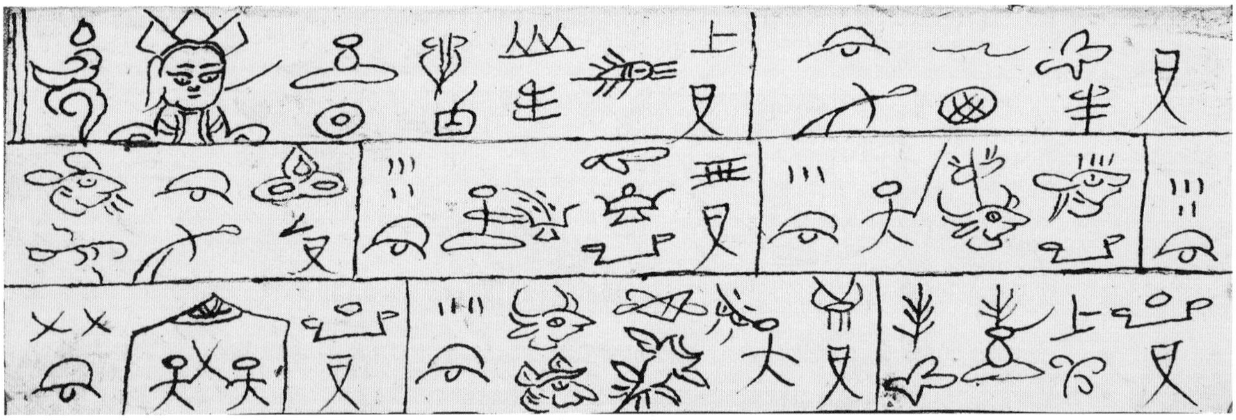

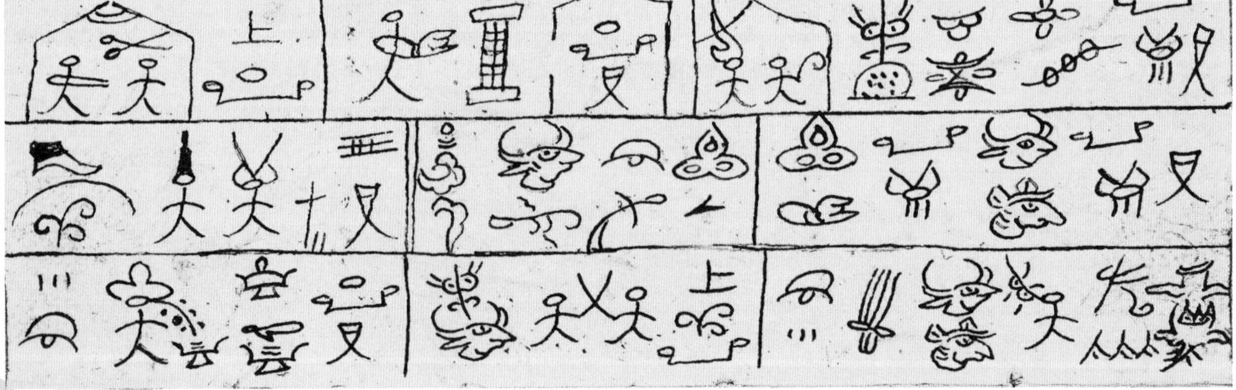

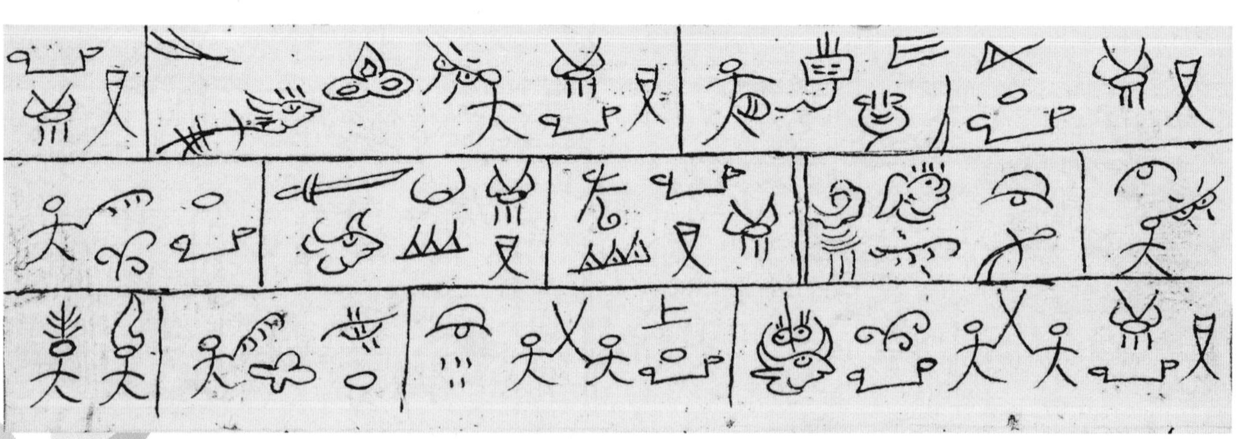

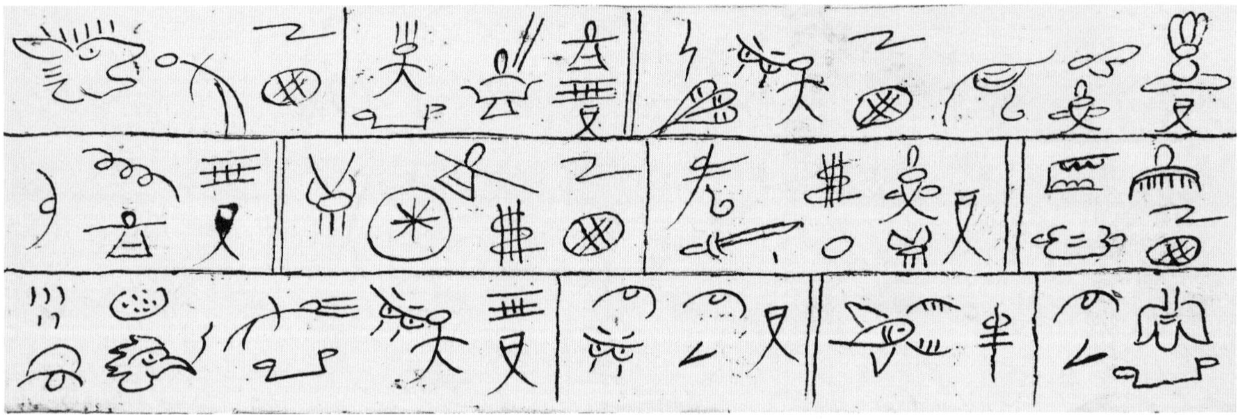

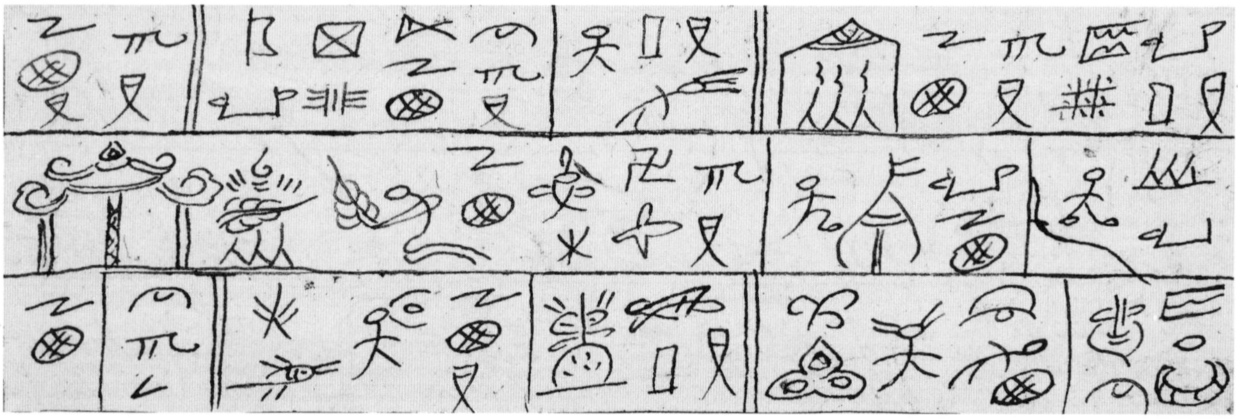

产妇洗头日期占卜

纳西族占卜经书。流传于云南省迪庆藏族自治州香格里拉县三坝纳西族乡一带。不分卷，1册，20页，佚名撰，墨虎按老经书誊抄。记录了三类占卜方法，一是占卜满月后产妇洗头的日期，根据产妇的运数在巴格图上所居之方位来决定洗头时头的朝向。洗头水泼向何方，不宜把洗头水泼向厅拜所居之方向；二是预测新生儿的生命运势、福分；三是占测新生儿穿着衣物的颜色，以求规避灾祸，祈求一生健康平安。近抄本，本色构皮纸，线装，墨书。页面高9.8厘米，广28.5厘米。保存完好。今由云南省迪庆藏族自治州香格里拉县三坝纳西族乡东坝村墨虎东巴收藏。

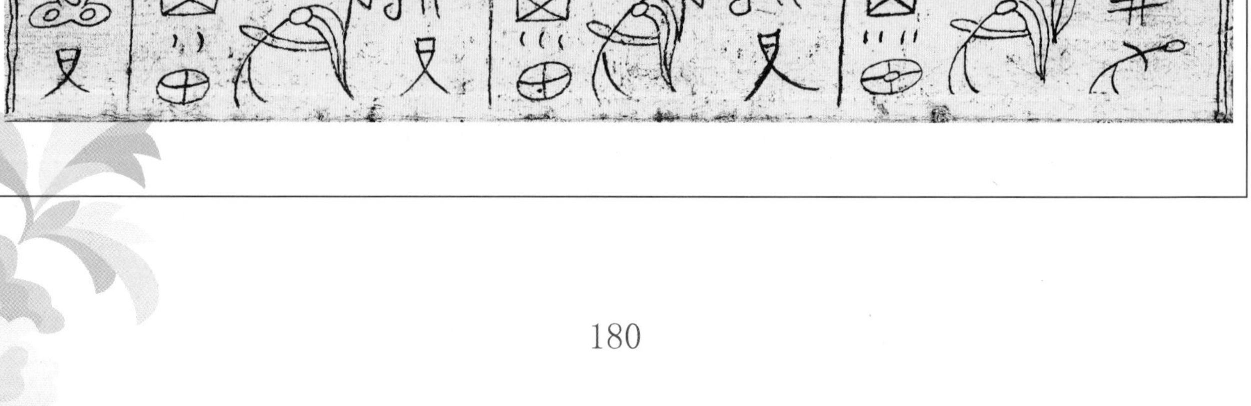

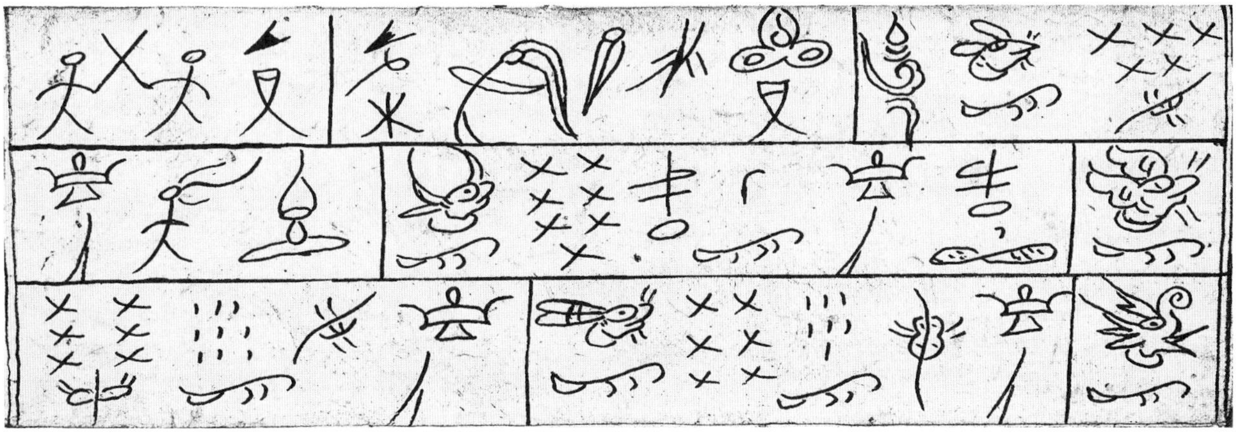

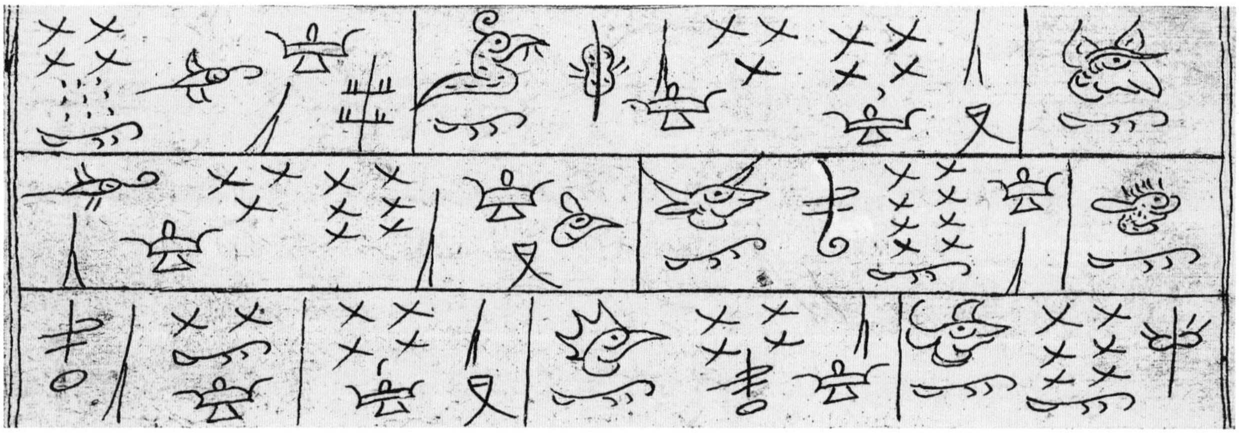

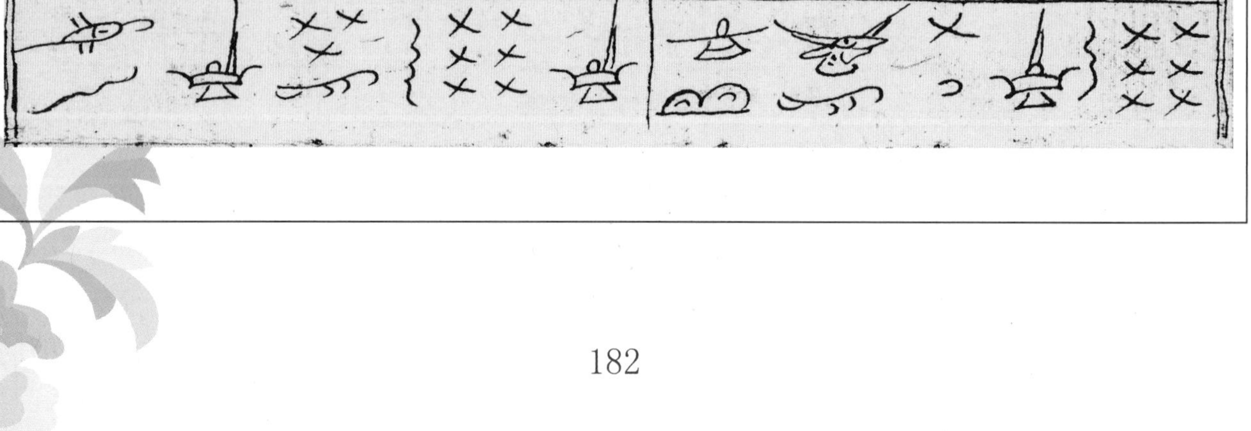

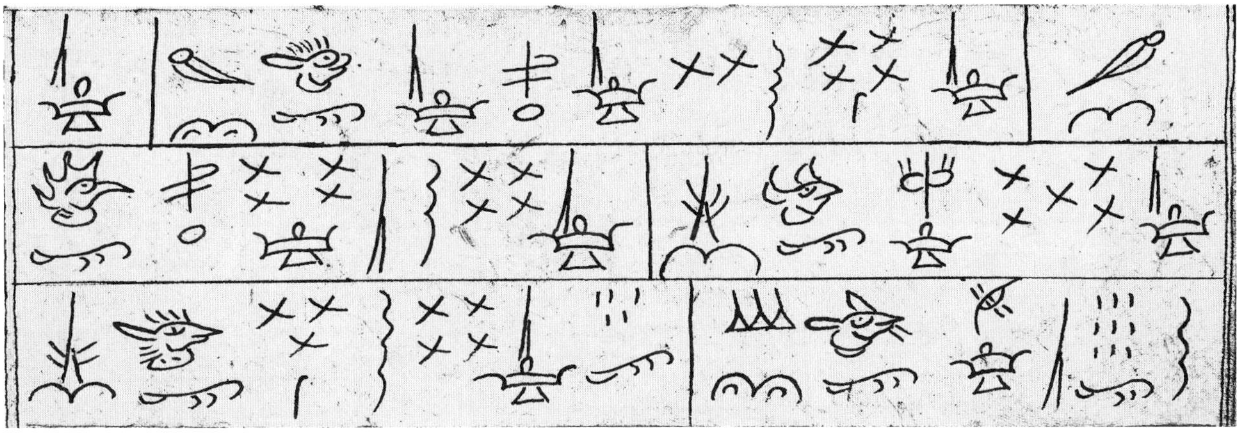

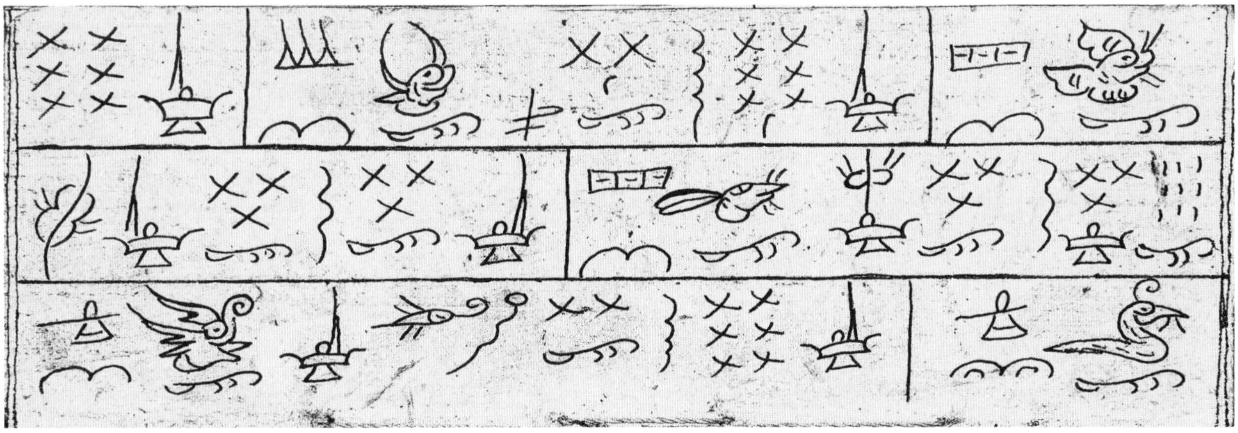

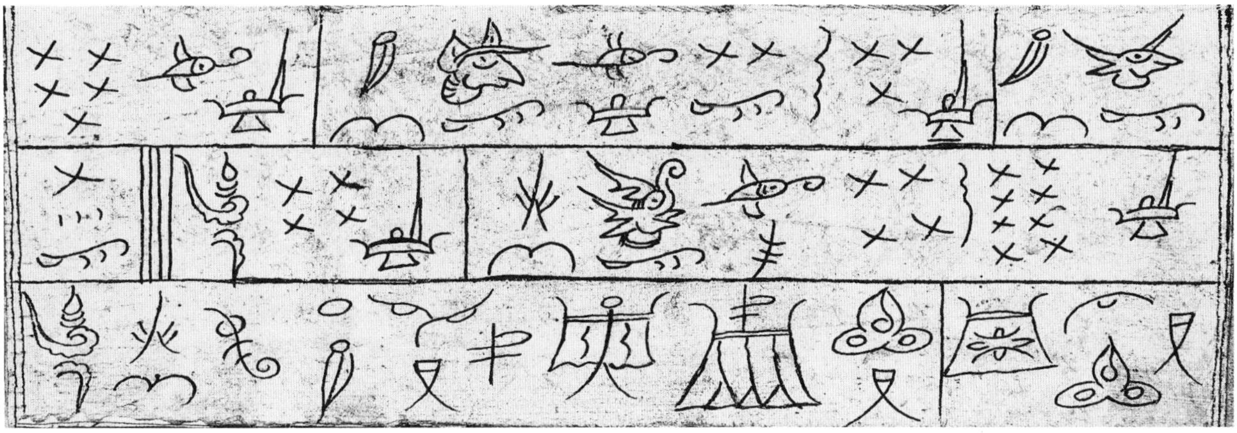

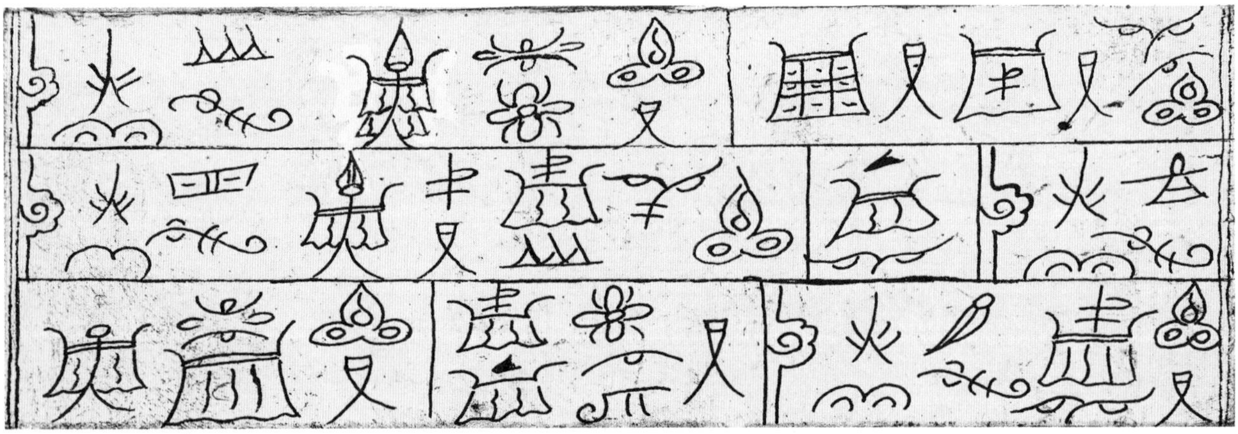

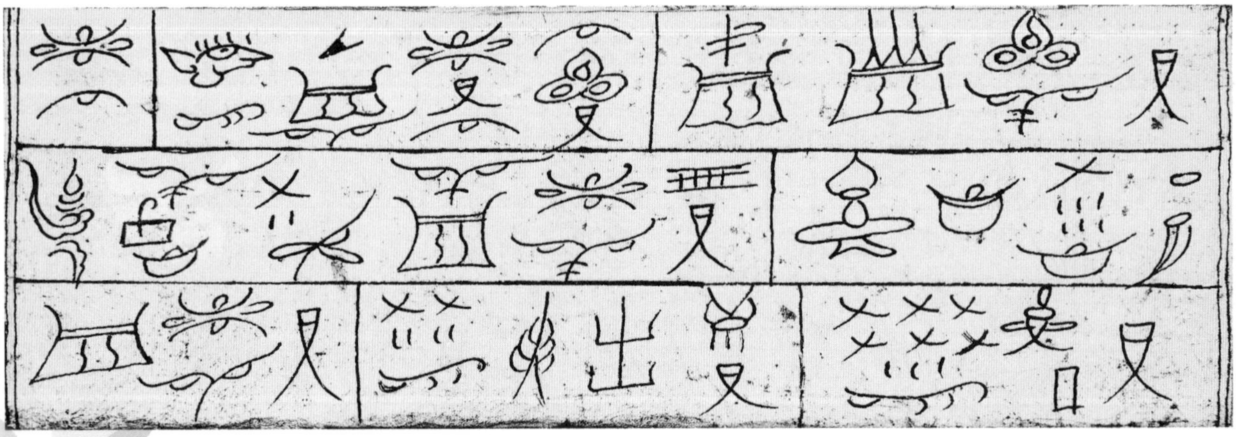

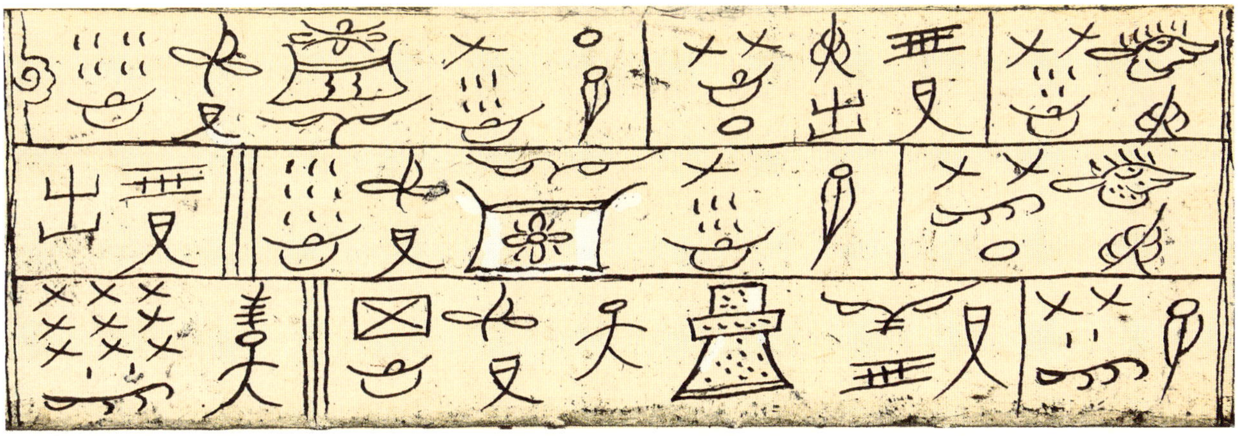

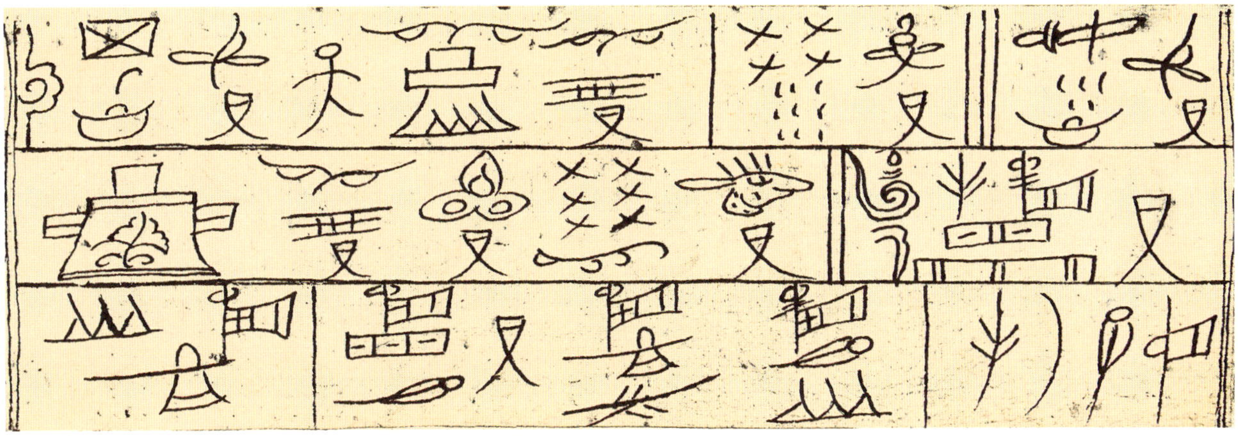

九宫神·抽绳占卜

纳西族占卜经书。流传于云南省迪庆藏族自治州香格里拉县三坝纳西族乡一带。不分卷，1册，21页，佚名撰，和才抄。记述了一种抽绳卦占卜法的卦辞，以看郭、吕毕、罗道、干支、敏威九宫上有一颗白石或两颗白石，有一颗黑石或两颗黑石，有一白一黑两颗石头等为依据占卜，占卜病痛、开荒、求财、生意、家畜五谷、出门吉凶等。旧抄本，本色构皮纸，线装，墨书。页面高9.3厘米，广27.2厘米。保存完好。今由云南省迪庆藏族自治州香格里拉县三坝纳西族乡东坝村墨虎东巴收藏。

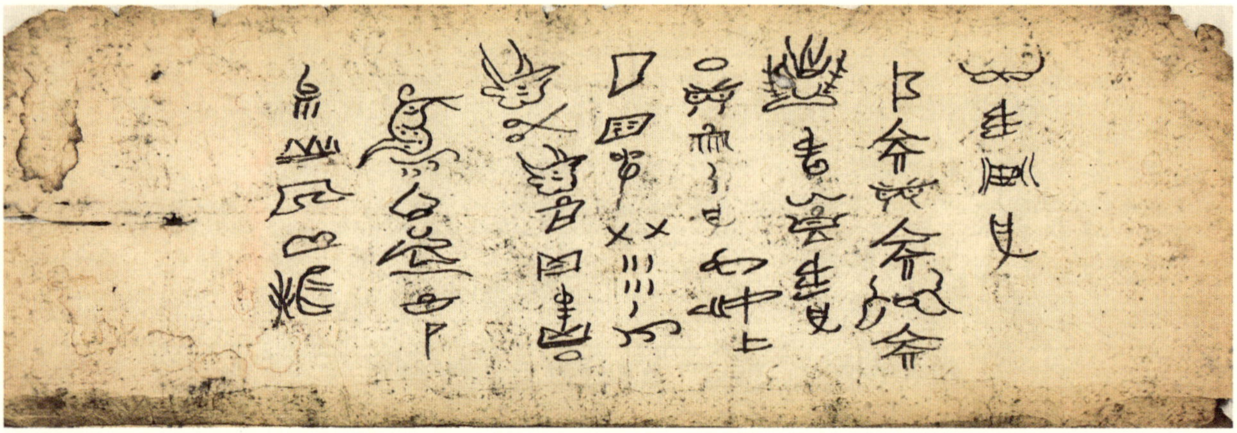

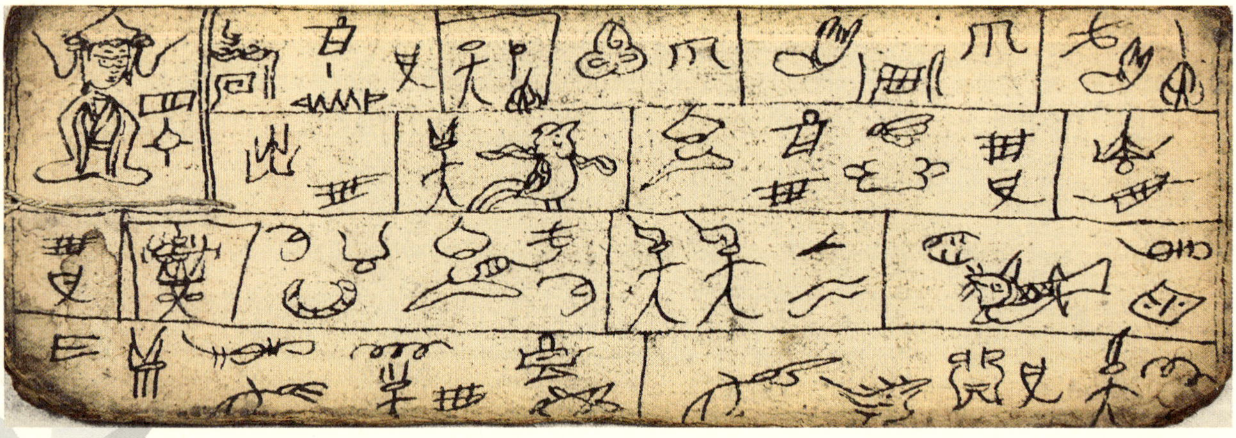

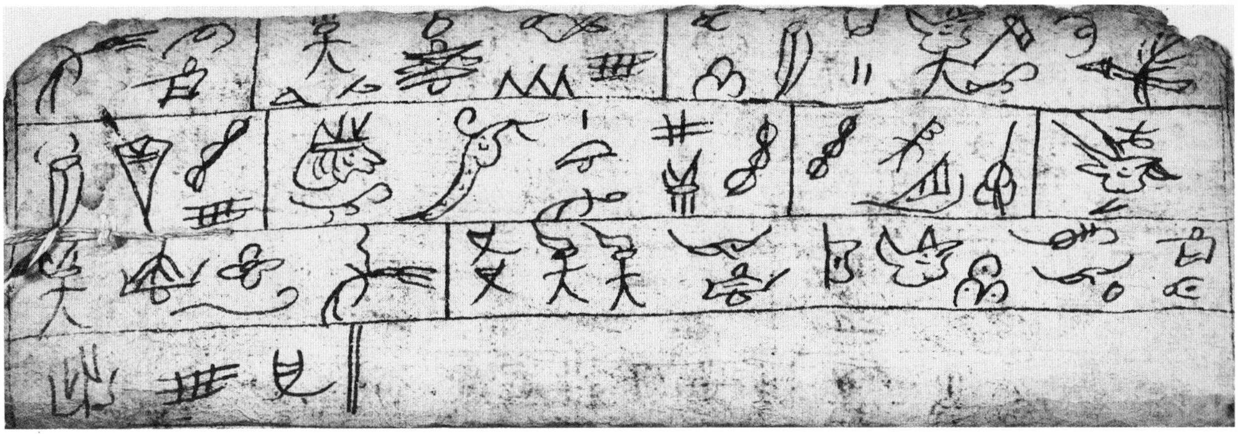

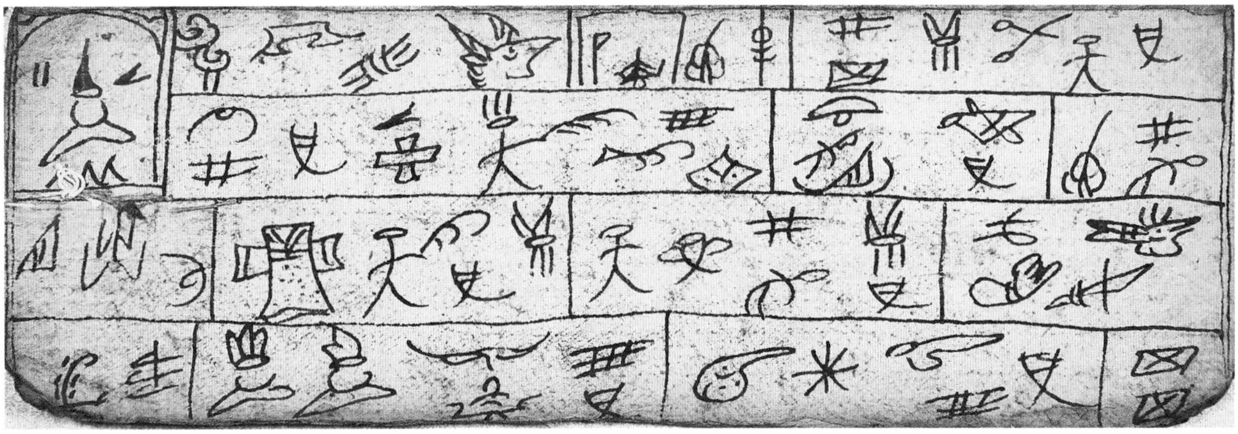

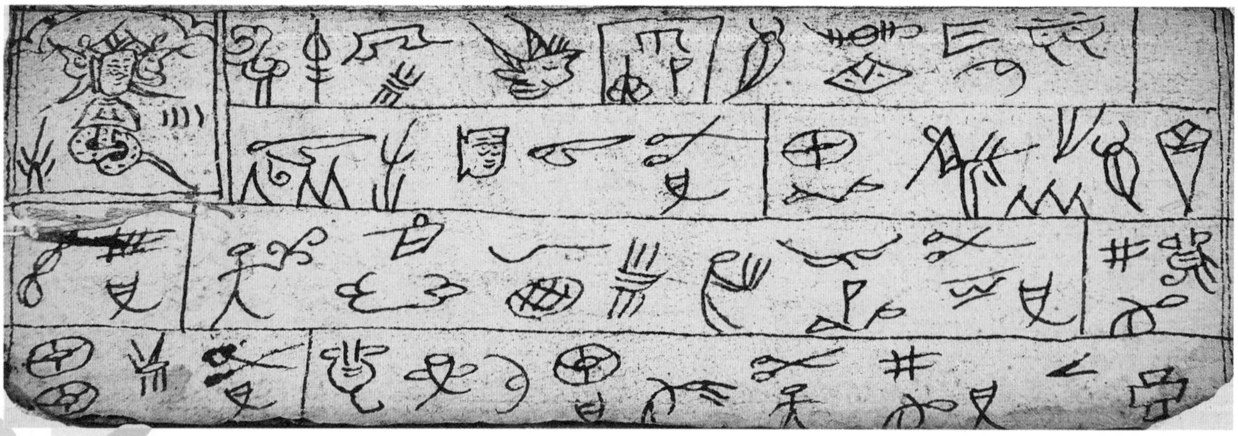

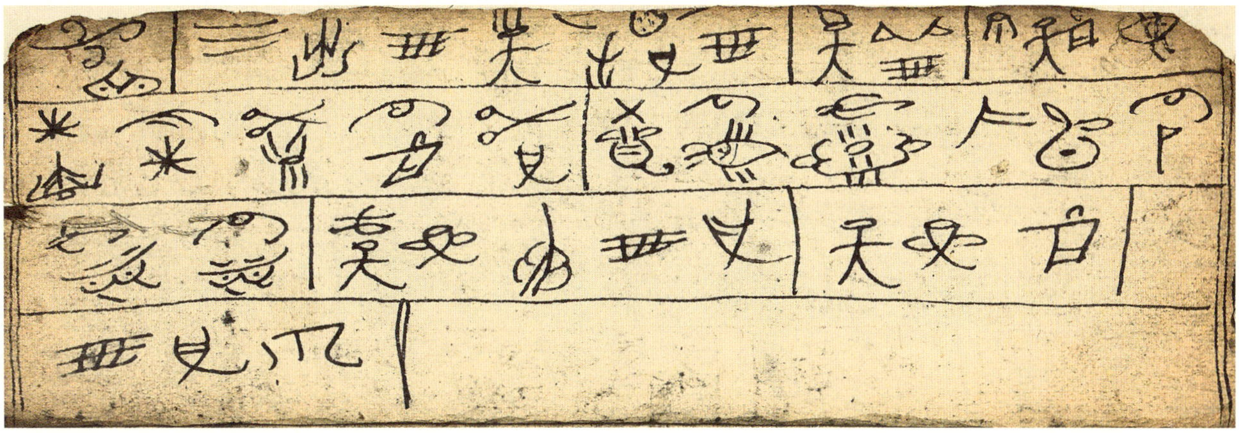

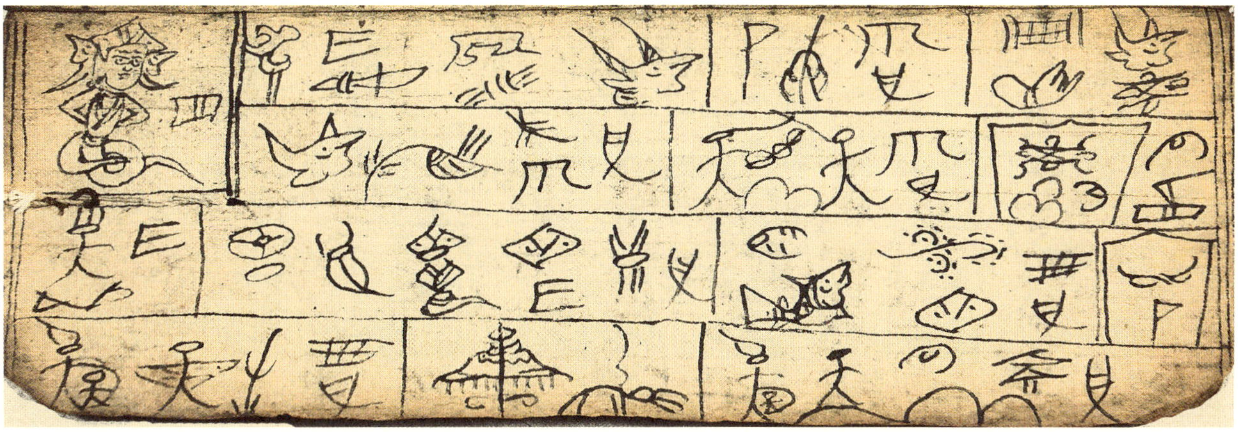

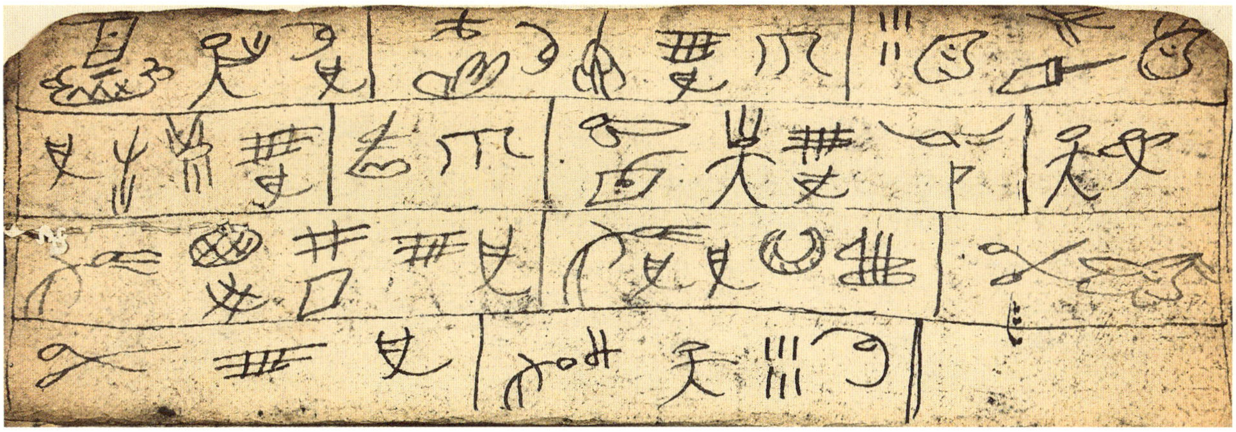

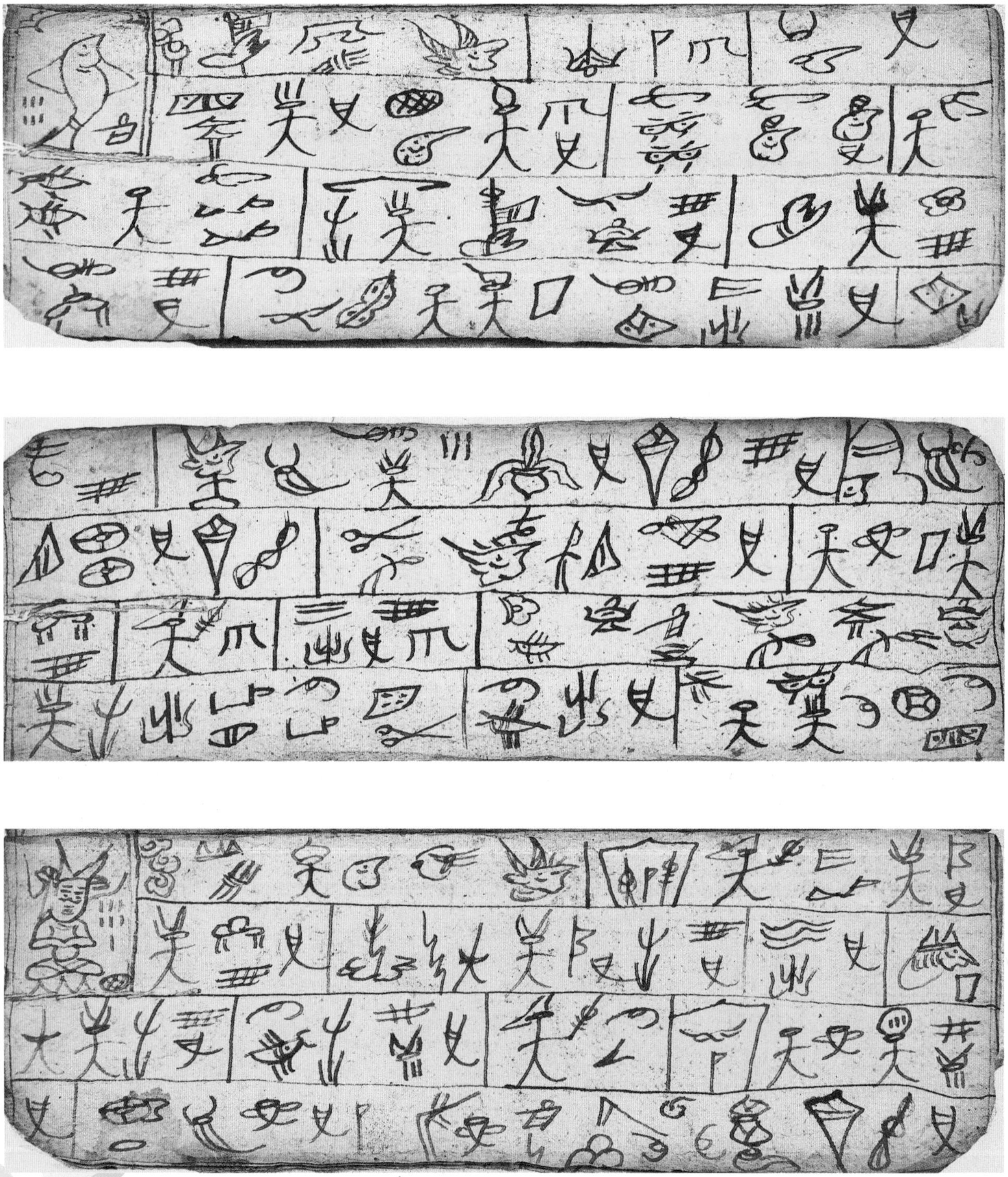

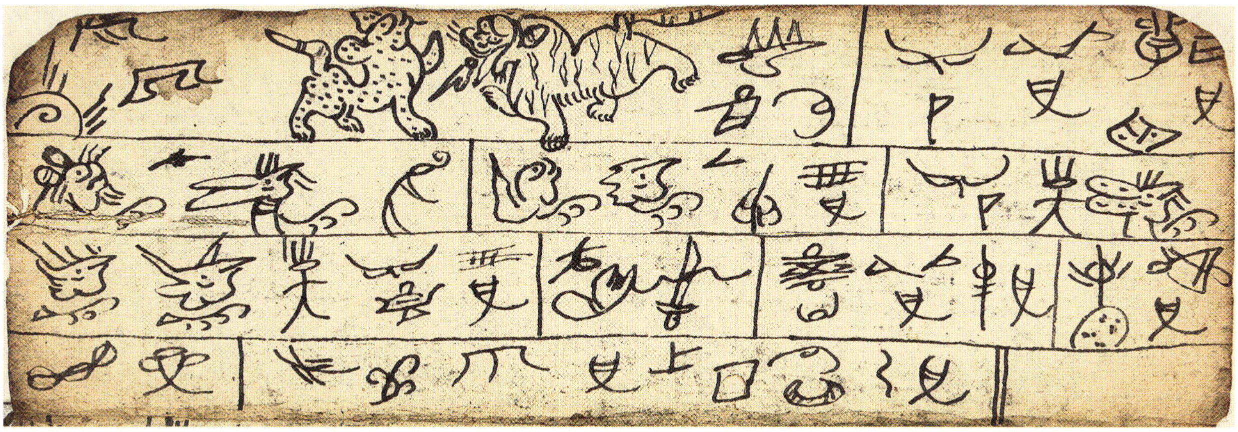

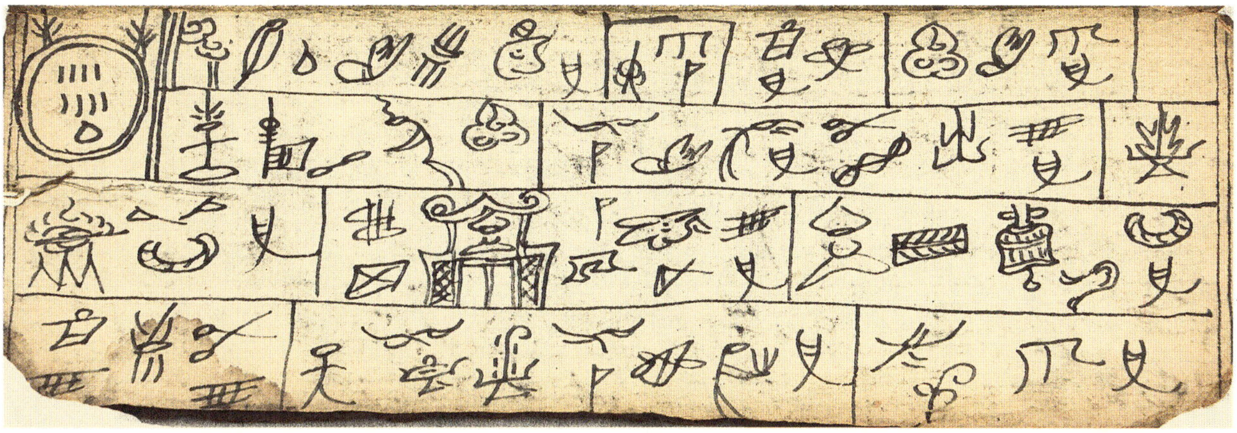

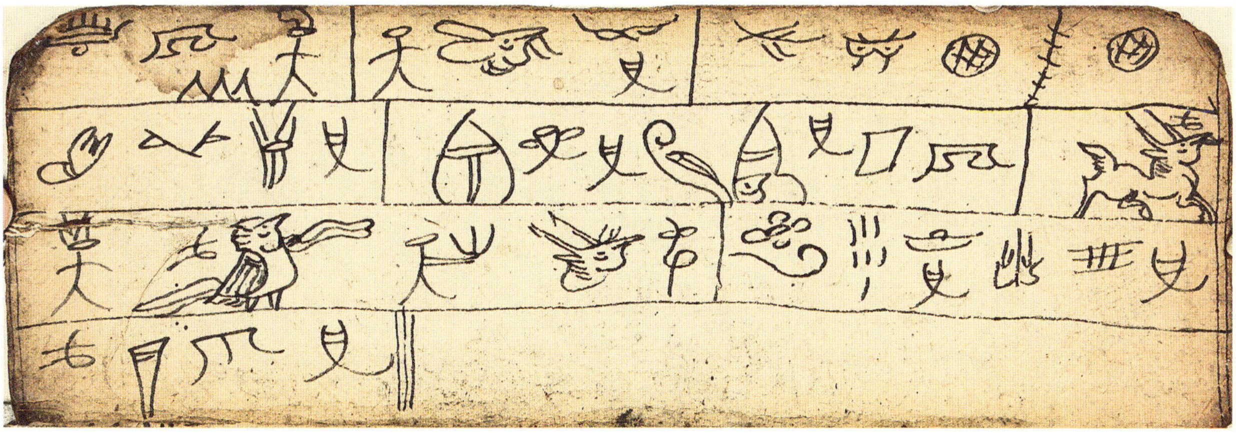

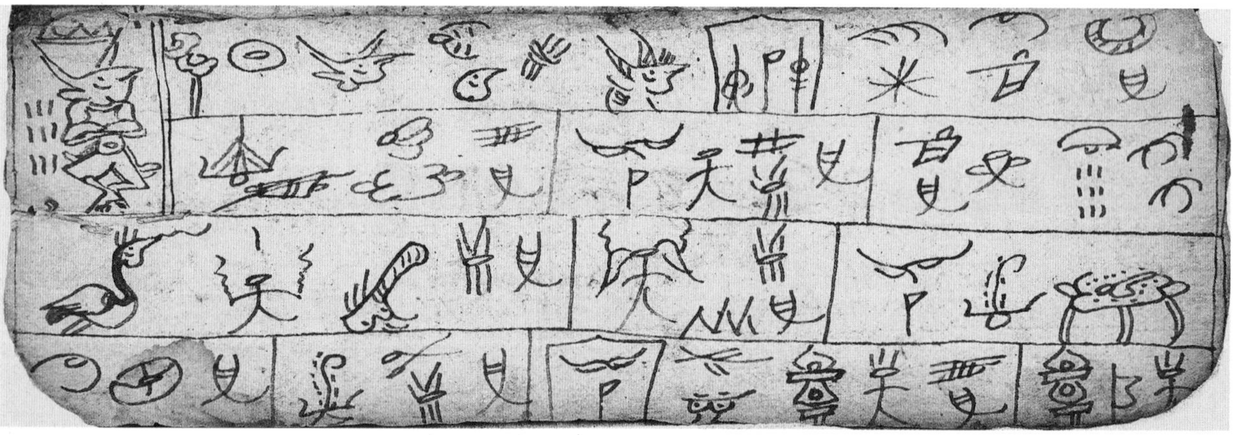

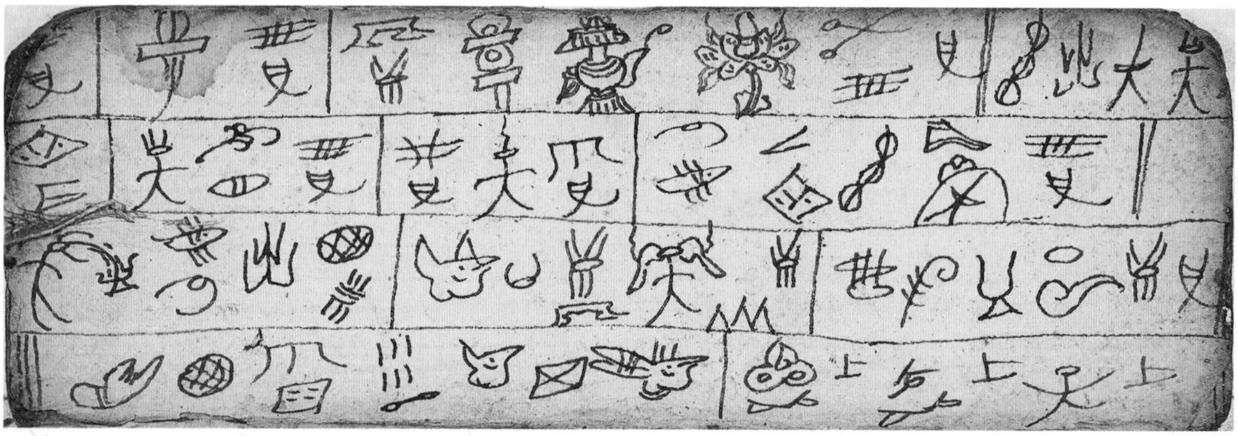

超度东巴祭司·送拉姆女神、十八层地狱接引灵魂

纳西族超度拉姆仪式经书。流传于云南省迪庆藏族自治州香格里拉县三坝纳西族乡一带。不分卷，1册，18页，佚名撰以此祈求。古时，加熬地方出现了拉姆的父亲罗补中里、母亲茨姆，两人结合生下了十八个圣洁的神女。拉姆过世后，灵魂会沉入十八层地狱，便要举行仪式，祈求十八个神女带着美丽的花朵和净水壶去迎接死者的灵魂，把死者送到幸福吉祥的神地。近抄本，本色构皮纸，线订册叶装，墨书。页面高14.5厘米，广30.3厘米。保存完好。今由云南省迪庆藏族自治州香格里拉县三坝纳西族乡东坝村墨虎东巴收藏。

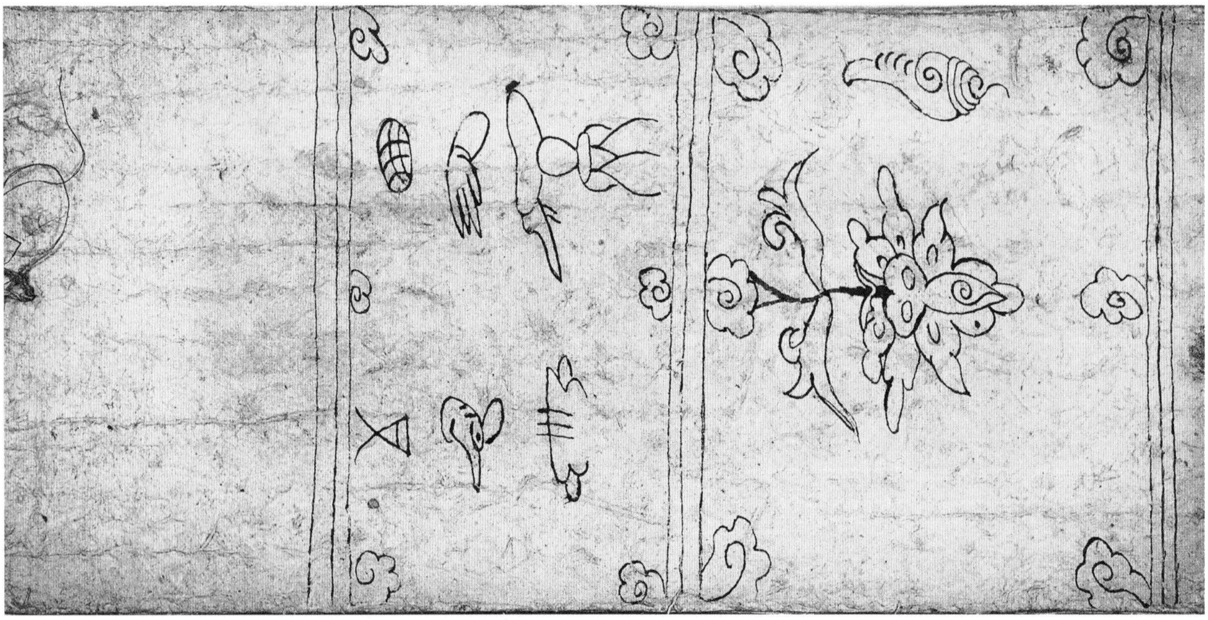

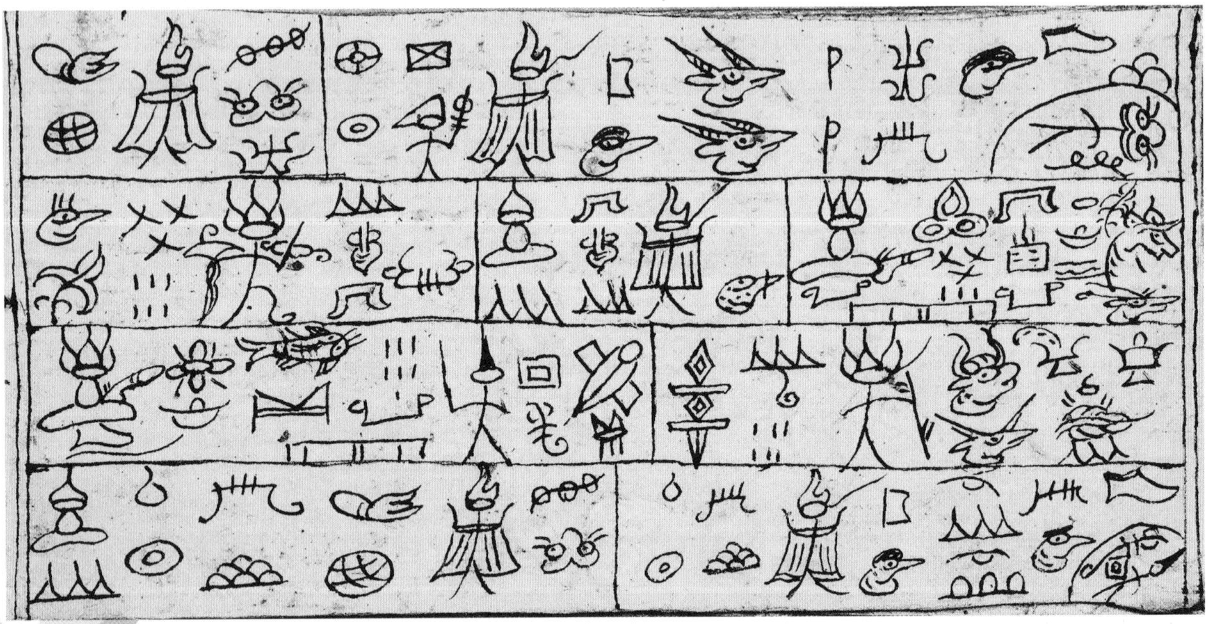

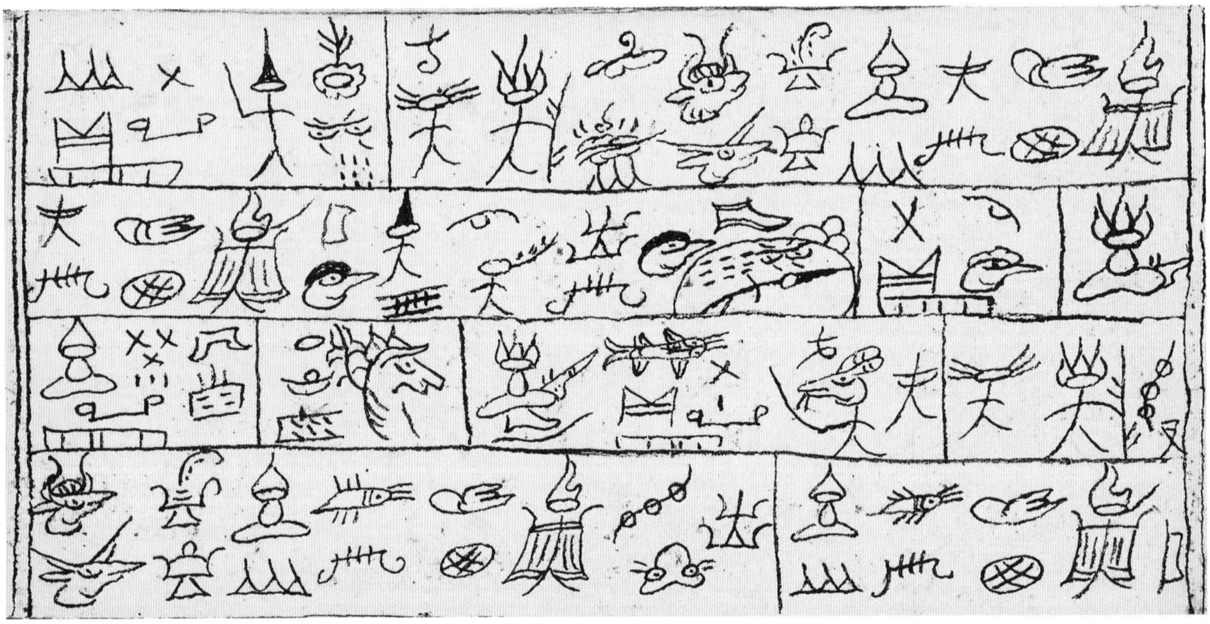

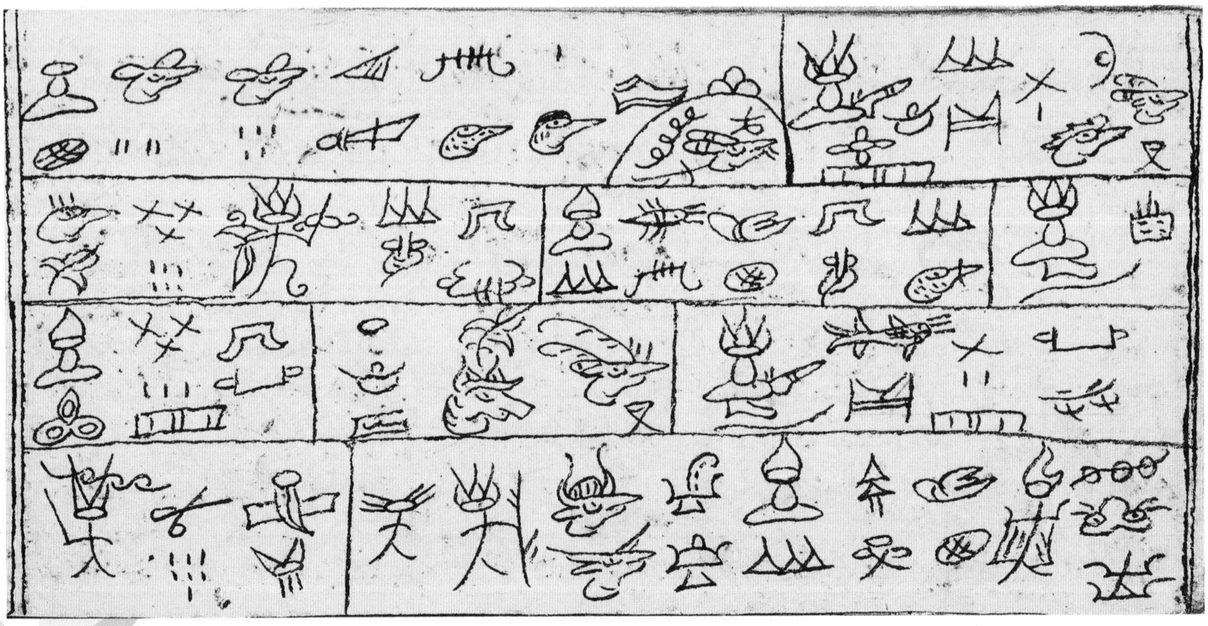

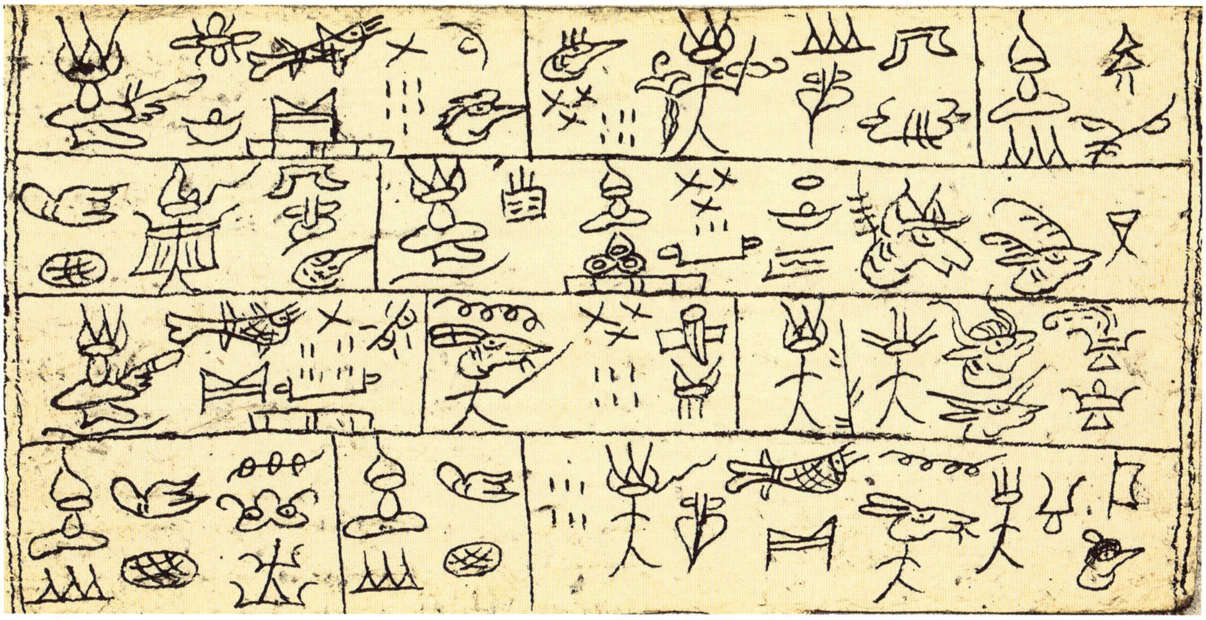

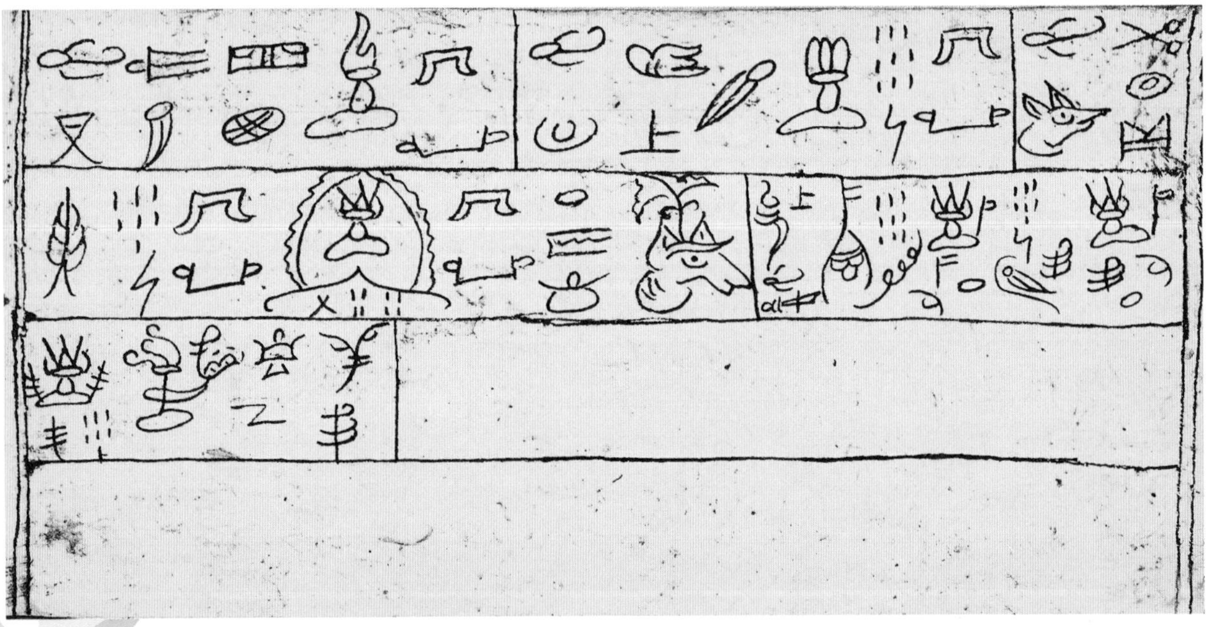

六十甲子占运

纳西族占卜经书。流传于云南省迪庆藏族自治州香格里拉县三坝纳西族乡一带。不分卷，1册，34页，佚名撰，墨虎抄。依据一个人所属的干支、玖登、鲁扎、郭、冉、敏威九宫等占卜一个人的性格、寿岁、子嗣、财运等。但玖登、鲁扎、郭、冉等词汇的含义，现今已难考证。近抄本，本色构皮纸，线装，墨书。页面高14厘米，广29.5厘米。保存完好。今由云南省迪庆藏族自治州香格里拉县三坝纳西族乡东坝村墨虎东巴收藏。

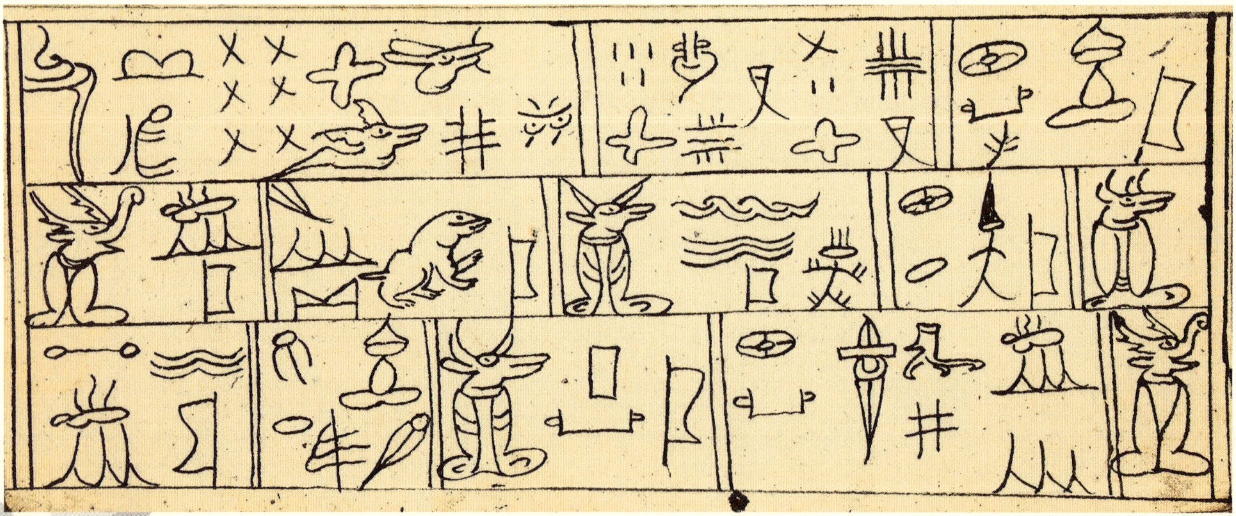

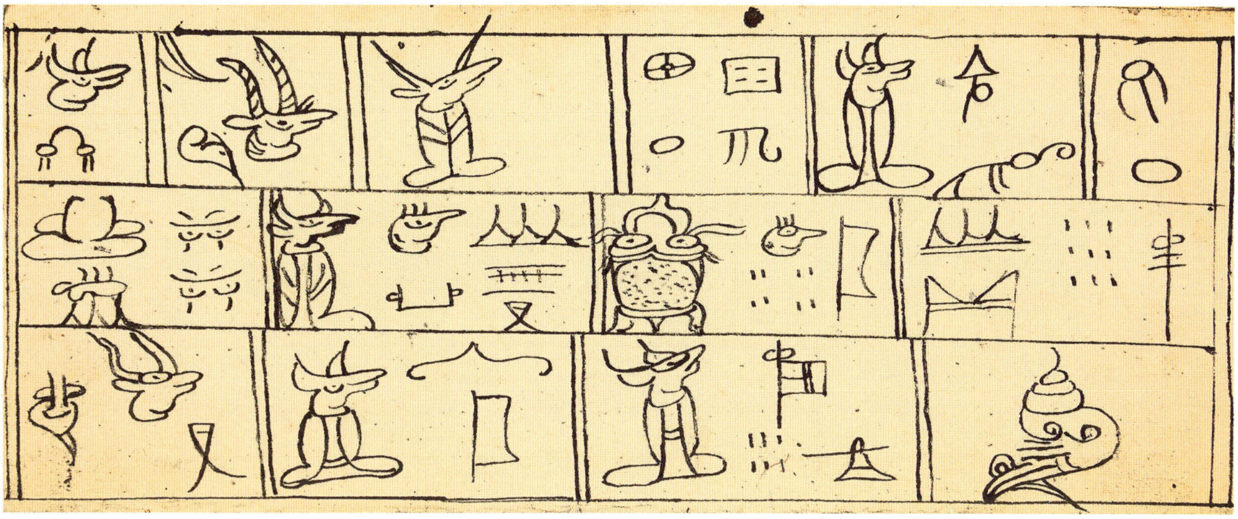

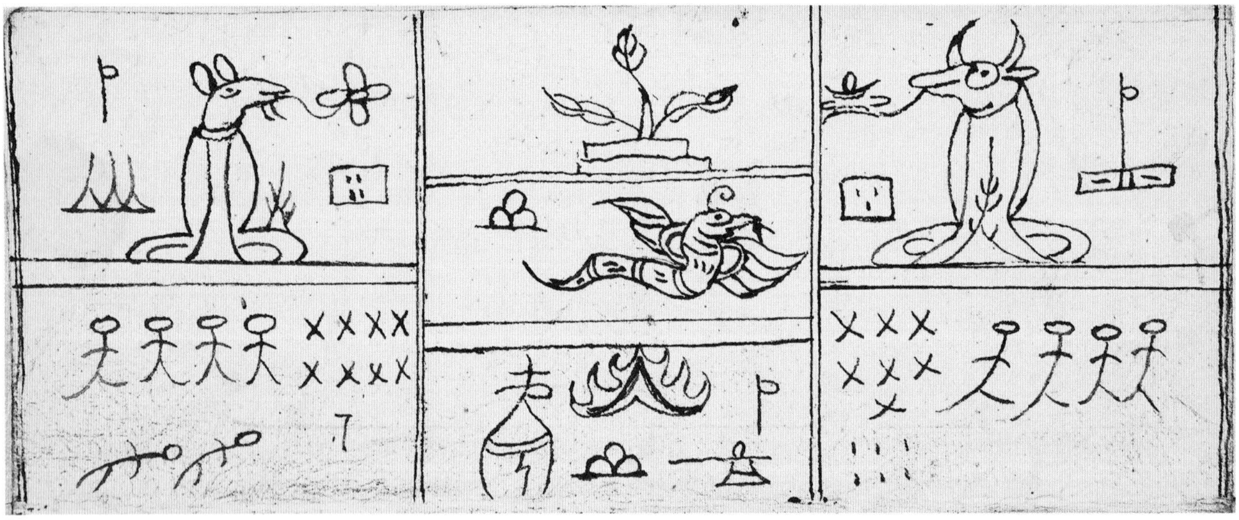

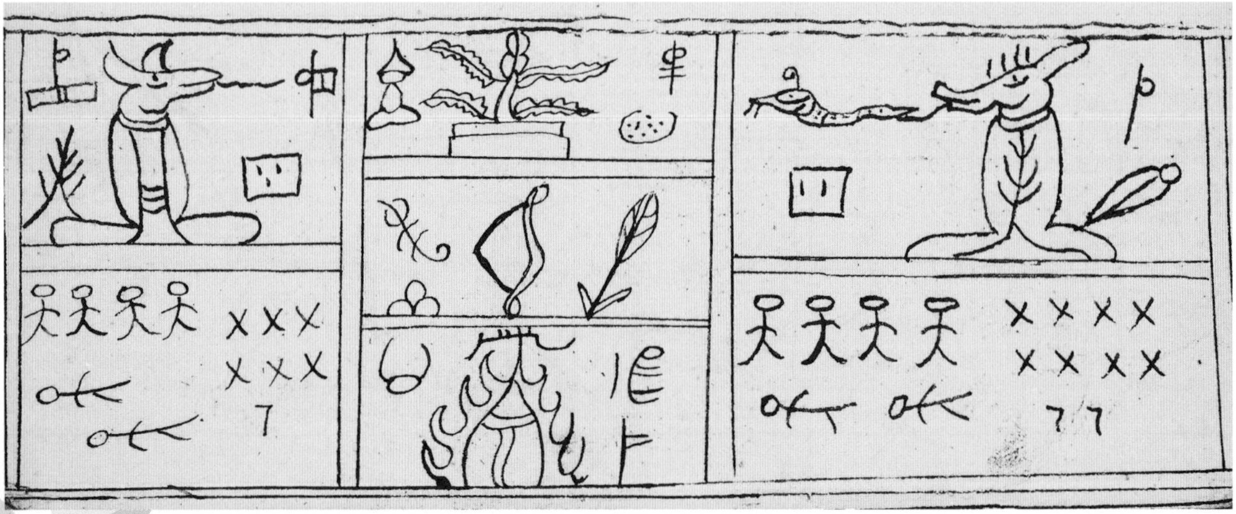

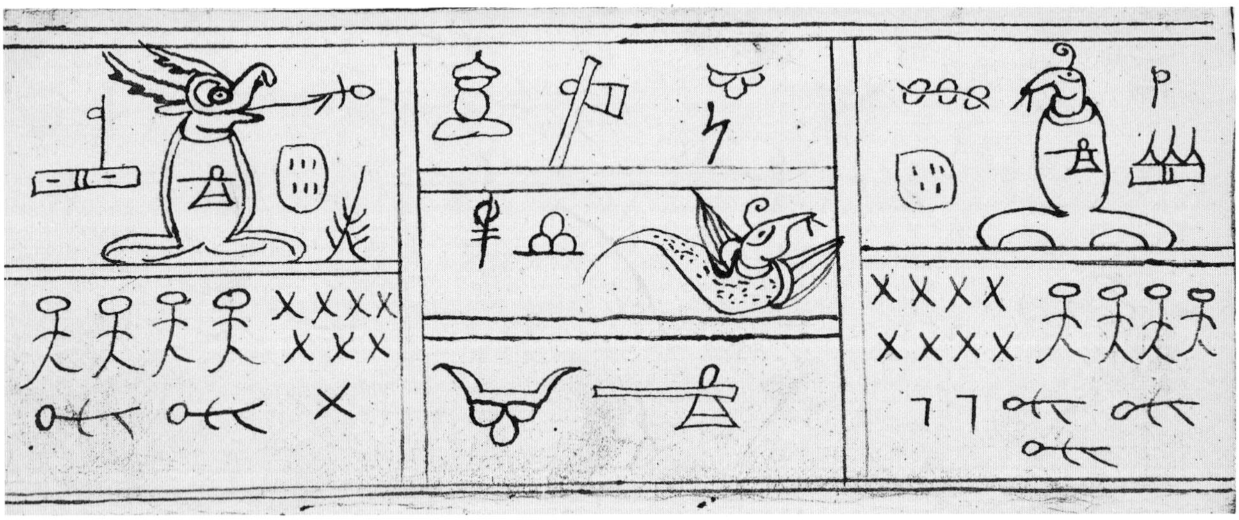

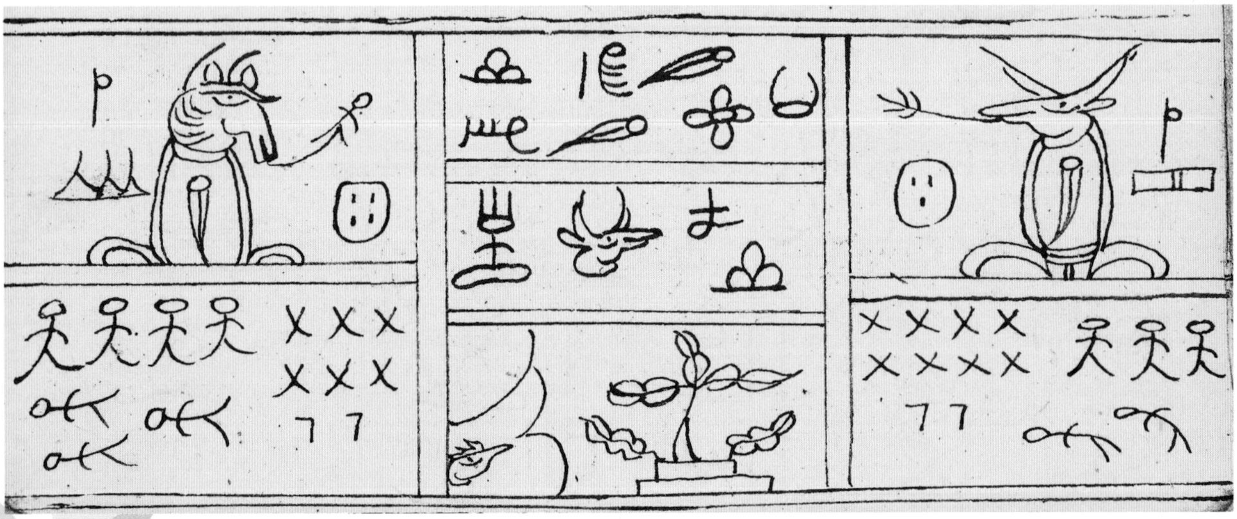

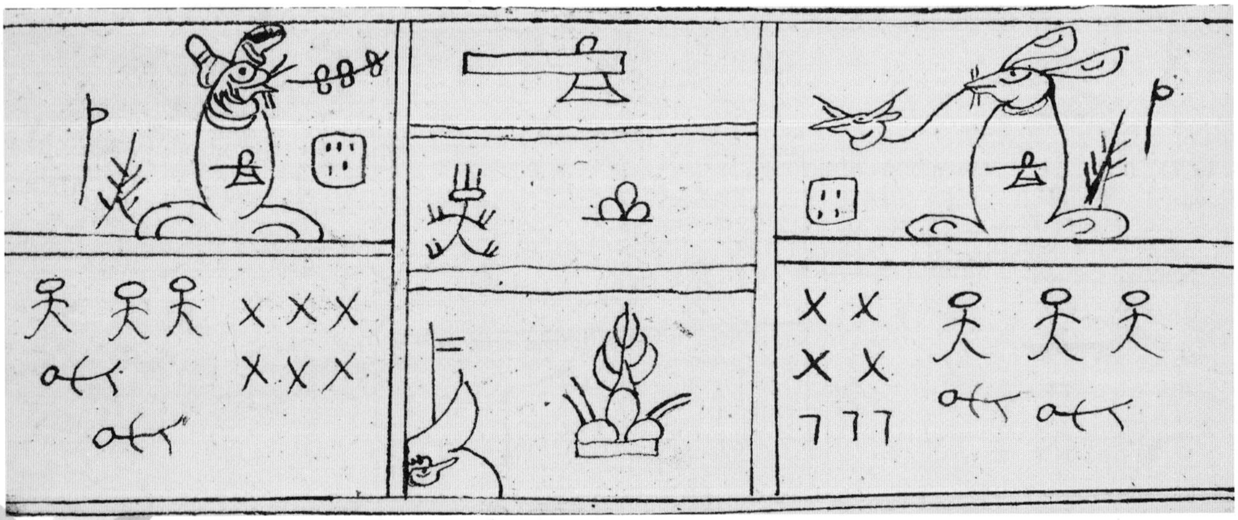

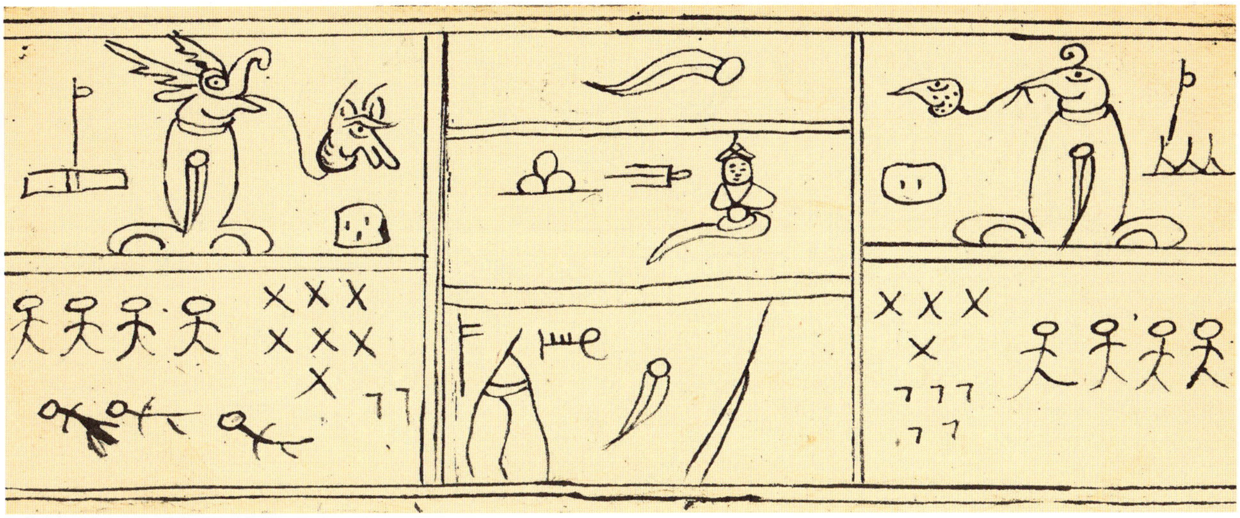

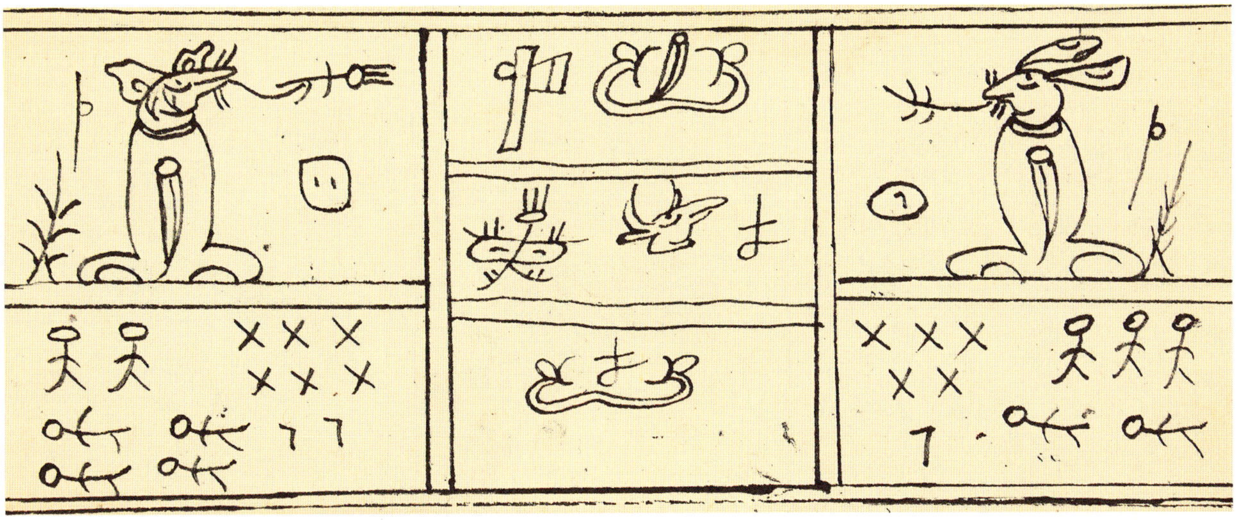

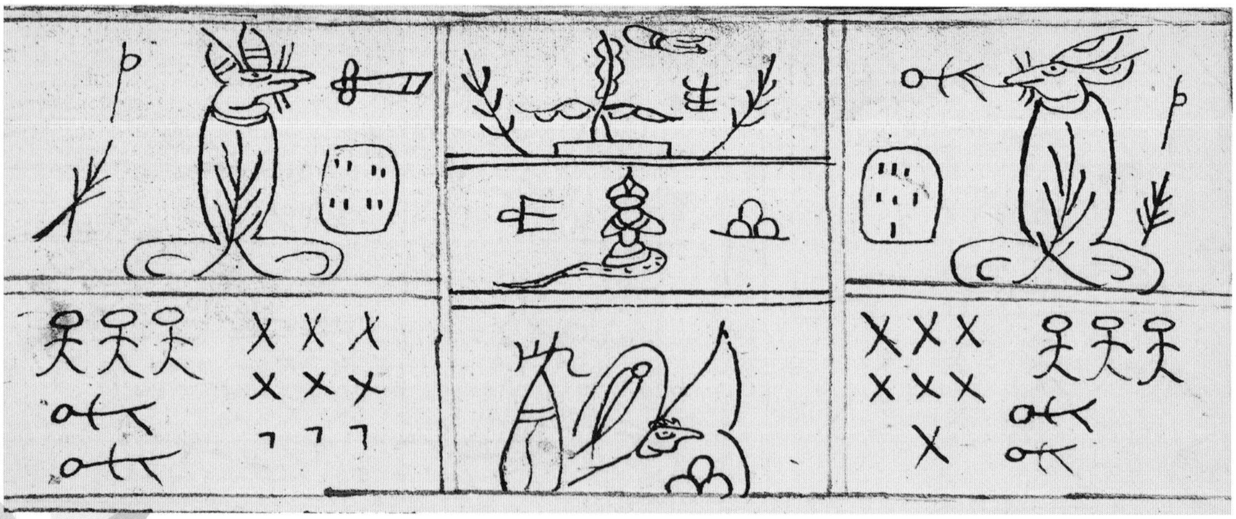

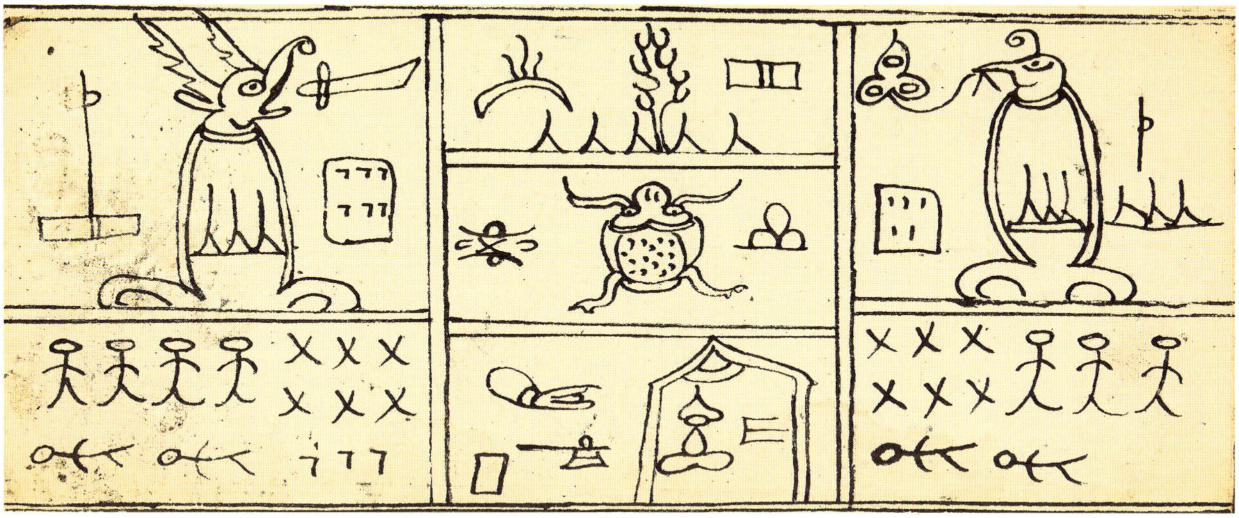

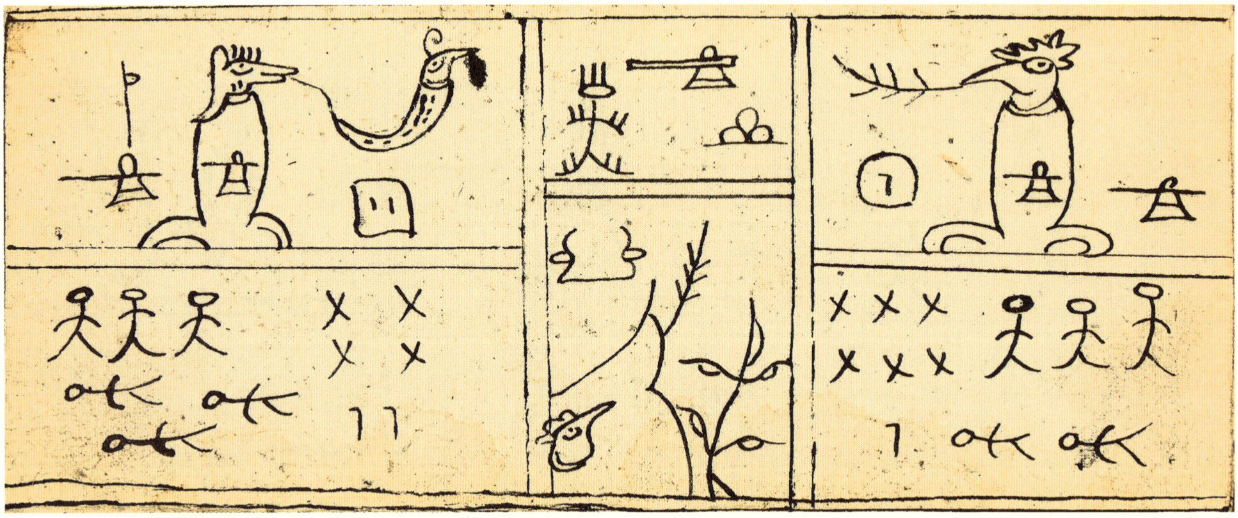

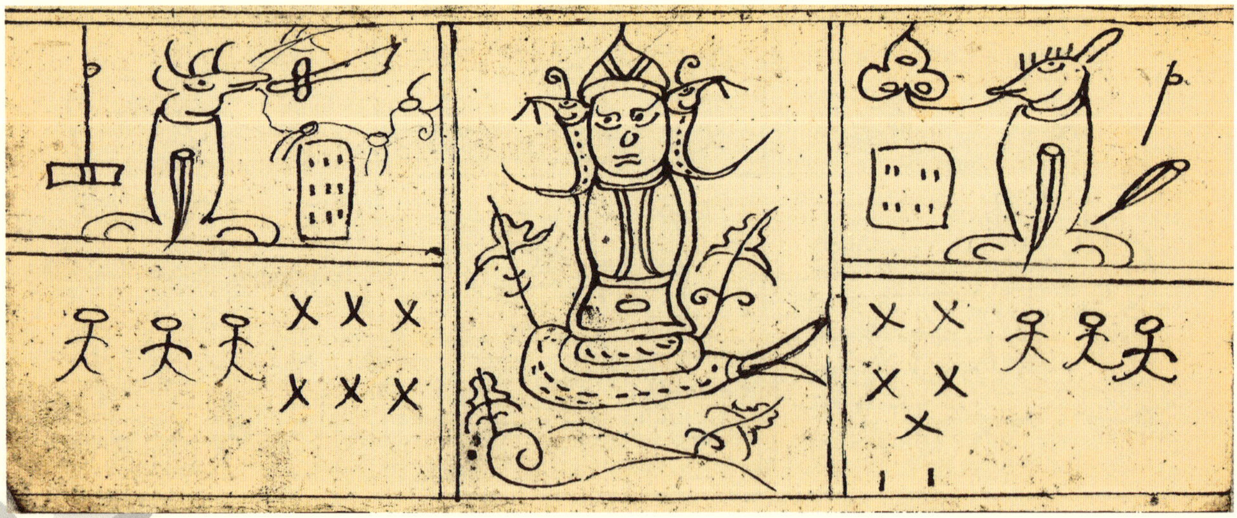

六十甲子占运图谱、卜辞

纳西族占卜经书。流传于云南省迪庆藏族自治州香格里拉县三坝纳西族乡一带。二卷，71页，上卷为“六十甲子占运图谱”，下卷为“六十甲子占运卜辞”，佚名撰，墨虎抄。记述用木、火、土、铁、水与十二生肖相匹配，测算六十种命运。多应用于生产、生活、婚丧嫁娶、立木动土、宗教等活动。近抄本，本色构皮纸，线装，墨书。上卷“六十甲子占运图谱”页面高10厘米，广29厘米，下卷“六十甲子占运卜辞”页面高14.5厘米，广31厘米。保存完好。今由云南省迪庆藏族自治州香格里拉县三坝纳西族乡东坝村墨虎东巴收藏。

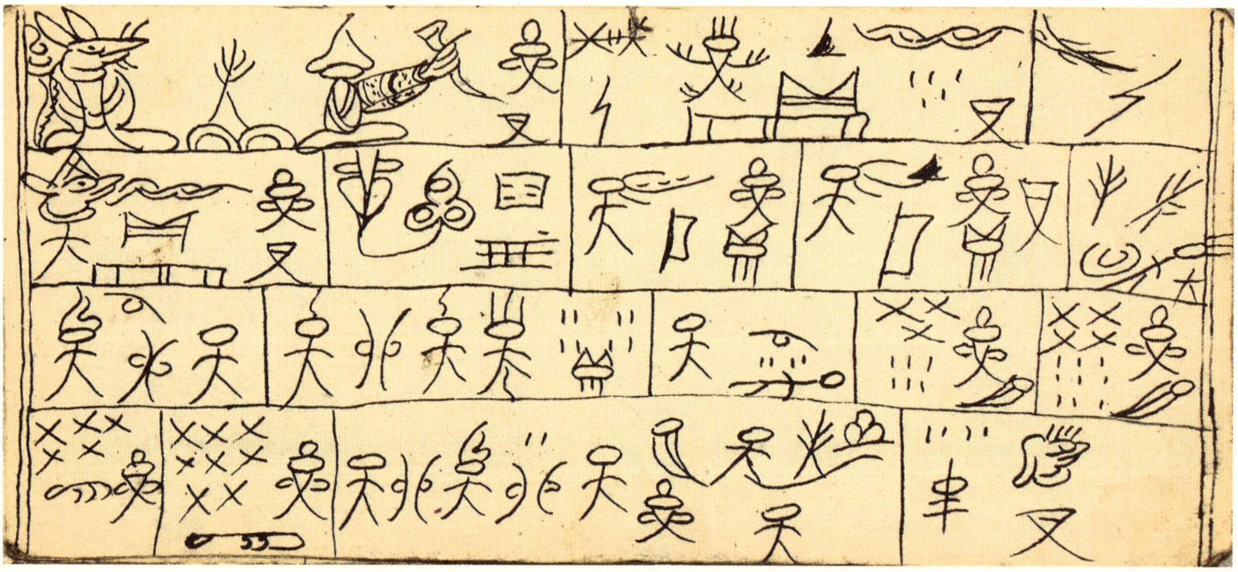

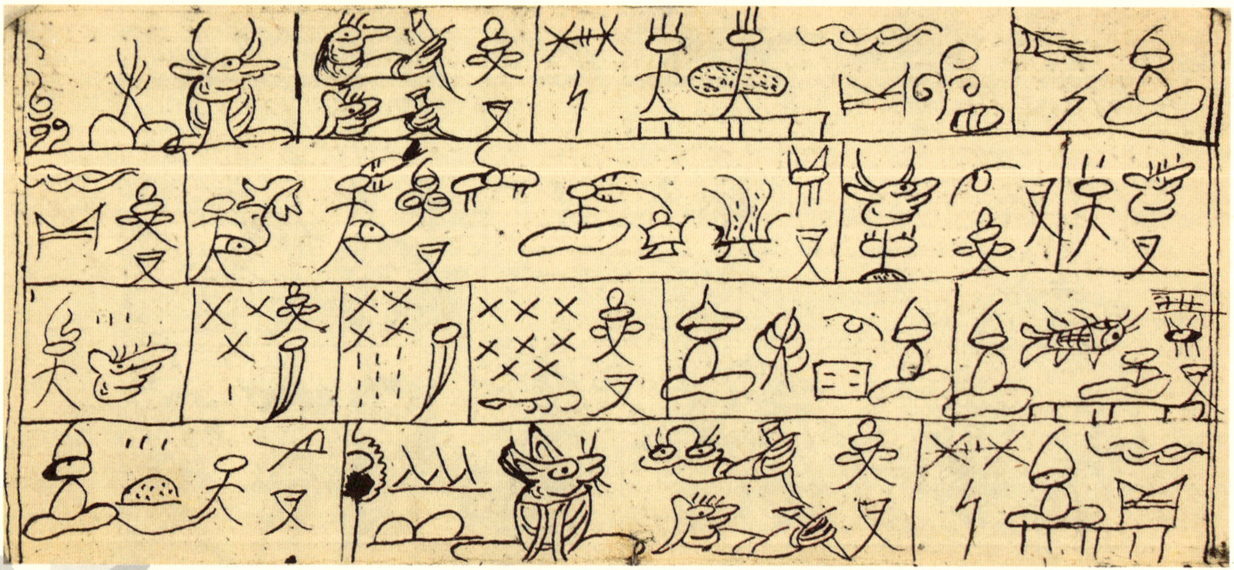

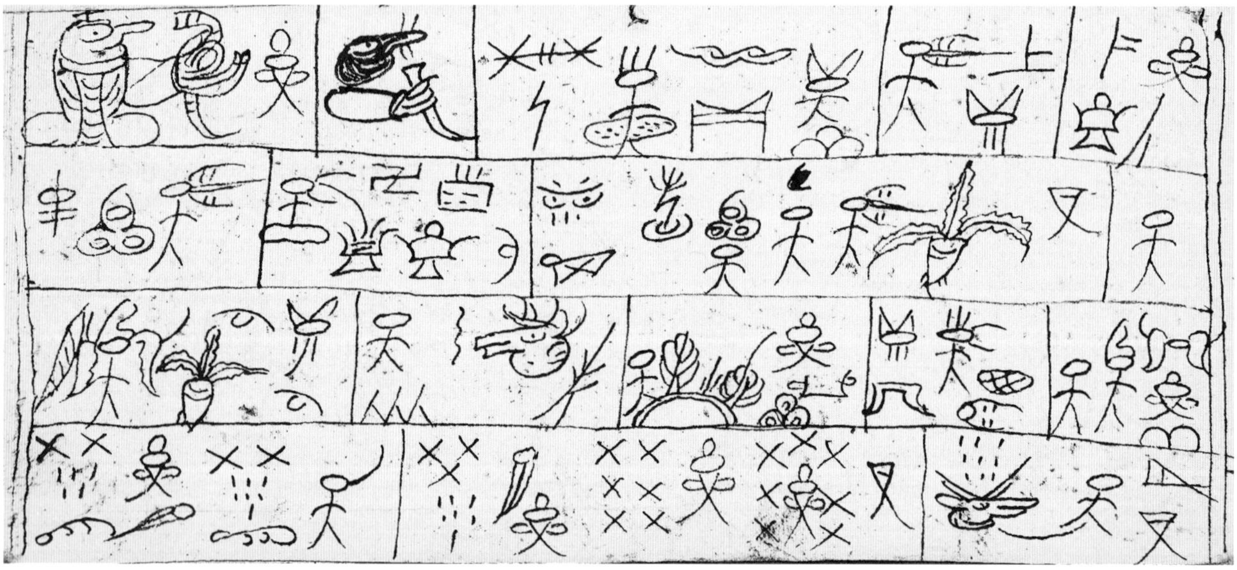

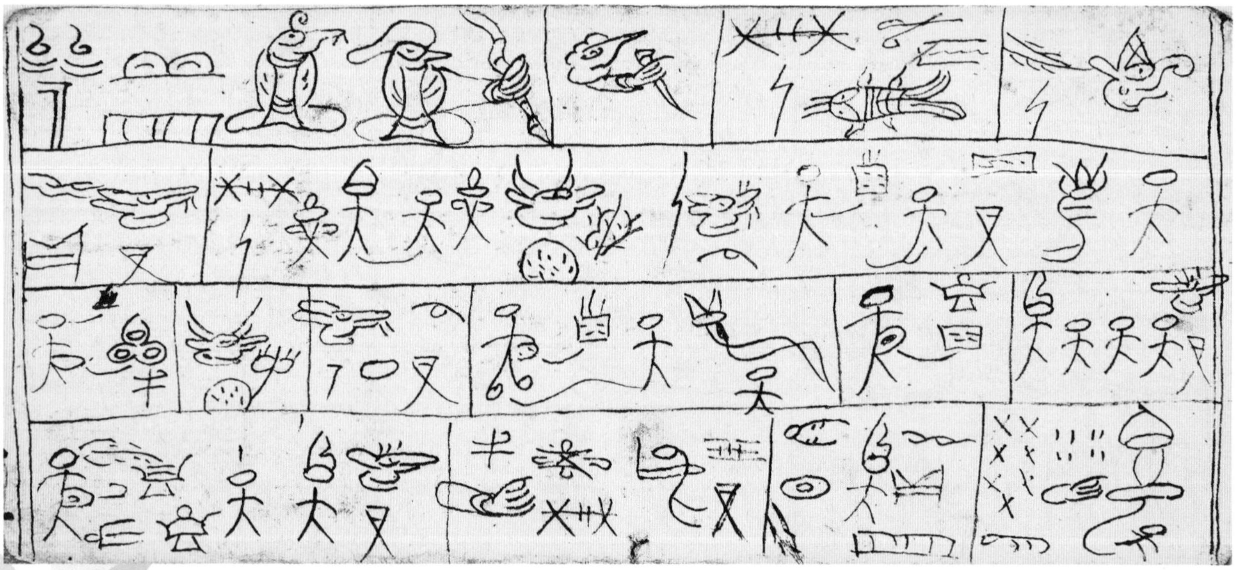

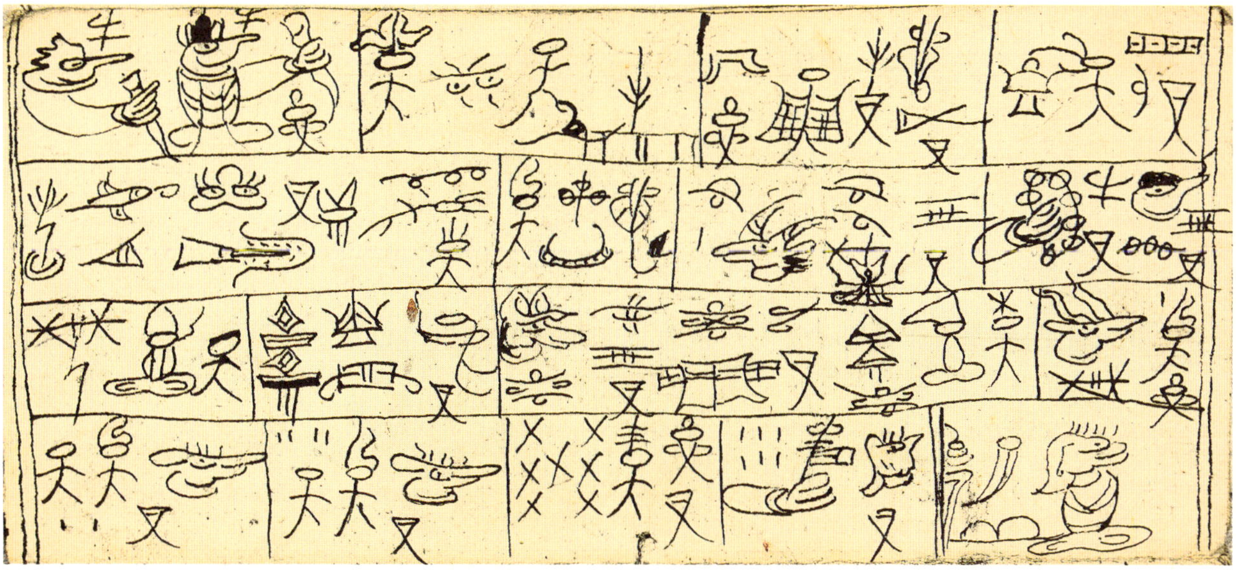

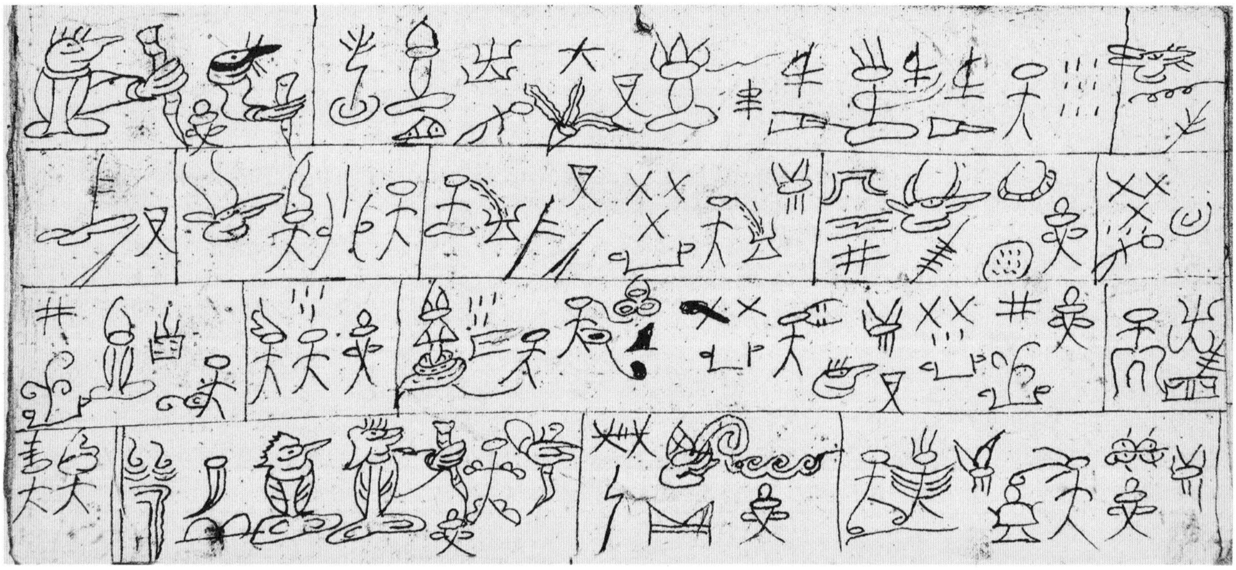

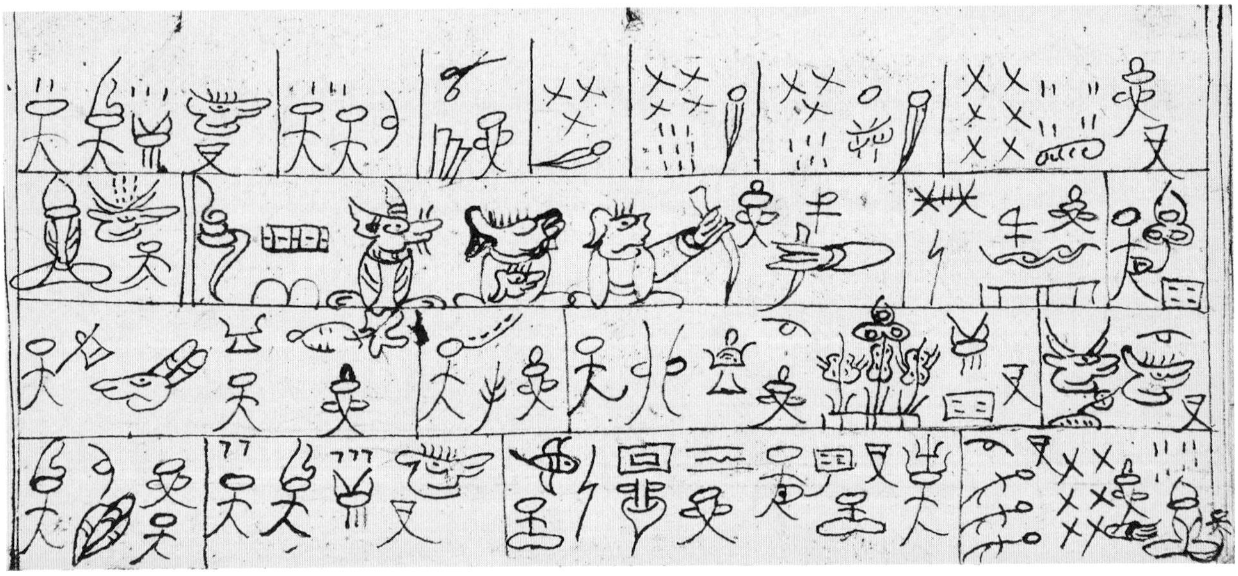

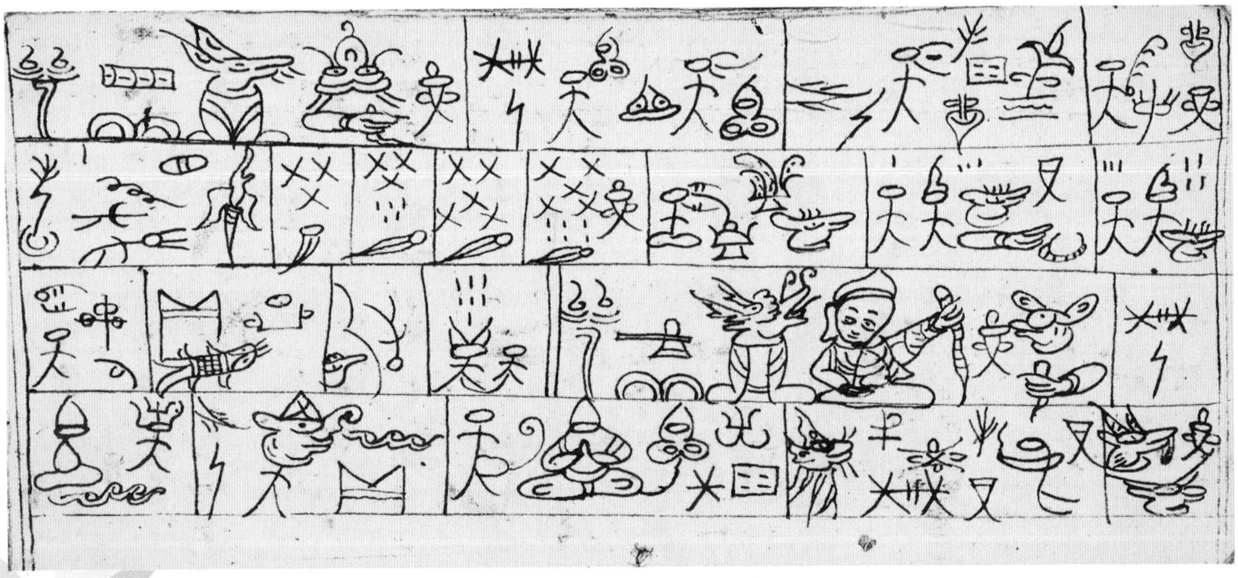

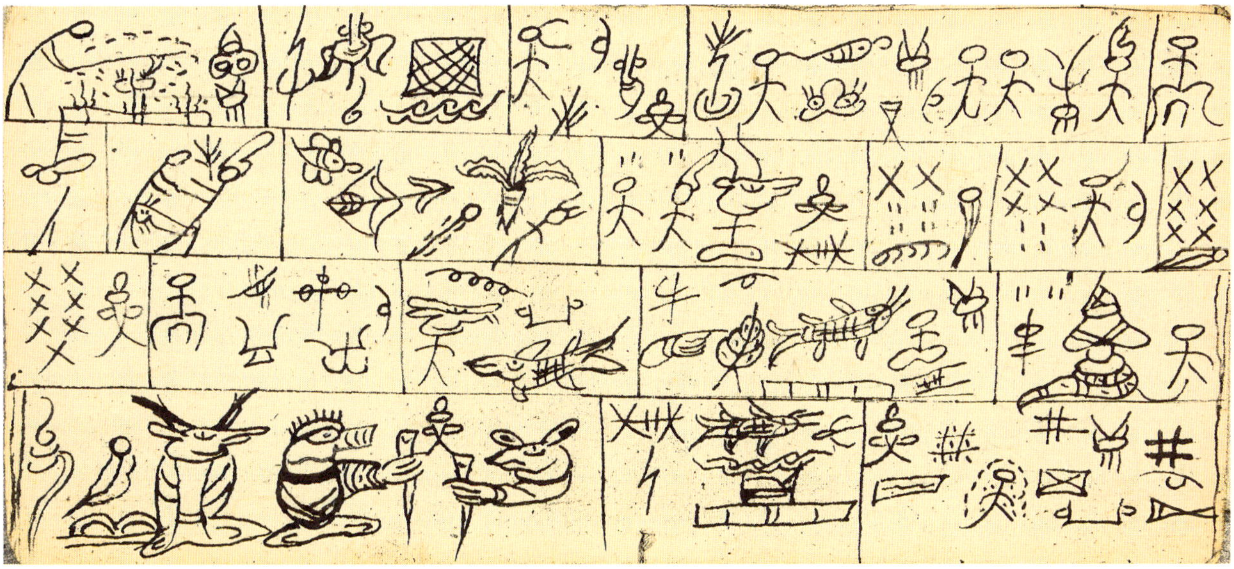

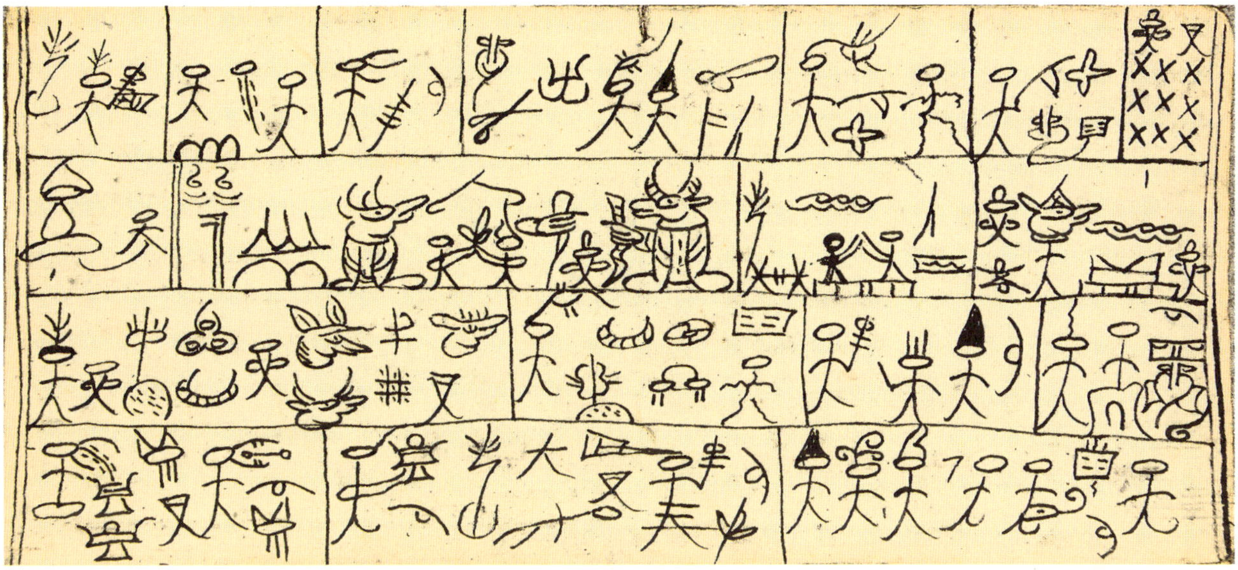

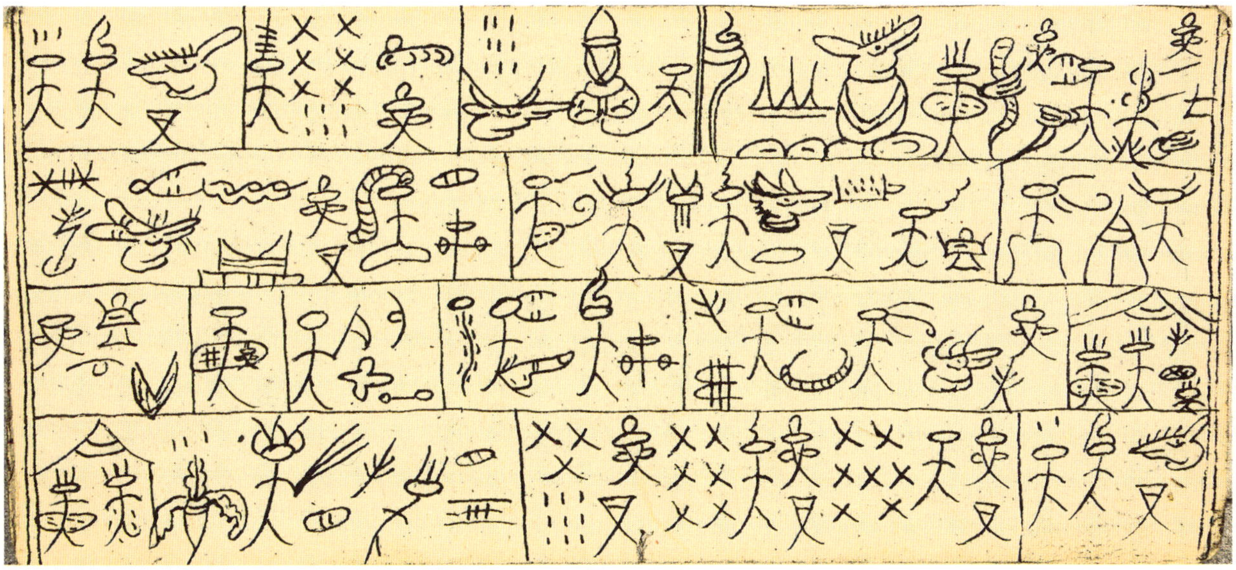

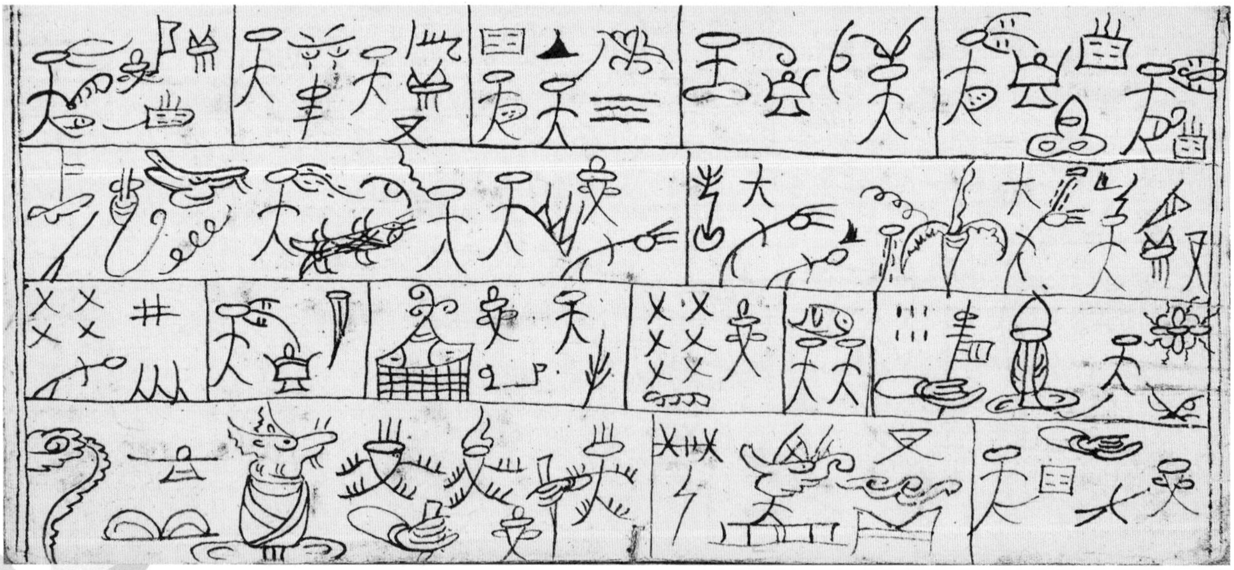

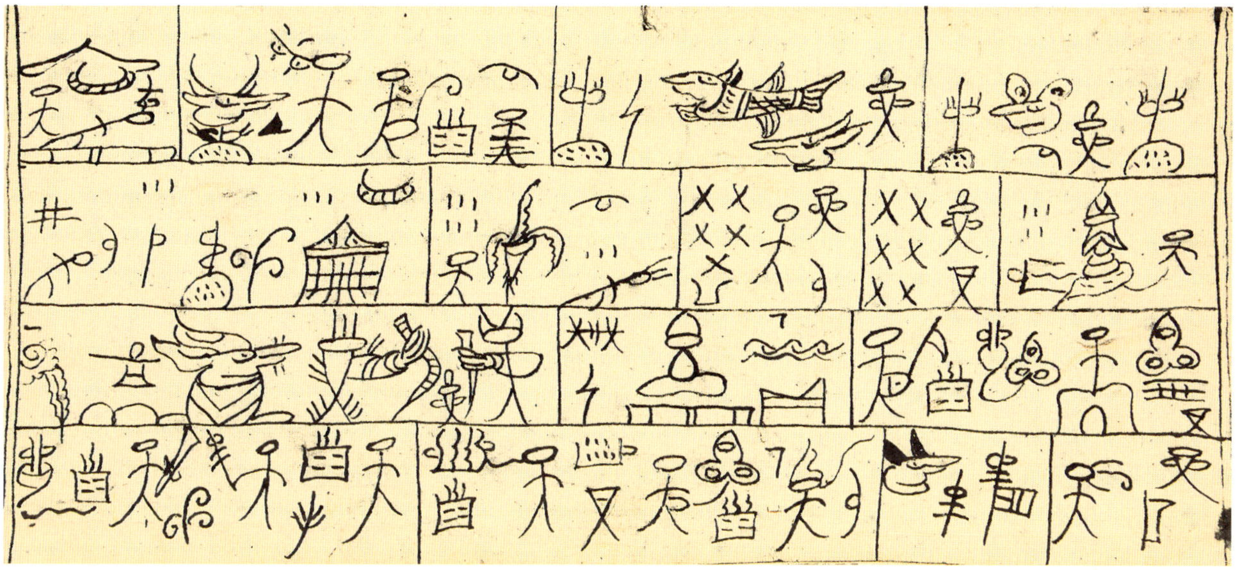

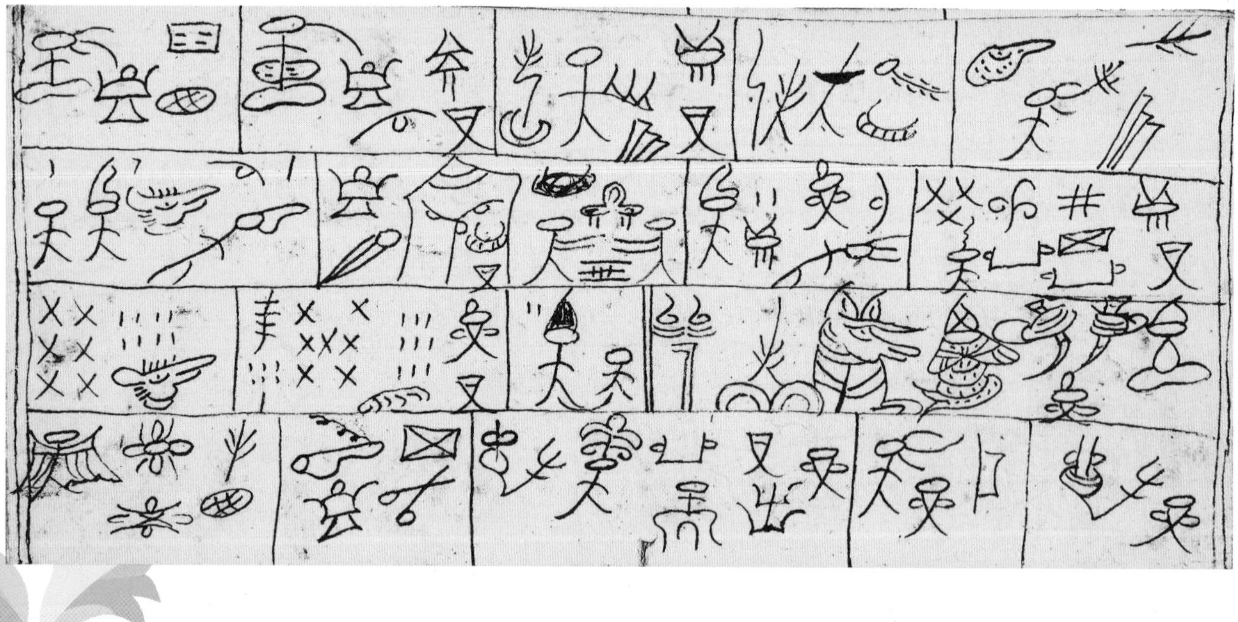

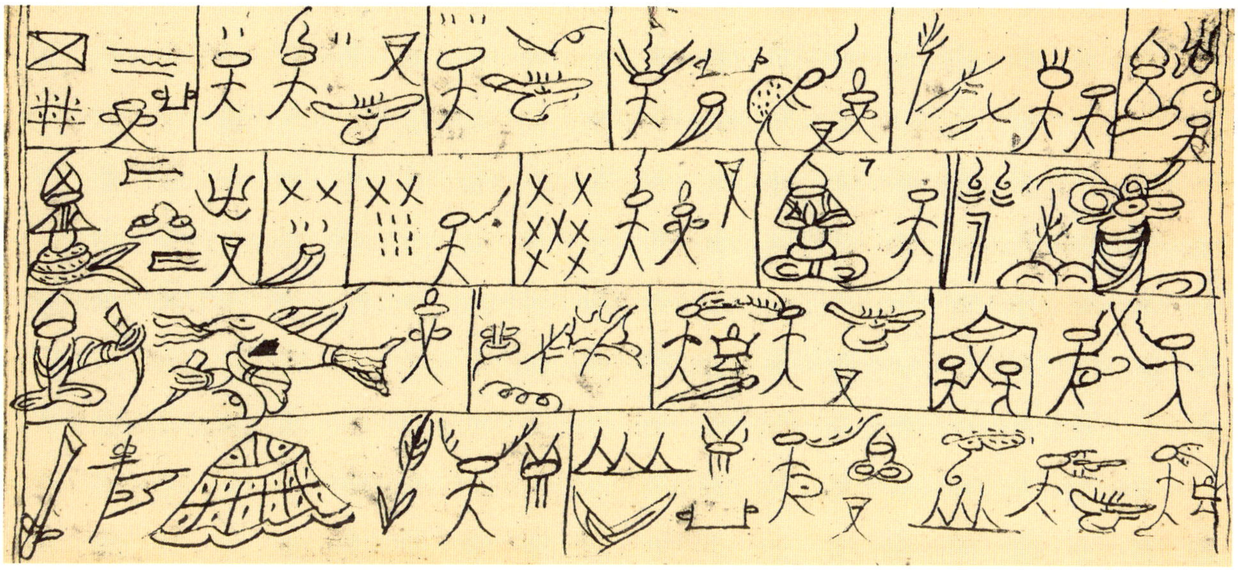

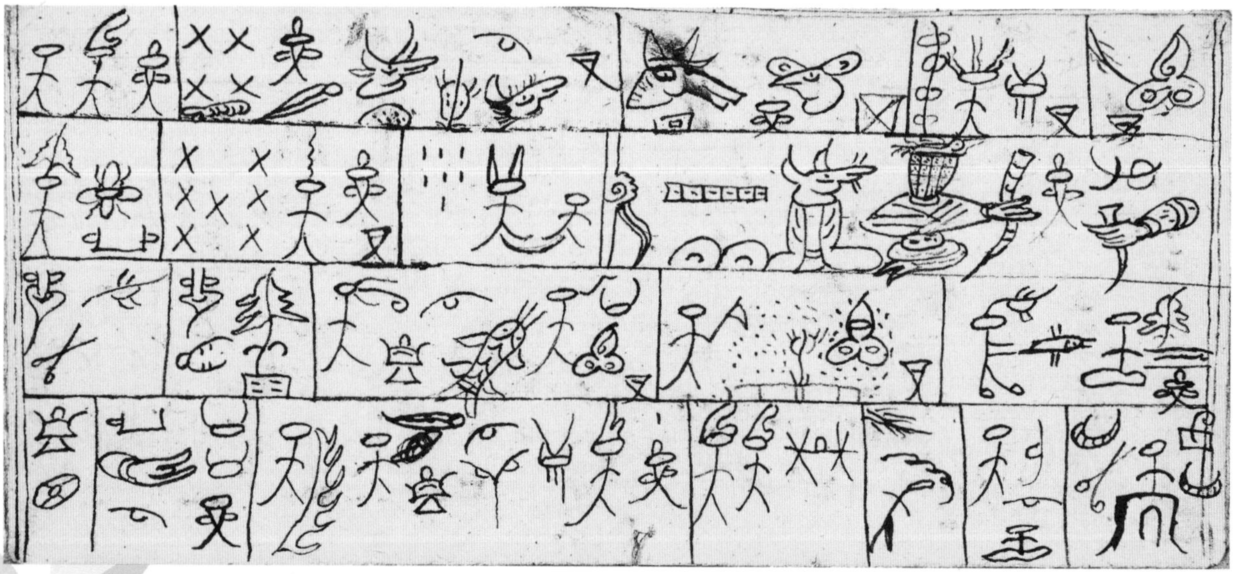

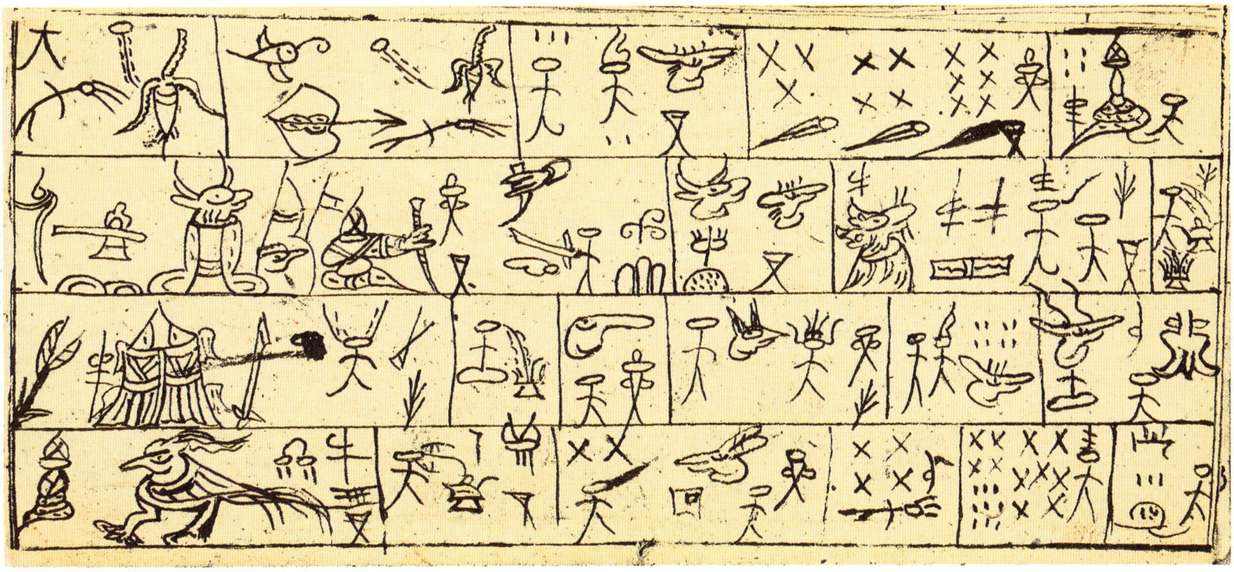

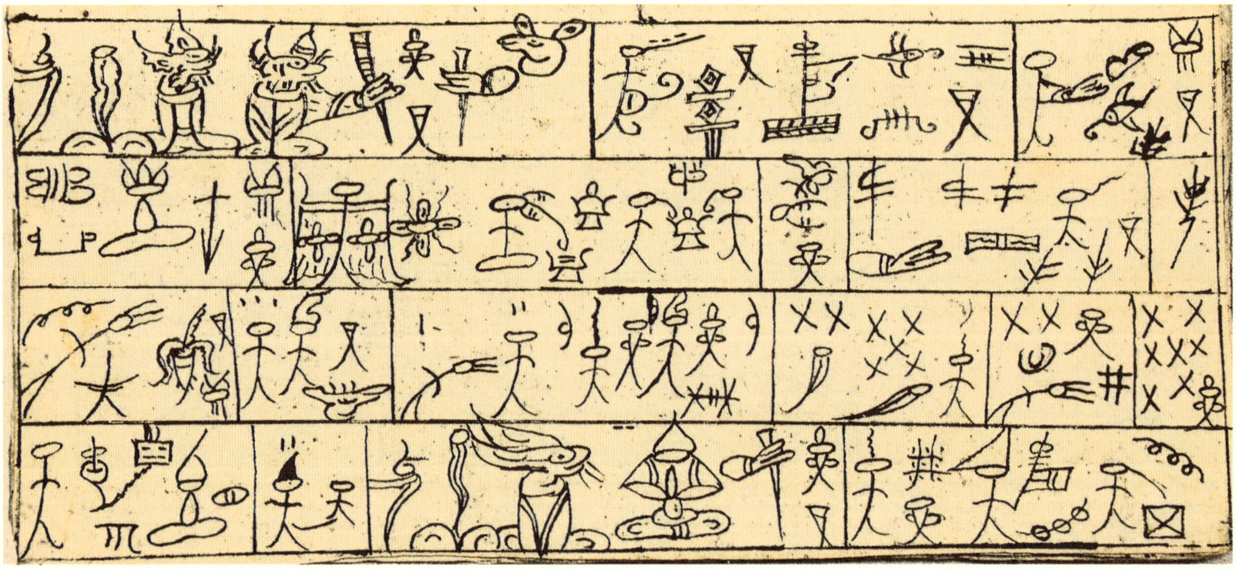

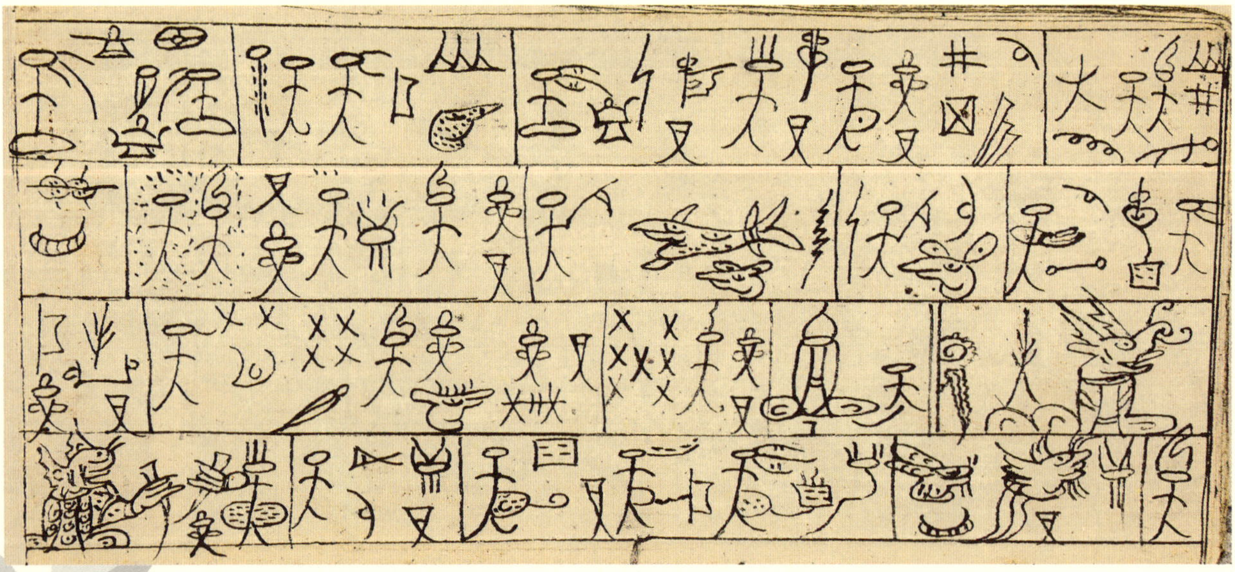

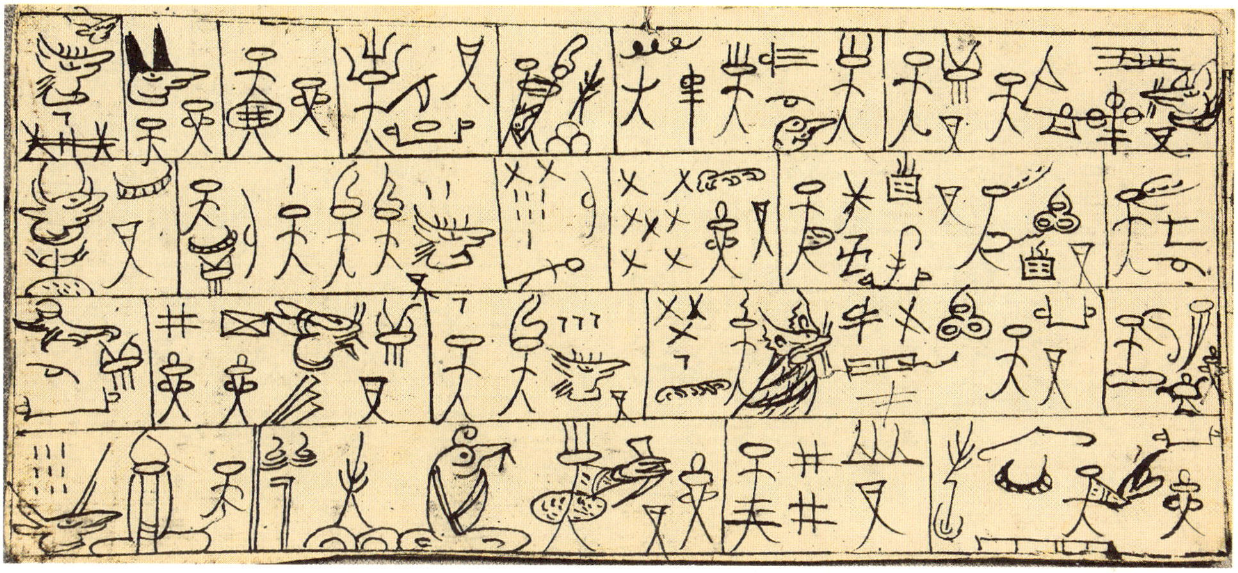

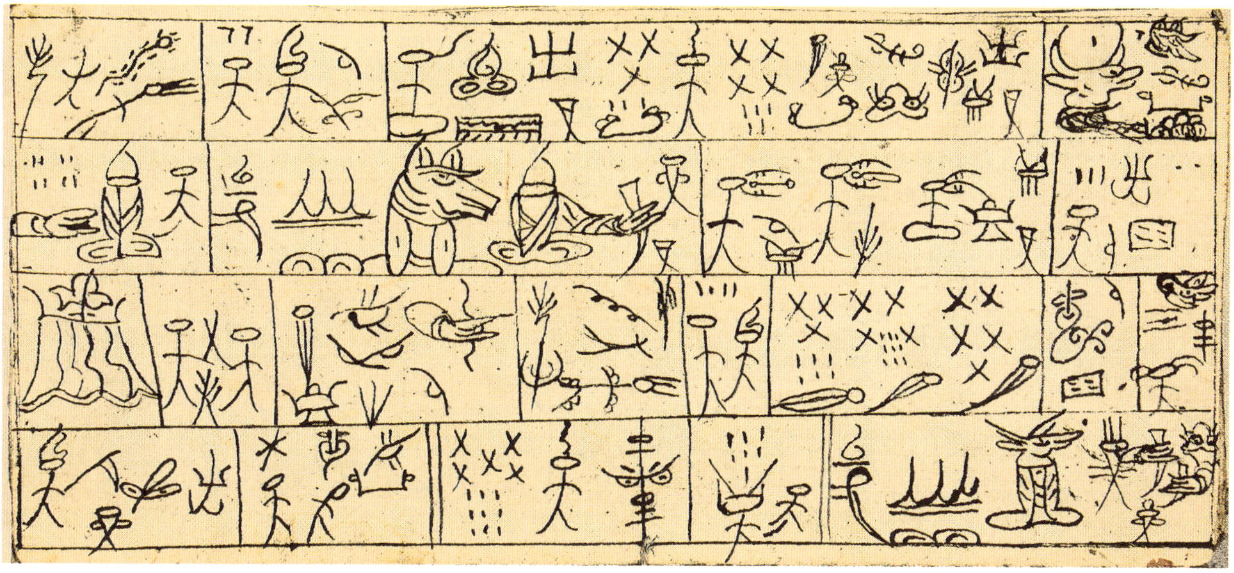

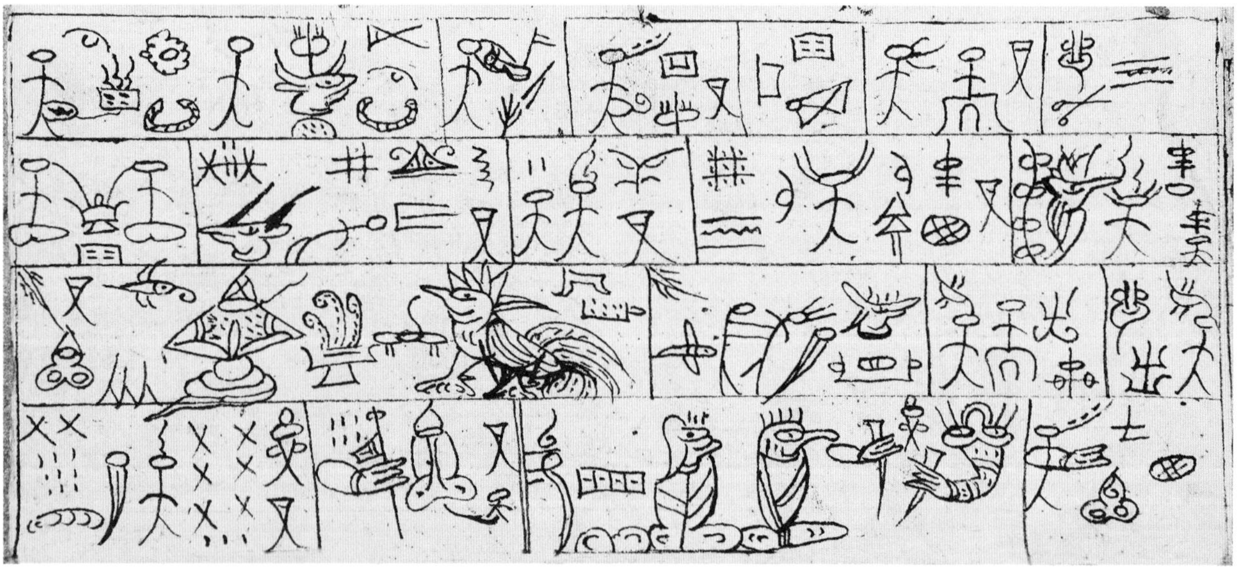

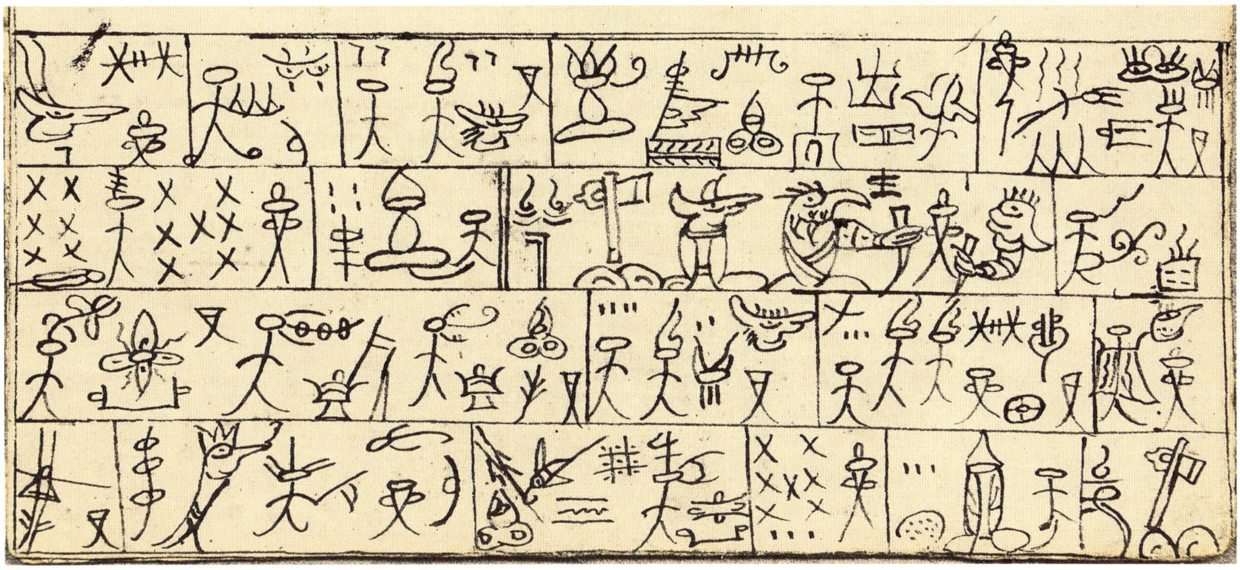

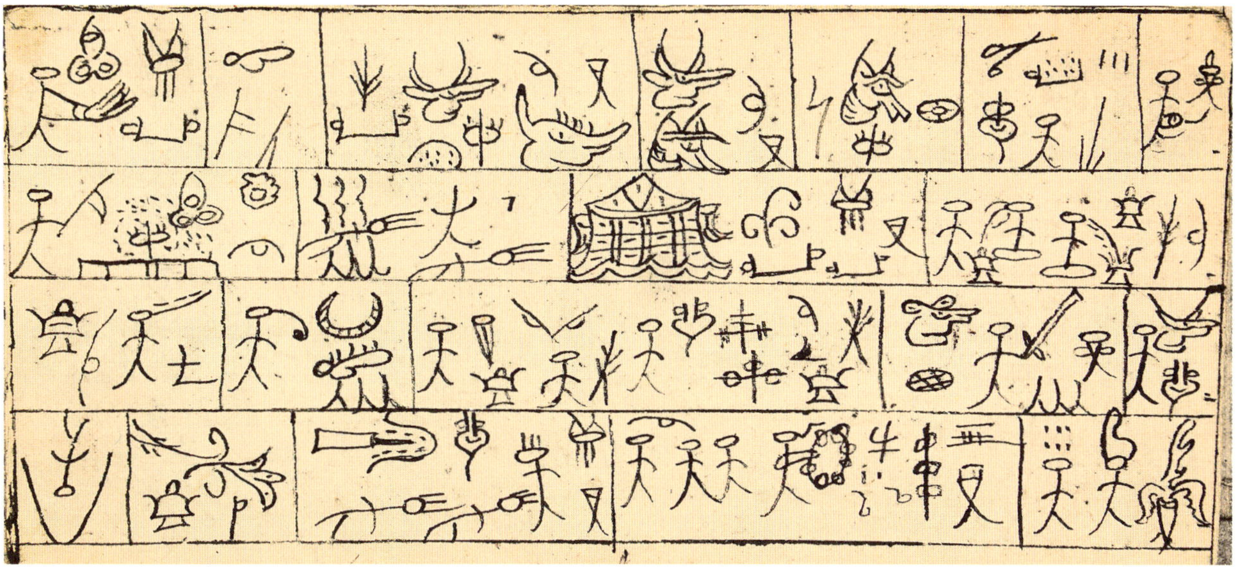

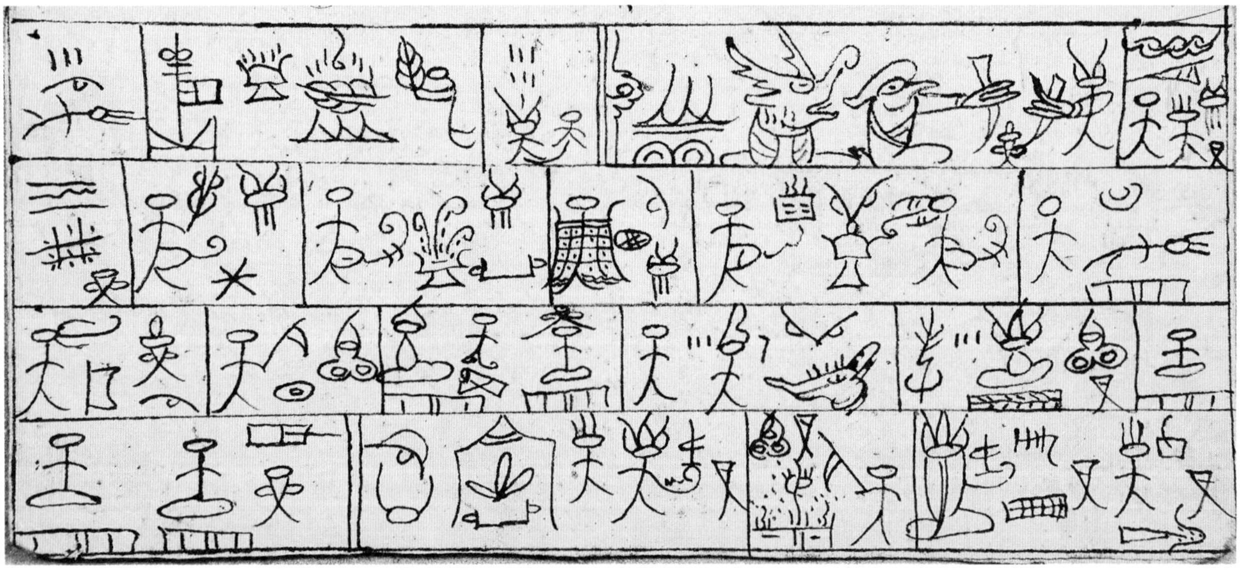

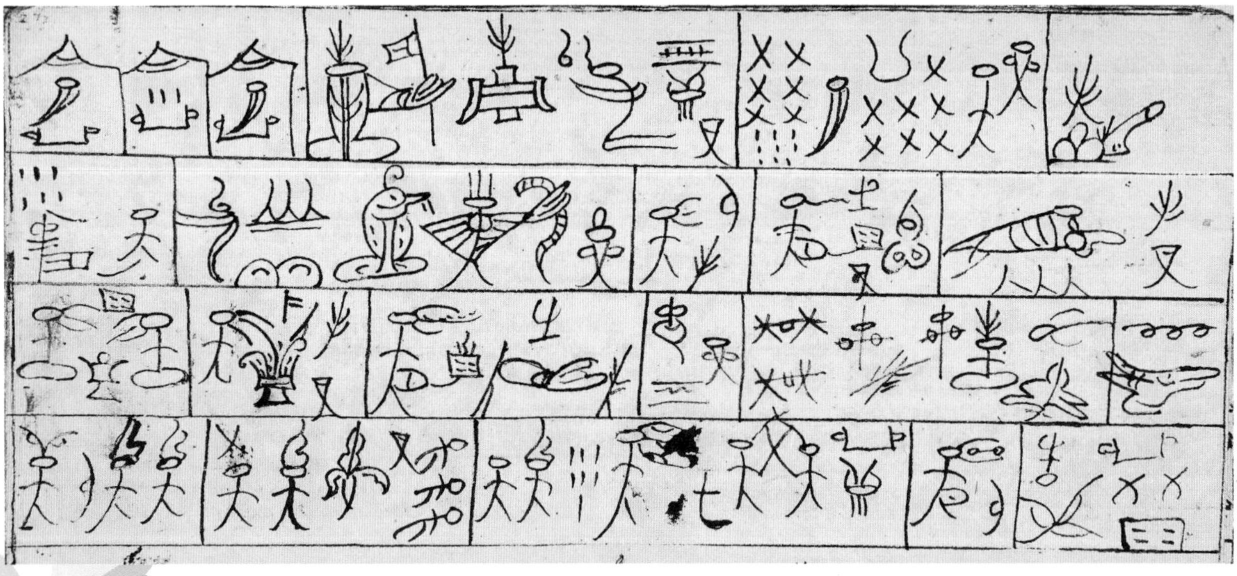

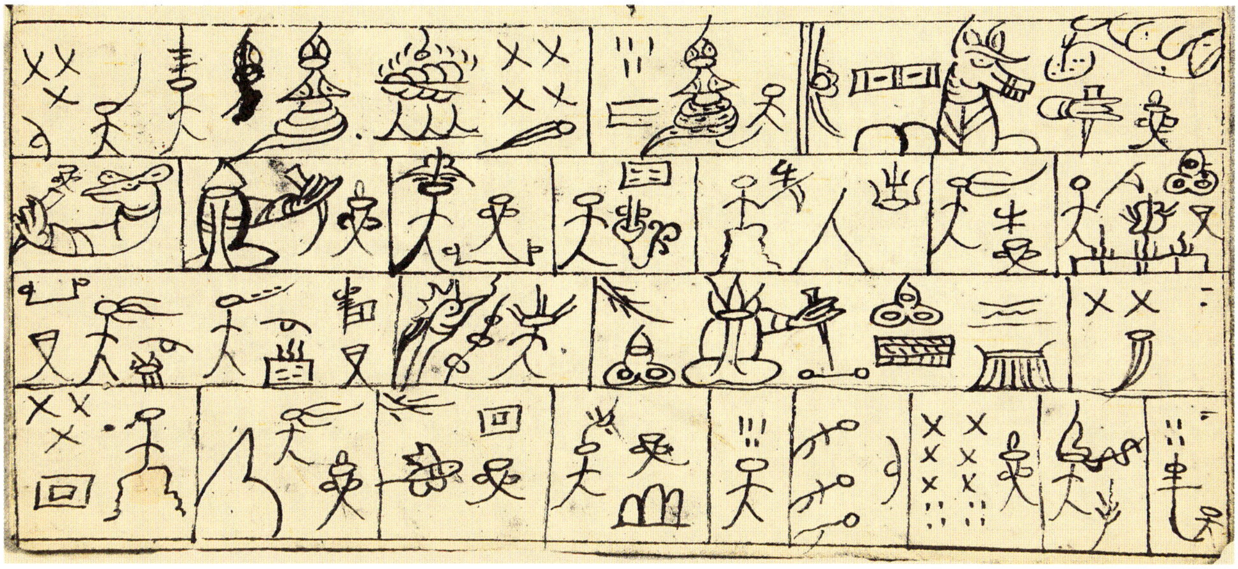

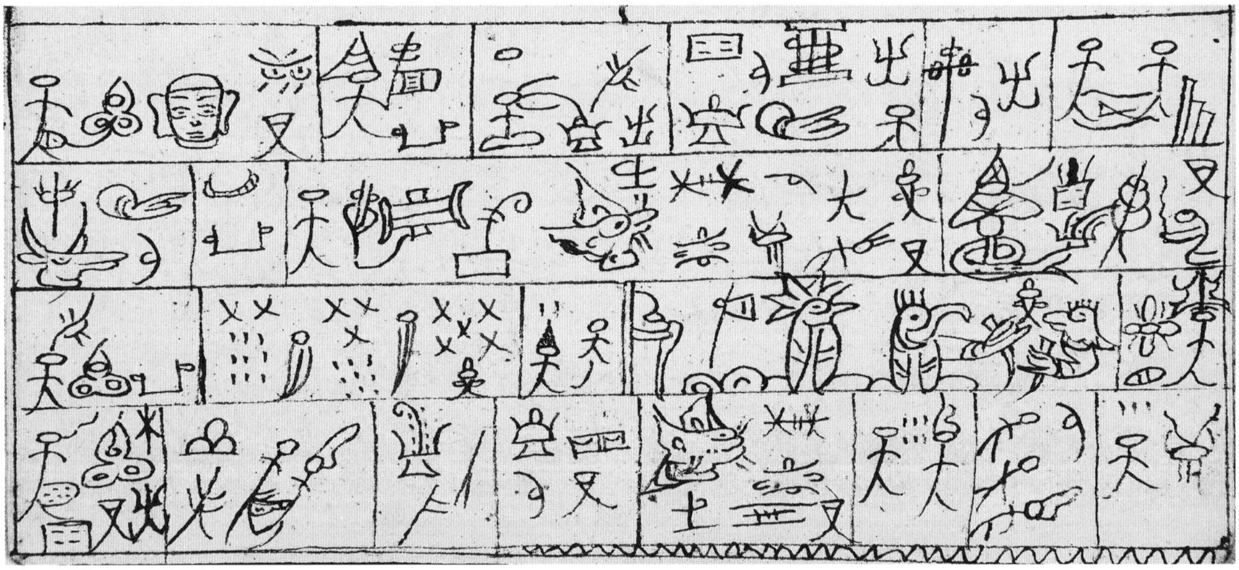

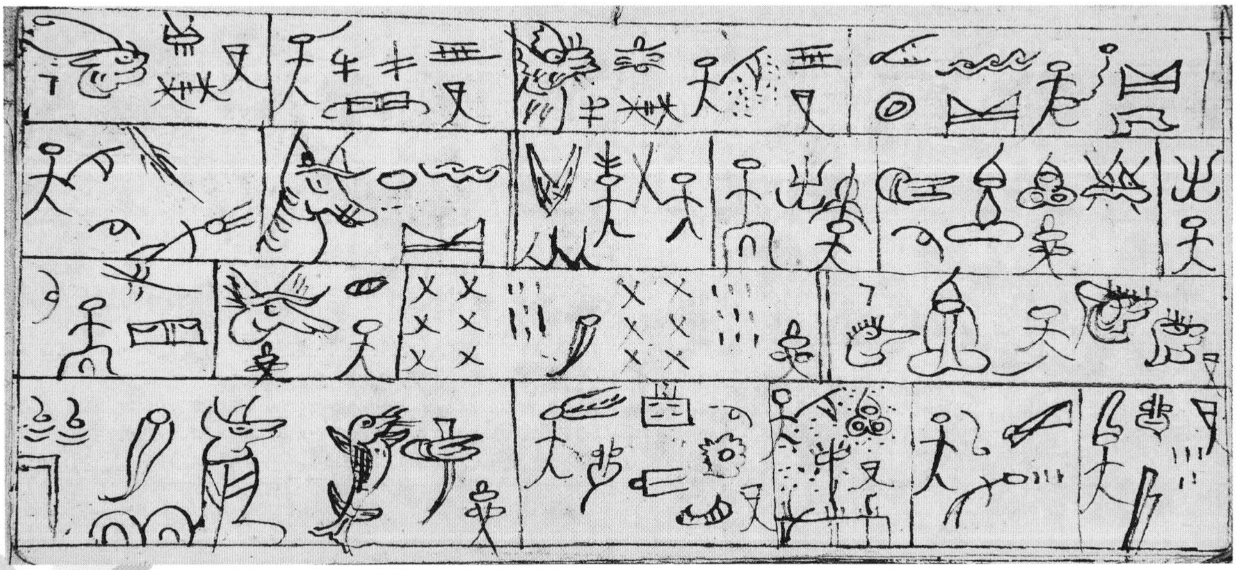

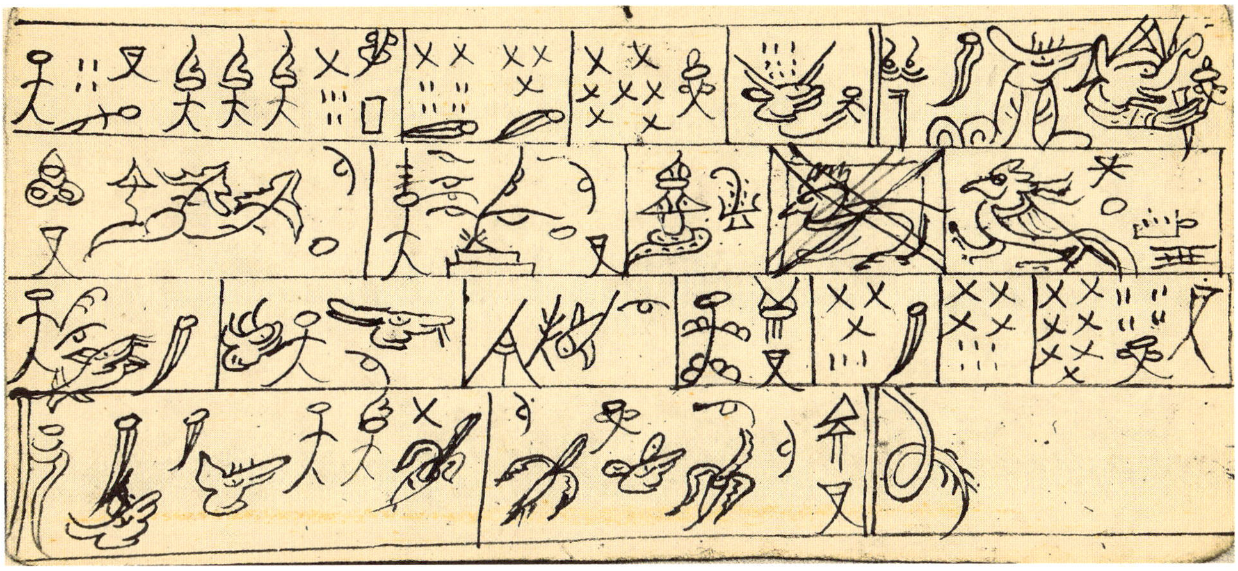

结婚占卜

纳西族占卜经书。流传于云南省迪庆藏族自治州香格里拉县三坝纳西族乡一带。不分卷，1册，11页，佚名撰。记述占婚的方法和卦辞。占卜男女婚配的吉凶，不同生辰八字的男女婚配的吉凶，相克的五行、生肖及相克的各冉、干支、吕毕、罗道、神等的男女婚配的吉凶。旧抄本，本色构皮纸，线订册叶装，墨书。页面高9.7厘米，广27.2厘米。保存完好。今由云南省迪庆藏族自治州香格里拉县三坝纳西族乡东坝村墨虎东巴收藏。

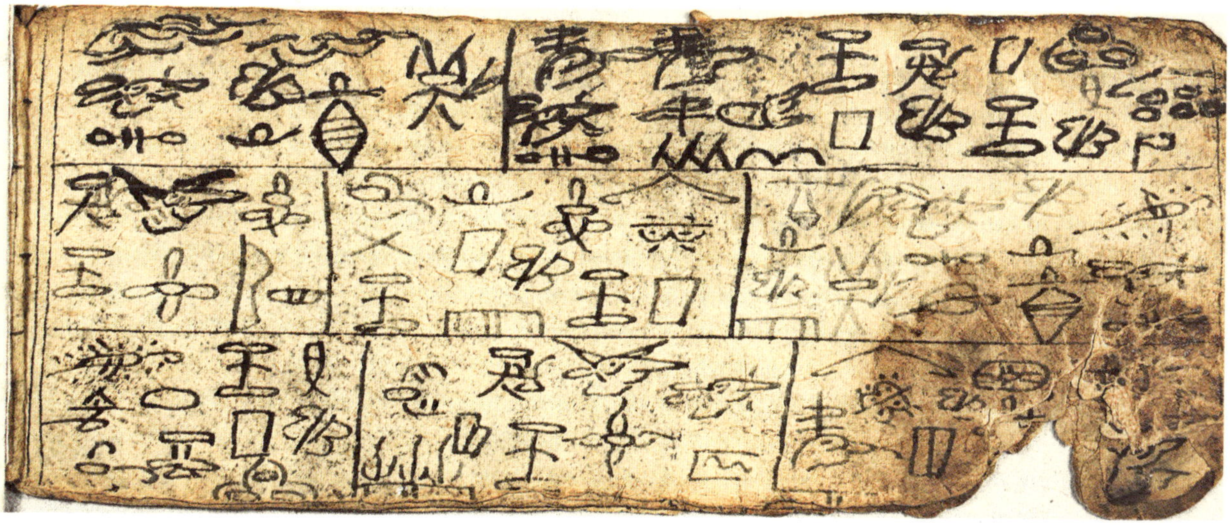

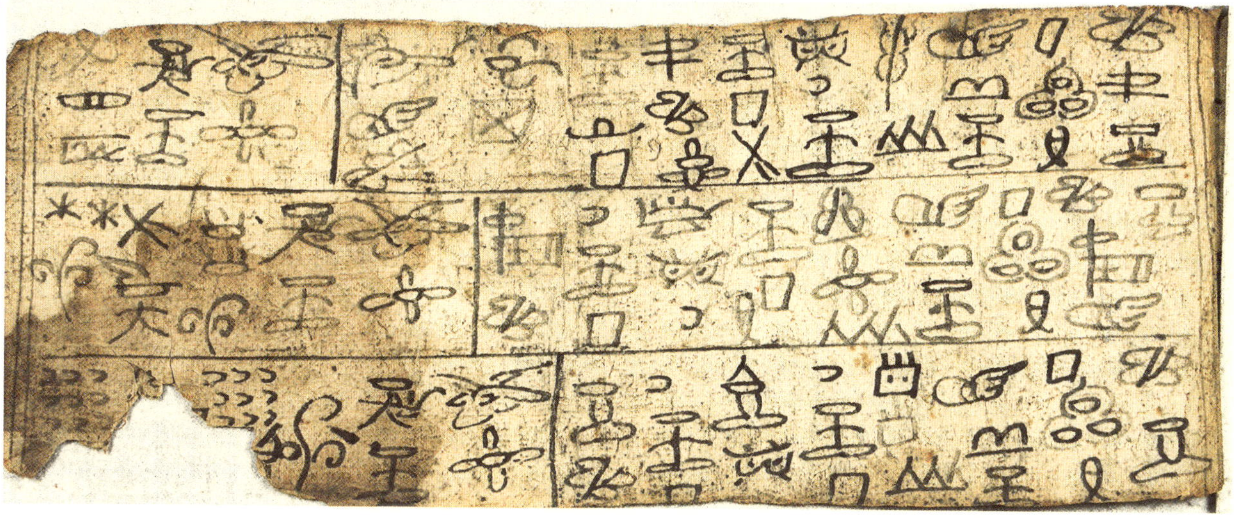

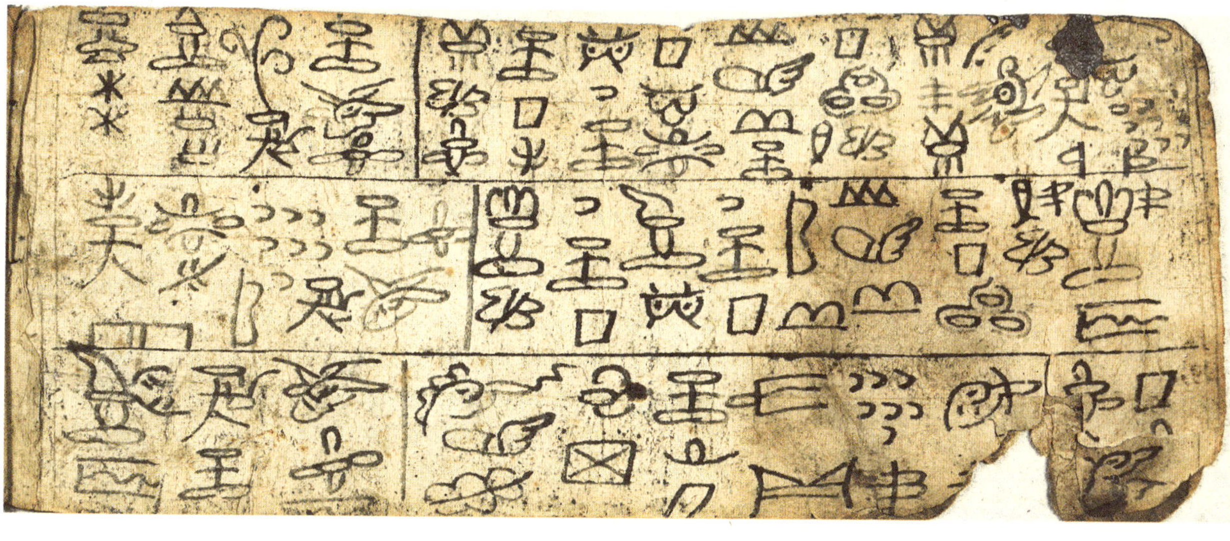

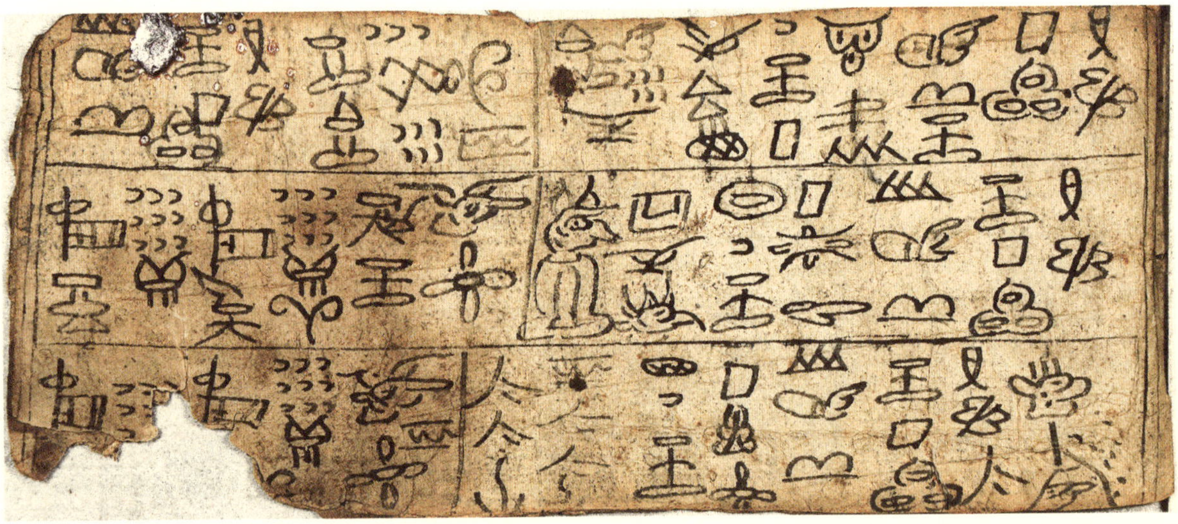

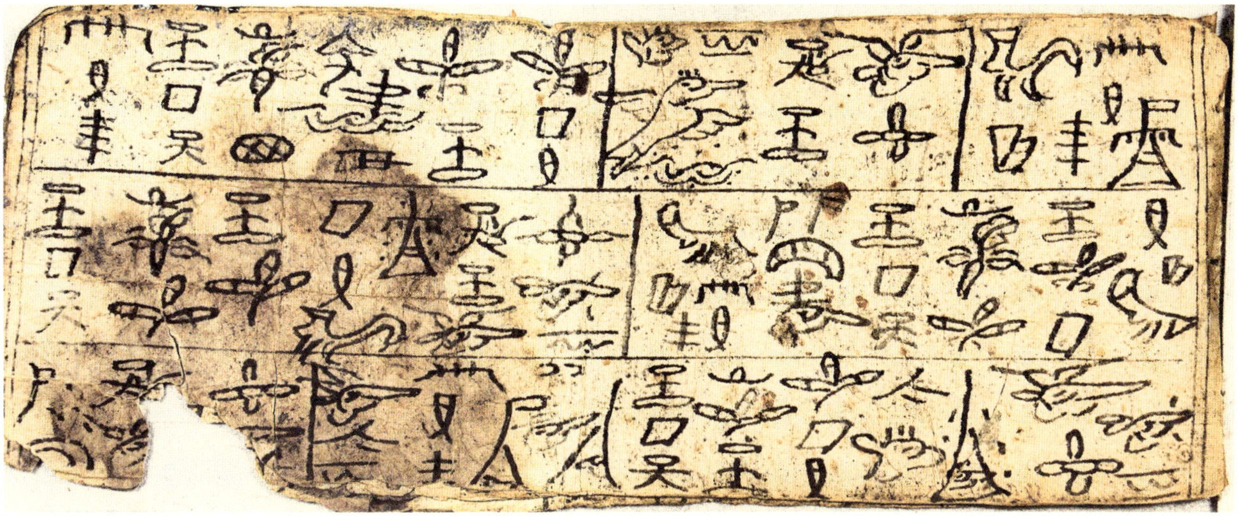

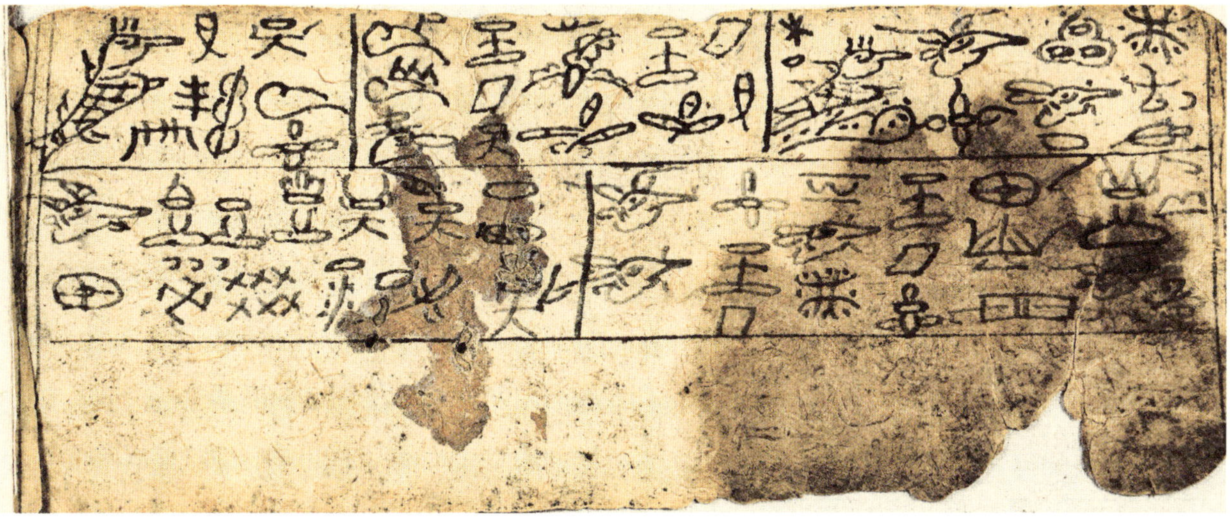

看日子占卜

纳西族占卜经书。流传于云南省迪庆藏族自治州香格里拉县三坝纳西族乡一带。不分卷，1册，55页，佚名撰。记述用十二属相日占卜；推算一个月三十天及一年十二个月各日各月宜干什么，不宜干什么；记录男性、女性每年的运数，及转运的方法。占卜的内容包罗万象，包括庄稼收成、口舌是非、婚丧嫁娶、五谷六畜、出入行程、失物寻踪等等。旧抄本，本色构皮纸，线订册叶装，墨书。页面高11.2厘米，广26厘米。保存完好。今由云南省迪庆藏族自治州香格里拉县三坝纳西族乡东坝村墨虎东巴收藏。

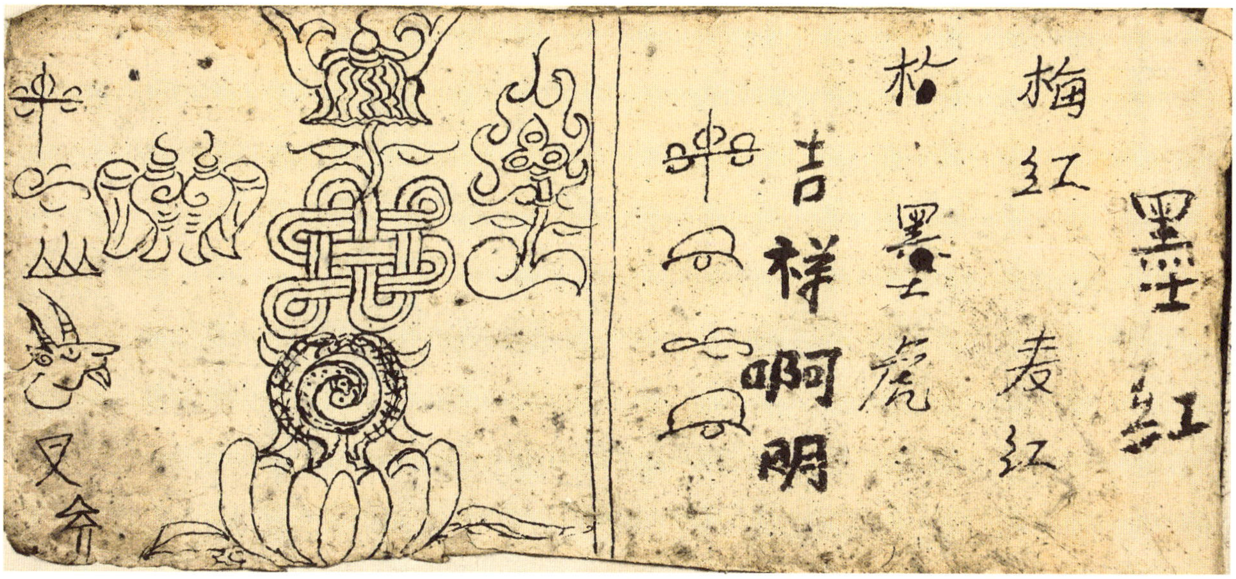
墨红
梅红麦红
吉祥啊明

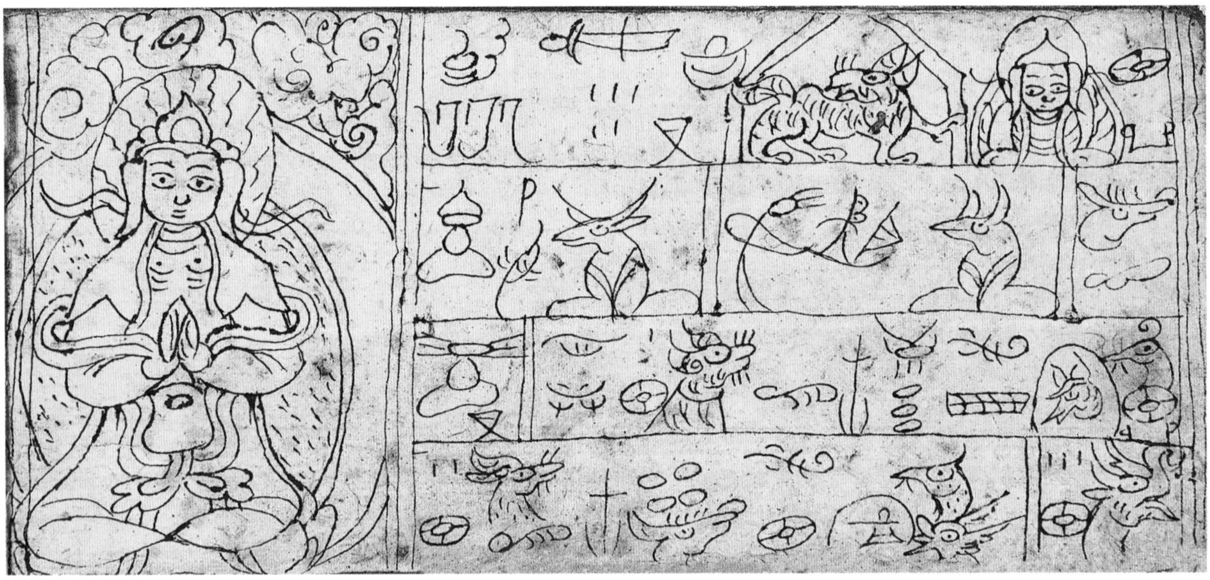

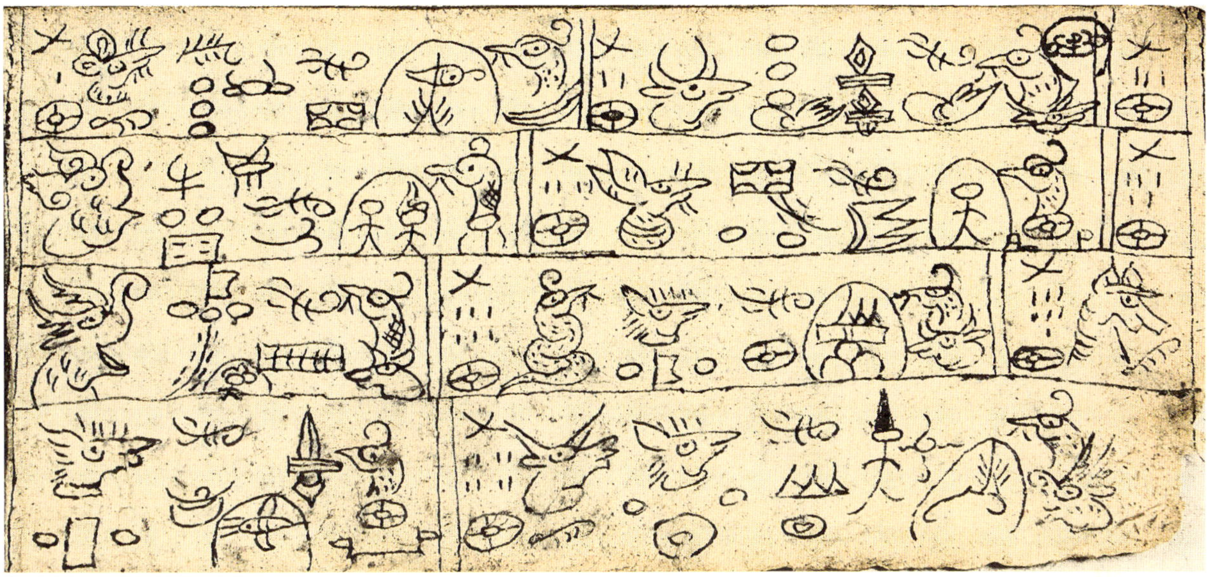

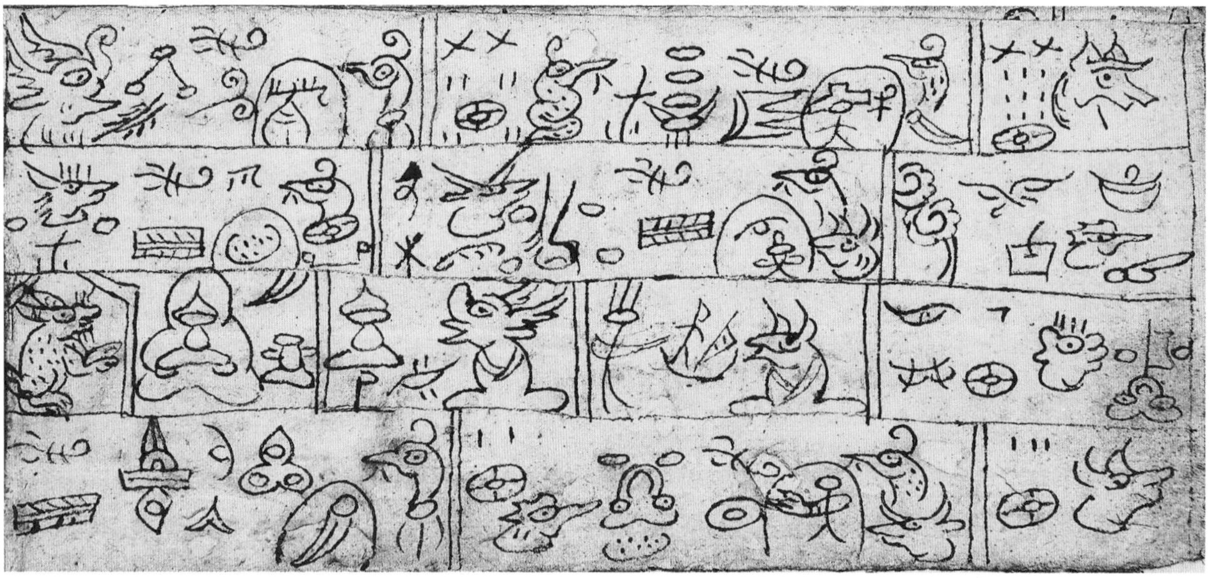

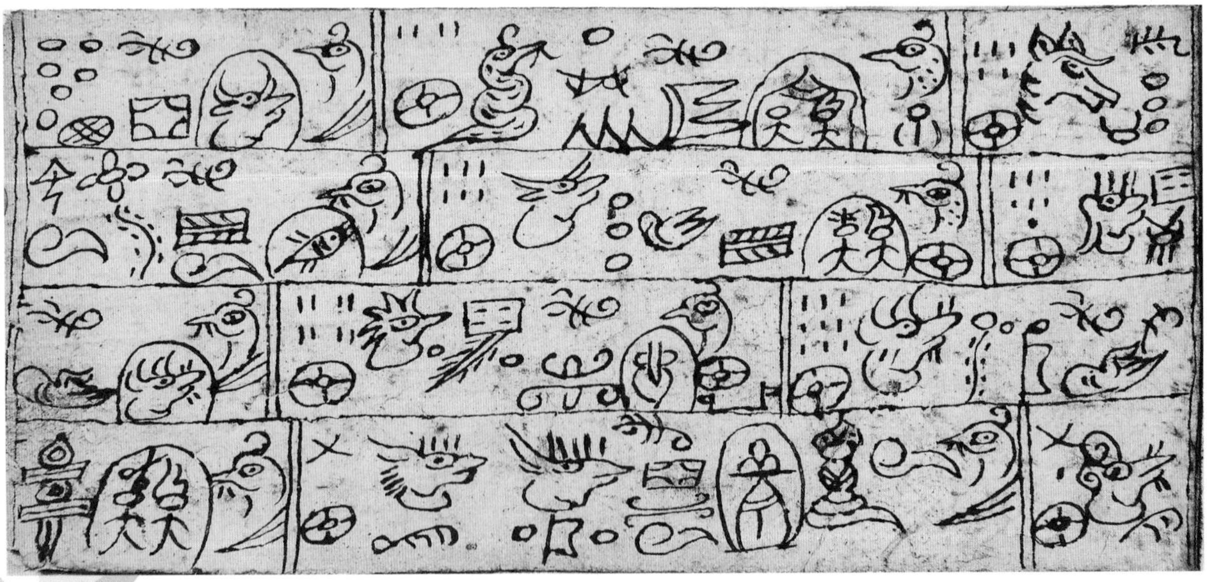

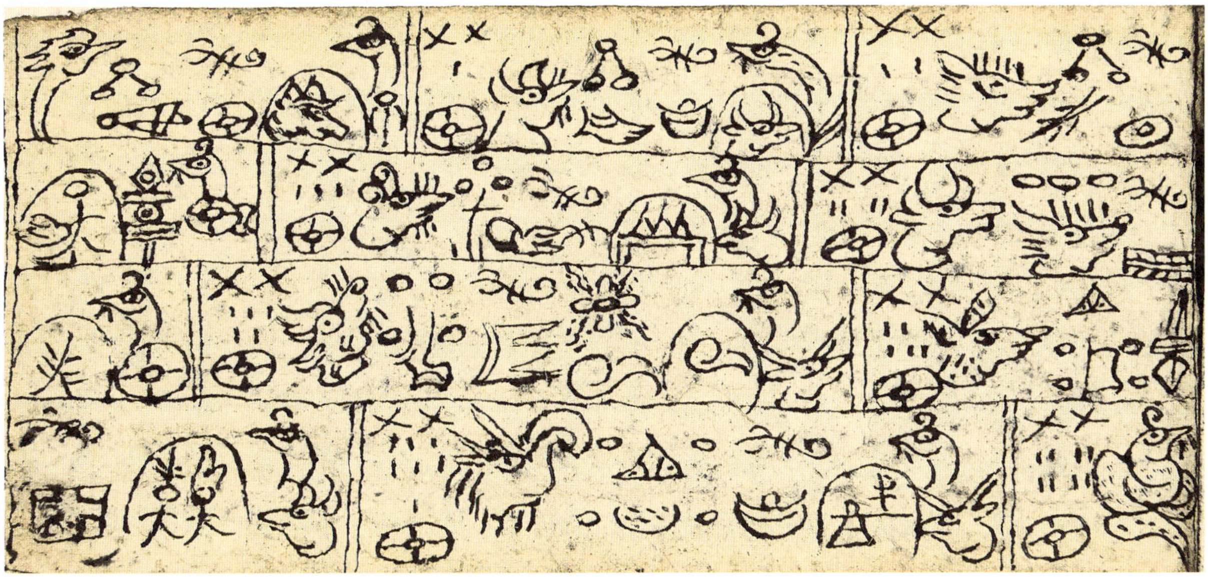

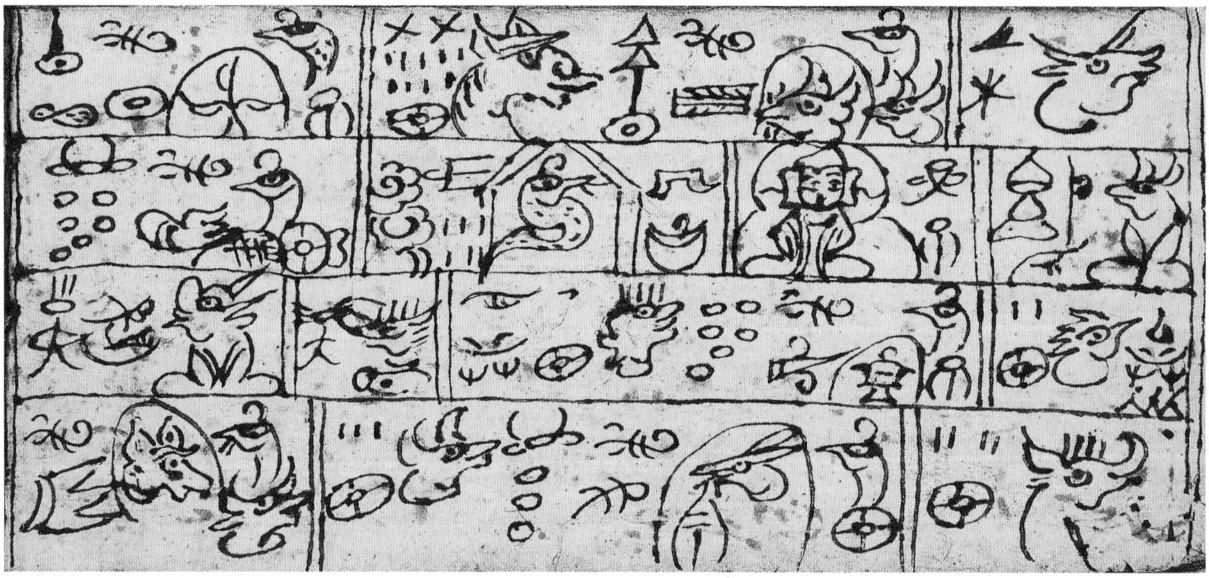

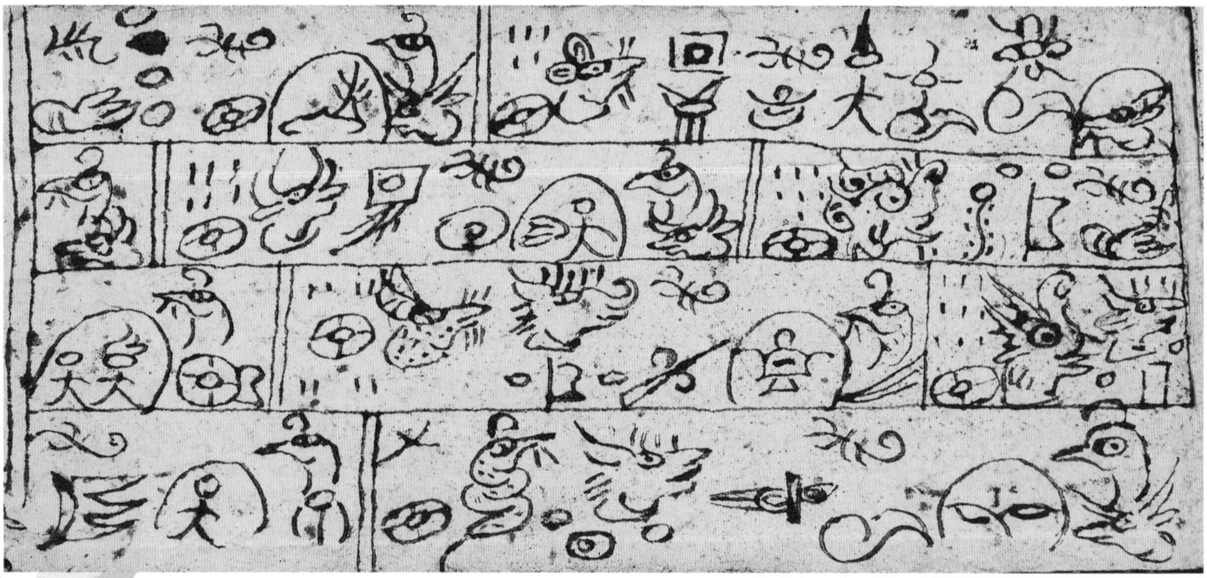

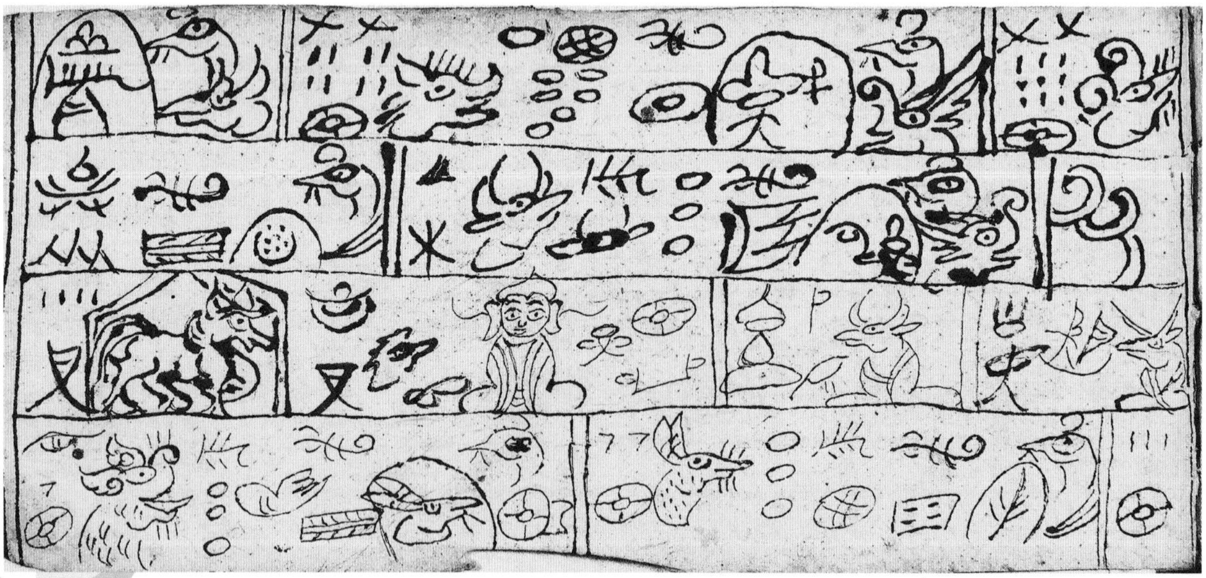

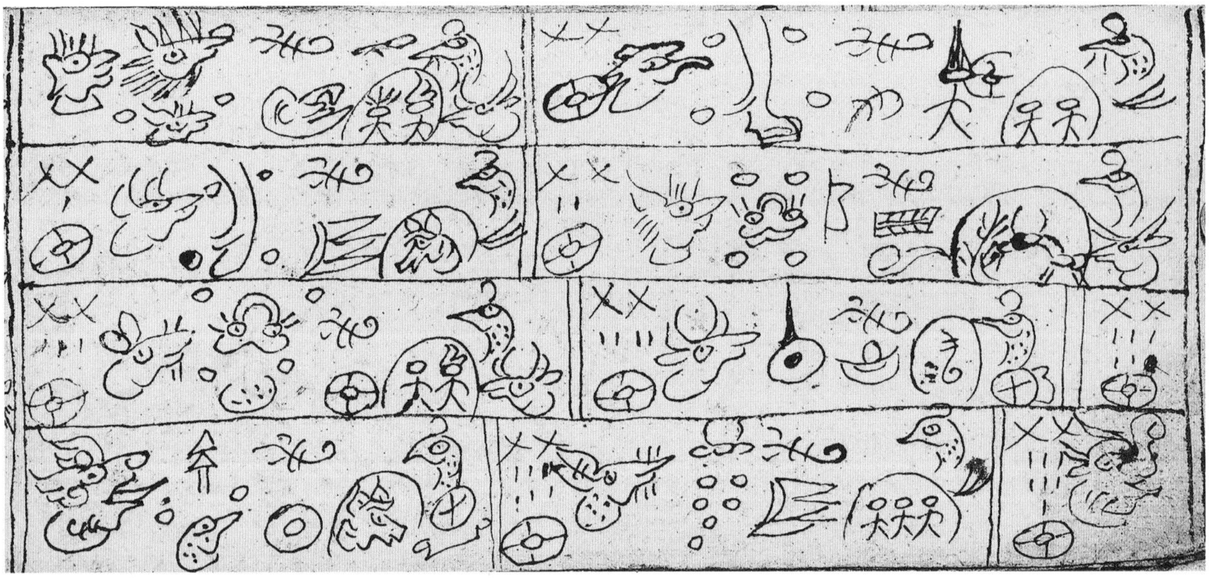

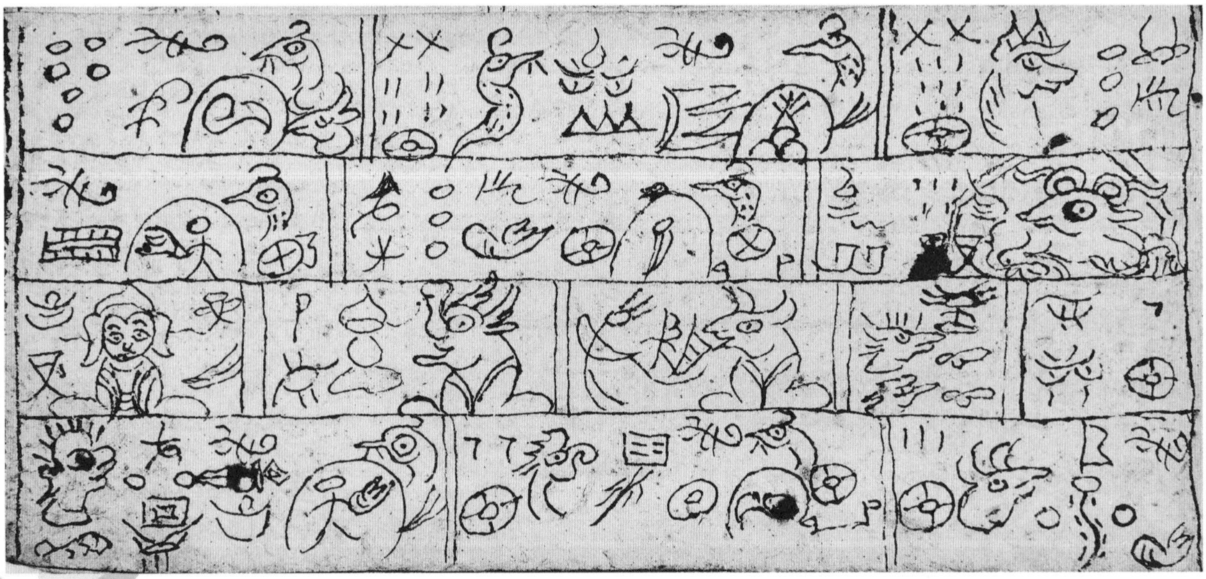

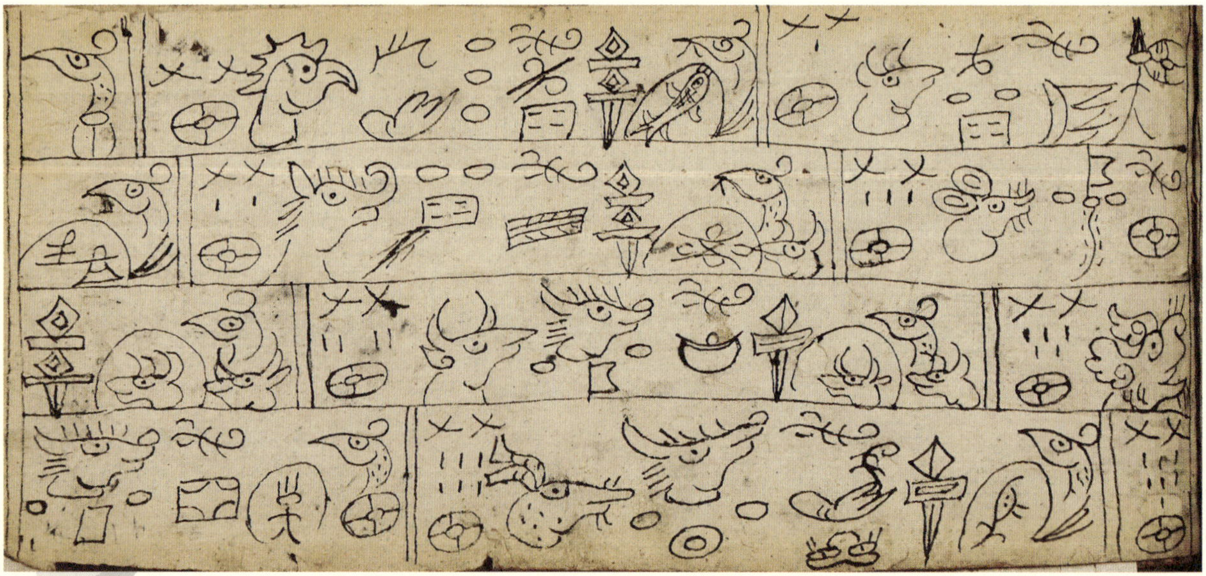

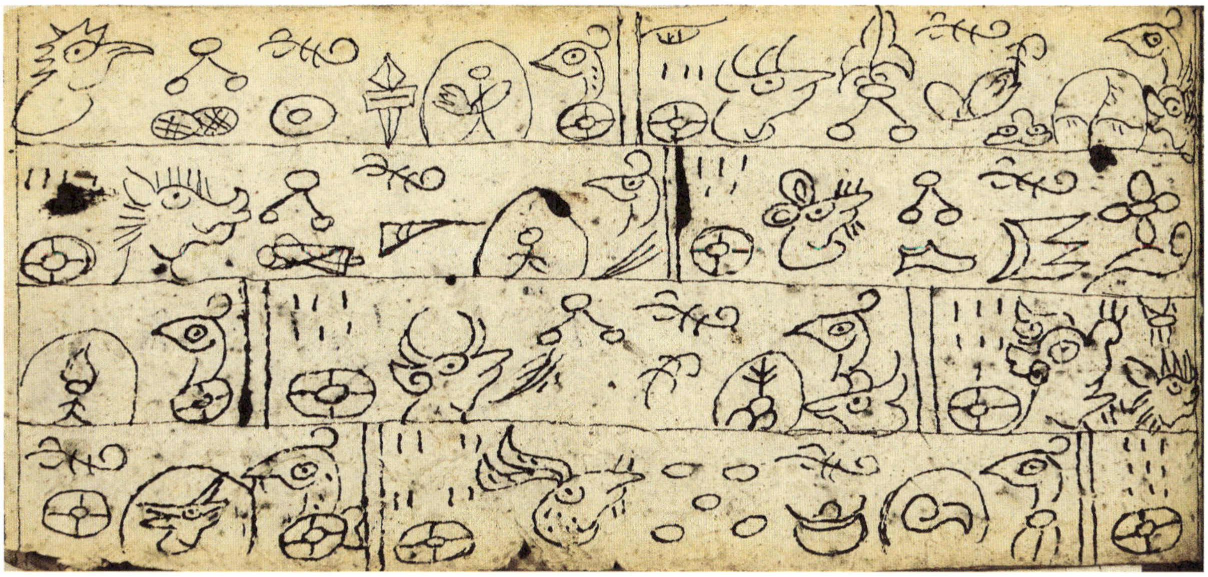

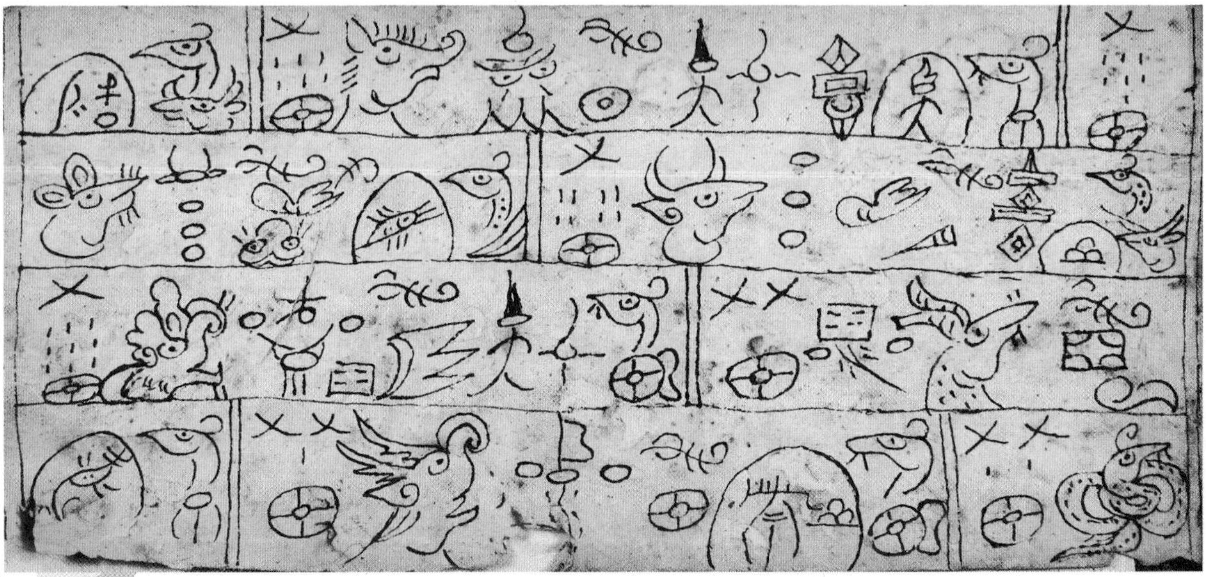

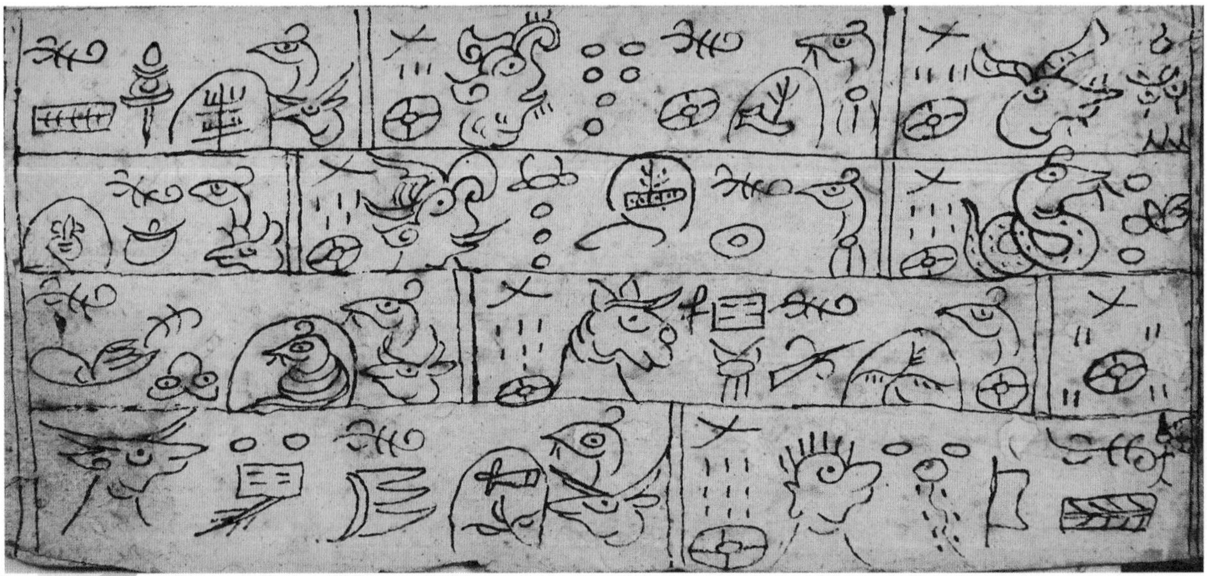

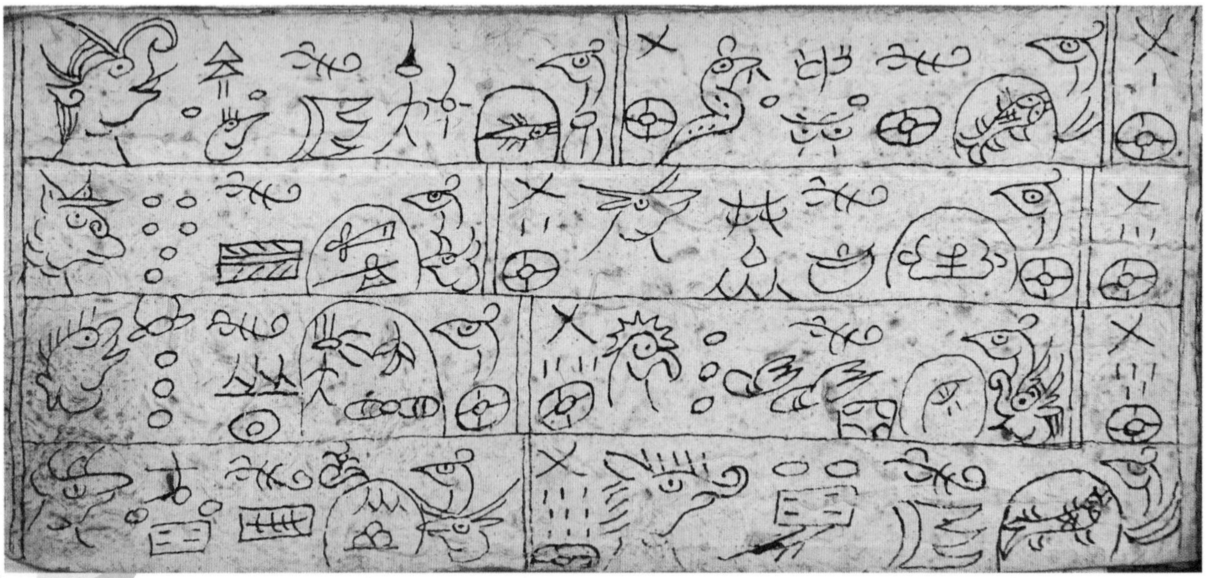